Füsun Çelebi Boz

Suudi Arabistan ve B.A.E'nin Gelirleri ile İktisadi Kalkınma İlişkisi

Füsun Çelebi Boz

Suudi Arabistan ve B.A.E'nin Gelirleri ile İktisadi Kalkınma İlişkisi

Ekonomik Yapı ve Politika

Türkiye Alim Kitapları

Impressum / Künye
Bibliografische Information der Deutschen Nationalbibliothek: Die Deutsche Nationalbibliothek verzeichnet diese Publikation in der Deutschen Nationalbibliografie; detaillierte bibliografische Daten sind im Internet über http://dnb.d-nb.de abrufbar.

Deutsche Nationalbibliothek tarafından yayınlanan bibliyografik bilgiler: Deutsche Nationalbibliothek, bu yayını Deutsche Nationalbibliografie'de listeler; detaylı bibliyografik bilgi İnternet'te http://dnb.d-nb.de sitesinde mevcuttur.

Coverbild / Kitap kapağı resmi: www.ingimage.com

Verlag / Yayıncı:
Türkiye Alim Kitapları
ist ein Imprint der / yayınevinin bir ticari markasıdır
OmniScriptum GmbH & Co. KG
Bahnhofstraße 28, 66111 Saarbrücken, Deutschland / Almanya
Email / E-posta: info@omniscriptum.com

Herstellung: siehe letzte Seite /
Basım yeri: son sayfaya bakın
ISBN: 978-3-639-67149-0

Zugl. / Onaylayan:: İstanbul, Marmara Üniversitesi, 2011

İÇİNDEKİLER

Sayfa No

BİRİNCİ BÖLÜM

İKTİSADİ KALKINMANIN TEORİK YAPISI

İKİNCİ BÖLÜM
İKTİSADİ KALKINMAYI SAĞLAYAN SOSYAL VE EKONOMİK FAKTÖRLER İLE İKTİSADİ KALKINMAYI ÖLÇME YÖNTEMLERİ

ÜÇÜNCÜ BÖLÜM
SUUDİ ARABİSTAN VE BİRLEŞİK ARAP EMİRLİKLERİ'NİN ENERJİ GELİRLERİNİN SOSYAL VE EKONOMİK KALKINMA STRATEJİLERİNE ETKİSİ

TABLO LİSTESİ

Sayfa No

ŞEKİL LİSTESİ

KISALTMALAR

A.B.D	Amerika Birleşik Devletleri
AED	Birleşik Arap Emirlikleri Dirhemi
A.g.e.	Adı geçen eser
S.S.C.B	Sovyet Sosyalist Cumhuriyetler Birliği
GSMH	Gayri Safi Milli Hâsıla
GSYİH	Gayri Safi Yurt İçi Hâsıla
SAMA	Suudi Arabistan Para Ajansı
CDSİ	İstatistik ve Bilgi Merkezi Departmanı
IDA	Uluslararası Kalkınma Birliği
MENA	Ortadoğu ve Kuzey Afrika
CMA	Sermaye Piyasaları Ajansı
BST	Beşeri Sermaye Teorisi
TT	Tarama Teorisi
HD	İnsani Gelişim
GDI	Cinsiyetlere Göre İnsani Gelişim Endeksi
IMF	Uluslararası Para Fonu
OPEC	Petrol İhraç Eden Ülkeler Birliği
SR	Suudi Riyali
UAE	Birleşik Arap Emirlikleri
UNESCO	Birleşmiş Milletler Eğitim, Bilim ve Kültür Teşkilatı
UNDP	Birleşmiş Milletler Kalkınma Programı
UK	İngiltere

USA	Amerika Birleşik Devletleri
WHO	Dünya Sağlık Örgütü
yy.	Yüzyıl

GİRİŞ

Dünya üzerindeki ülkelerin gelişmişlik seviyelerinin arkasında yatan en önemli faktörler, mevcut sermaye birikimleri ile girişimci ruhunun öne çıkmasıdır. Ekonomilerin gelişmesi, ülkeler arasındaki kaynakların adil dağılmadığı ya da her ülkede yeteri kadar olmadığı görüşü, ülkeleri kaynak aramaya yöneltmiştir. Merkantilist düşünceyle, başlayan sömürge hareketleri, 20. yy'ın ilk yarılarına kadar devam etmiştir. Özellikle İkinci Dünya Savaşından sonra da sömürge halindeki ülkelerin bağımsızlıklarını kazanmaları, dünya milletler ailesi içerisinde yer almaları, önemli bir tarihi olaydır. Ancak, sömürge halindeki ülkelerin bağımsızlıklarını kazanmalarıyla birlikte, aynı derecede gelişmiş bir ülke olmamaktadır. Çoğu sömürge ülkeleri, yeterli stratejik kaynakları olmasına rağmen, üretim yapılarındaki yetersizlik, girişimci ruhunun eksikliği nedeniyle az gelişmişlik kaosuna sürüklenmişlerdir. Böylelikle de ülkelerin iktisadi kalkınmaları büyük bir sorun olarak karşımıza çıkmaktadır.

Yeterli sermaye birikimi olan ülkelerin kaynak ihtiyacını gidermedeki gayretleri bazen ülkeler arasında çatışmalara yol açmıştır. Çatışmaların en önemli yönü gelişmiş sanayi ülkeleri ile gelişmekte olan ülkeler arasındaki ayrımın gittikçe artarak devam etmesidir. Yeni bağımsızlığını kazanan ülkeler yeniden ekonomik olarak bağımlı hale gelmektedir. Bunun nedeni iktisadi gelişmeye yönelik altyapılarının bulunmamasıdır. Ekonomik büyümeyle, ekonomik kalkınmanın birlikte ele alındığında gelişmekte olan ülkeler ile az gelişmiş ülkelerin ekonomik dinamiklerini harekete geçiremedikleri görülmektedir. Bu da yetersiz olan tecrübe ve bilgi birikimi, finansal yapılaşma, üretim, teknik ve teknolojilerindeki olumsuzlukları beraberinde getirmektedir.

Ekonomik kalkınma ile büyüme birbirini tamamlayan iktisadi bir süreçtir. Bu süreçte alınabilecek kararlar, sosyal ve siyasi alandaki gelişmeler, ekonomik gelişmeye de katkı sağlayabilecektir. Gelişmekte olan ülkelerin, gelişmiş ülkeler ile aralarındaki farkı kapatmak, sosyal ve ekonomik istikrarı sağlamak en büyük hedefleridir. Gelişmekte olan ülkelerin bazılarında, stratejik ekonomik kaynaklar olmasına rağmen, üretimde başarılı olamamalarına, sanayileşmiş ülkelerin himayesine girmelerine, teknik ve teknolojik bilgi birikimlerine gereksinim duymalarına neden olmaktadır. Böylelikle de gelişmiş ekonomiler ile gelişmekte olan veya az gelişmiş ekonomiler arasında birbirini bütünleyen bir üretim sistemi gelişmektedir.

Ülkelerin, ekonomik gelişimlerinde enerji kaynakları da önemli bir rol oynamaktadır. Başlangıçta kömür, sanayileşmeyi sağlayan ana ürün olarak yer alırken, petrolün bulunmasıyla birlikte durum değişmiş ve ülkelerin ilerlemesinde vazgeçilmez bir ürün haline gelmiştir. Petrolün yanı sıra, yakın ikamesi olan doğalgazda önemli bir enerji kaynağı olarak ekonomik kalkınmadaki yerini almıştır. İki stratejik ürünün, ülke ekonomilerini büyük oranda etkilemesi, bu ürünlerin bulunduğu ülkeler için ciddi anlamda avantaj sağlamaktadır. Enerji kaynaklarının da yaklaşık olarak %70'inin Ortadoğu bölgesinde bulunması, bölge ülkelerinin cazibesini arttırmaktadır. Bu durum ise, hem petrol hem de doğalgaz rezervlerinin büyük bir kısmını elinde bulunduran Suudi Arabistan ve Birleşik Arap Emirlikleri'ni ön plana çıkarmaktadır. İktisadi kalkınma ile ilgili teoriler, emek-sermaye ilişkileri içerisinde gerçekleşmiştir. Artan sermaye birikimlerine bağlı olarak da istenen ekonomik büyümenin sağlanacağı düşünülmektedir. Sermaye birikiminin elde edilmesi de ülkelerin tasarruf hacmine göre şekillenmektedir. Ancak, hem Suudi Arabistan hem de Birleşik Arap Emirlikleri, az gelişmiş veya gelişmekte olan ülkelerin aksine, sahip oldukları enerji kaynakları sonucunda muazzam bir sermaye birikimi ile karşılaşmıştır. Petrol ve doğalgaz gelirlerindeki artış sonucunda sağlanan sermaye birikimi de her iki ülkede hızlı bir iktisadi kalkınma sürecine girilmesine neden olmuştur.

Çalışmanın varsayımı, 'Suudi Arabistan ve Birleşik Arap Emirlikleri'nin elde ettikleri petrol gelirlerinin ekonomik ve sosyal yapıyı olumlu yönde etkiler' olarak belirlenmiştir. Ülkelerin ekonomik ve sosyal yönden gelişmişliğini inceleyen iktisadi kalkınma süreçleri çalışmış olduğum, Suudi Arabistan ve Birleşik Arap Emirlikleri'nde diğer ülkelere göre farklı şekillerde gelişmiştir. Bu ülkelerde tarımsal bir yapıdan sanayi sektörüne doğru bir yapılanma olmamış ve elde edilen petrol gelirlerine bağlı olarak devlet eliyle ekonomik bir gelişme sağlanmaya çalışılmıştır.

Çalışmanın amacı, Suudi Arabistan ve Birleşik Arap Emirlikleri'nin petrol dışındaki alanlara ekonomik refahın yansıtılıp, yansıtılmadığını belirtebilmek ve kalkınmanın diğer bir ayağı olan niteliksel yapıyla (eğitim, sağlık, istihdam) ilgili gelişmeleri gösterebilmektir. Aynı zamanda, sanayileşmeye bağlı olarak ekonomik gelişmenin gerçekleşeceği fikrine bağlı kalınarak hem Suudi Arabistan'da hem de Birleşik Arap Emirlikleri'nde sanayileşme sürecinin olup olmadığını değerlendirmektir. Böylelikle her iki ülkedeki ekonomik gelişmenin petrole mi bağımlı olduğu ya da diğer alanlardaki ilerlemeler doğrultusunda mı olduğu sorgulanmıştır. Ayrıca ekonomik kalkınmanın istikrarlı bir devamlılık arz edip etmediği, de çalışmamdaki diğer önemli konular arasında yer almıştır.

Literatürde, Birleşik Arap Emirlikleri ile Suudi Arabistan'ın ekonomik kalkınmalarına ilişkin eski tarihlerde ve küçük parçalar halinde çalışmalar yer almaktadır. İki Ortadoğu ülkesinin karşılaştırmalı olarak sosyo-ekonomik gelişimine yönelik bir kaynak olmadığından çalışma bu eksikliği giderme amacını gütmektedir. Aynı zamanda, bu ülkelerin, petrolden gelen zenginliği nasıl değerlendirdiği kaynakların nerelere aktardığı belirtilerek literatürdeki bu açık kapatılmaya çalışılmıştır. Böylelikle bölgeye ve incelemiş olduğu iki petrol zengini ülkeye yeni bir bakış açısı sunulmaya gayret edilmiştir.

Çalışmada, Ortadoğu Bölgesi genel hatlarıyla incelenmekle beraber, bölgenin genişliği nedeniyle birtakım sınırlandırmalara gidilmiştir. Öncelikle, petrolden elde edilen gelirle birlikte ekonomik ve sosyal gelişmenin doğru yönde ilerlediği varsayımından hareketle, petrol zengini olan ülkeler kapsama alınmıştır. Sınırlama çerçevesinde de Suudi Arabistan ile Birleşik Arap Emirlikleri'nin enerji gelirlerinin ekonomik ve sosyal gelişimlerine etkisi incelenmiştir.

Suudi Arabistan ile Birleşik Arap Emirlikleri'nin enerji gelirlerinin sosyal ve ekonomik kalkınma stratejilerine etkisini inceleyen çalışma, üç ana bölümden oluşmaktadır. Birinci bölümde kalkınmanın teorik yapısı değerlendirilmiştir. Teorik yapı içerisinde kalkınmanın tanımı, kalkınma çeşitleri, kalkınma teorileri ve kalkınma teorilerinin Birleşik Arap Emirlikleri ve Suudi Arabistan üzerine uygulanabilirliği belirtilmiştir. Çalışmanın ikinci bölümünde iktisadi kalkınmayı etkileyen ekonomik ve sosyal faktörler ile iktisadi kalkınmayı ölçme yöntemleri gösterilmiştir. Ekonomik faktörler içerisinde vergiler, tasarruflar, sermaye birikimi, sermaye piyasaları incelenirken, sosyal faktörlerde eğitim, sağlık, nüfus, istihdam değerlendirilmiştir. Ayrıca ülkelerin gelişmişliğini gösteren beşeri kalkınma endeksi, cinsiyetlere göre insani gelişim endeksi ile cinsiyetlere göre siyasi katılım ölçütü de belirtilmiştir. Çalışmanın üçüncü ve son bölümünde ise Suudi Arabistan ve Birleşik Arap Emirlikleri'nin ekonomik ve sosyal yapılarındaki değişimler incelenmiştir. Ekonomik yapı içerisinde kaynakların hangi sektörlere aktarıldığı, hangi sektörlerde gelişme olduğu ve uluslararası ticarette ülkenin hangi ürünlerle üstünlük yaratmaya çalıştığı vurgulanmıştır. Sosyal yapıda eğitim ve sağlık alanında yapılan çalışmalar değerlendirilmiş, istihdam alanında ise yabancı işgücünün azaltılmasına yönelik politikalar incelenmiştir. Ayrıca, iki İslam ülkesindeki kadının toplumdaki yeri, ekonomik ve siyasi hayata katılımları da sorgulanmaya çalışılmıştır. Aynı zamanda, nüfus dengelerinde yerli yabancı dağılımının dışında, yaş gruplarına göre hangi grupta artış olduğu belirtilmiş ve bağımlılık teorileri çerçevesinde incelenmiştir.

Çalışmada araştırma metodu, literatür taraması şeklindedir. Literatür taramasında konu ile ilgili kitaplar, süreli yayınlar, kalkınma planları ile ülke verilerinin toplandığı güvenilir internet sitelerinden yararlanılmış ve yorumlanarak değerlendirilmiştir. Aynı zamanda çalışmamda, iki ülkenin karşılıklı olarak araştırılmasında birbirleriyle olan ilişkilerinde ilişkisel metod yöntemi kullanılmıştır.

BİRİNCİ BÖLÜM

İKTİSADİ KALKINMANIN TEORİK YAPISI

İkinci Dünya Savaşından sonra belirgin bir şekilde ilgi duyulan iktisadi kalkınma, başlangıçta büyüme teorisi ile birlikte incelenmiş fakat zamanla bağımsızlığını kazanarak ayrı bir iktisadi inceleme alanı olmuştur.

1. İKTİSADİ BÜYÜME VE İKTİSADİ KALKINMANIN İLİŞKİSİ

Gelişmekte olan ülkelerin ya da az gelişmiş ülkelerin, gelişmiş ülkelerin seviyesine nasıl gelebileceği, iktisadi kalkınmanın temel konusunu teşkil etmektedir. Gelişmiş ülkeler için ise istikrarlı bir ekonomik büyümenin sürdürülmesi önem arz etmektedir. Dolayısıyla kalkınma ve gelişme geri kalmış ülkelerin bir sorunu iken, büyüme, gelişmiş ülkelerin gerçekleştirmeye çalıştıkları istikrarlı bir durum olarak ortaya çıkmaktadır.[1]

Kalkınma ve büyüme kavramları birbirlerini temel almakla beraber her biri farklı anlamlar ifade etmektedir. Ekonomik büyüme, üretimde, mal ve hizmetlerin toplam çıktısına bağlı olarak Gayri Safi Milli Hâsıla da bir önceki yıla göre meydana gelen olumlu değişikliklerdir. Diğer bir deyişle ekonomik büyüme, ülkenin üretiminin ya da kişi başına gelirinin artması demektir.

Ekonomik kalkınma, üretimin dağılımı ve ekonomik yapıdaki değişimlerle beraber ekonomik büyümeyi de içerisine almaktadır. Dolayısıyla ekonomik kalkınma, fakir olan nüfusun maddi anlamda refahını arttırmayı, Gayri Safi Milli Hâsılada üretimin payını arttırmayı, işgücünün istihdamının sağlanmasını ve ülke içerisinde dayanıklı ileri teknolojiler meydana getirmeyi amaçlamaktadır.[2]

---

[1] Muhsin Kar ve Sami Taban, **İktisadi Kalkınmada Sosyal, Siyasal ve Kültürel Faktörlerin Rolü,** Ekin Kitabevi, Kahramanmaraş, 2005, ss.7-8

[2] E. Wayne Nafziger, **Economic Development,** Cambridge University Press, Newyork,2006,s.15

Bunun dışında ekonomik kalkınma, ekonomi nasıl ilkel tarımdan modern imalat ve hizmetlere geçer ve muazzam gelir artışı nasıl yaratılır, ne tür ekonomik değişkenler meydana getirir gibi sorulara da cevap aramaktadır.[3] İktisadi büyüme ile iktisadi kalkınma arasında bir karşılaştırma yapıldığında; İktisadi büyüme; yatırım, üretim, tüketim ve gelir cinsinden ekonominin ölçeğindeki kantitatif değişimi içerirken, iktisadi kalkınma ise, ekonomik kurumlarda, davranışlarda ve teknolojide yeniliği de içeren, ekonominin yapısındaki kalitatif değişimleri de ifade etmektedir. Bu nedenle kalkınma, büyümeden farklı olarak aşağıdaki unsurları da içermektedir; Kalkınma;[4]

- Kendi kendini besleyen sürdürülebilir büyüme
- Üretim ve tüketim kalıplarında yapısal değişim
- Teknolojik gelişme
- Sosyal, politik ve kurumsal modernizasyon
- Beşeri koşullarda gelişme

Dolayısıyla iktisadi kalkınma, üretimde meydana gelen değişikliklerin yanı sıra toplumda, kişilerin sosyal, kültürel ve beşeri alandaki değişim ve gelişimlerini de inceleyen bir bilim dalı olarak da tanımlanabilmektedir.

Kalkınma ile amaçlanan insanın hayat seviyesinin daha iyi duruma getirilmesidir. Bunun için yapılması gerekenler, her gün değişmekle beraber, genel olarak bütün toplumlarda üç önemli değerin kalkınmayı karşıladığı kabul edilmektedir. Kalkınmanın bu üç önemli çekirdek değerleri sırasıyla; geçinebilirlik, onur ve özgürlüktür.[5] Bu üç çekirdek şöyle açıklanabilmektedir;

---

[3] Everett E. Hagen,**The Economics of Development**, Rıchard D. Irwın Inc., Illinois ,1986, s.4.
[4] Mustafa Ildırar, **Bölgesel Kalkınma ve Gelişme Stratejileri,** Nobel Yayın Dağıtım, Ankara, Ekim 2004,s. 6
[5] Aziz Kutlar ve Fatih Doğanoğlu, **Kalkınma Sorunu,** Orion Yayınevi, Ankara,2007, ss.7-8

1.1. Kalkınmanın İnsani Değerleri

1.1.1. Geçinebilirlik

İnsanın yaşayabilmesi için gerekli temel ihtiyaçları ifade etmekte olup, bu ihtiyaçlar hem toplum hem de birey için zorunluluk arz etmektedir. Belirtilen zorunlu ihtiyaçlar güvenlik, barınma, gıda ve sağlık olarak sıralanabilmektedir. Ekonomik kalkınma ile kişi başına gelir arttığında yoksulluğun azalacağı, istihdamın yükseleceği ve eşitsizliğin düşeceği beklenmektedir.

1.1.2. Onur

Onur, bireyin veya toplumun aradığı kendisinde olmasını istediği itibarlı olmak, sayılmak ve kimliğini ifade edebilmek şeklinde tanımlanabilmektedir. Gelişmekte olan toplumlarda bu kavramlar maddi zenginliğin yanında önem arz edilen ve değer verilen kavramlardır.

1.1.3. Özgürlük

Özgürlük, insanların seçme hakkının veya tercih yeteneğinin olması olup, her türlü maddi ve manevi esaretten kurtulabilmek anlamına da gelmektedir. Aynı zamanda zaafların esiri olunmamasını ifade etmektedir.

2. İKTİSADİ KALKINMANIN TARİHSEL GELİŞİMİ

İktisadi kalkınmanın tarihsel yapısına bakıldığında ayrı bir disiplin olarak ortaya çıkışını sağlayan doğrudan ya da dolaylı belirli etmenler bulunmaktadır. Bunlar şu şekilde belirtilebilmektedir;[6]

2.1. Aydınlanma Felsefesi

İktisadi kalkınmanın ortaya çıkmasına etki eden gelişmeler arasında aydınlanma felsefesi ve modernleşme teorisi önemli bir yer tutmaktadır. Aydınlanma felsefesi, ortaçağ feodalizminin son bulması ve modern Avrupa'nın kurulması ile beraber, Batı Avrupa'da yaşanan, geniş çaplı toplumsal, tarihsel ve ekonomik dönüşüme paralel olarak ortaya çıkmıştır.

---

[6] Sami Taban ve Muhsin Kar, **Kalkınma Ekonomisi Seçme Konular, Kalkınma Teorilerinin Temelleri ve Gelişimi, Ekin** Kitabevi, Bursa, 2004, s.31

Aydınlanma felsefesi ile doğanın düzenin evrensel olduğu ve sonradan gelenlerin öncekilere göre üstün olacağı, ilerlemenin bir evrime bağlı olarak ve basitten komplekse doğru tanınmış aşamalar şeklinde gerçekleşeceği ve tek yönlü zorunlu bir süreç olacağı belirtilmektedir. Dolayısıyla aydınlanma felsefesi, basitten karmaşığa doğru sıralanan ekonomik toplumsal evrim veya gelişme şemaları ile modernleşme teorisinden yararlanarak İkinci Dünya savaşından sonra kalkınma iktisadında yer alan teorilerin oluşumuna katkıda bulunmuştur.

2.2. Modernleşme Teorisi

Modernleşme, ekonomik anlamda, kentleşme, sanayileşme ve tarımdaki teknolojik dönüşümü, sosyal anlamda kişisel gelişimde başarının yükselmesi ve geleneksel bağların zayıflaması, kültürel anlamda, bilimsel bilginin büyümesine bağlı olarak ortaya çıkan toplumun sekülerleşmesi siyasal anlamda da güç ve otoritenin rasyonelleştirilmesi ve bürokrasinin büyümesi anlamını içermektedir. Modernleşme teorisi, Batı Avrupa ve Kuzey Amerika toplumlarının yaşadığı deneyimlerinden yola çıkarak diğer toplumların da benzer yolu izleyerek gelişme göstereceklerini belirtmektedir.

Gelenekselden moderne doğru tanımlanan gelişme süreci, Batı Avrupa toplumlarında devletin herhangi bir müdahalesi olmadan gerçekleşmiştir. Ancak az gelişmiş ülkelerin Batı ülkeleri ile arasındaki farkı kısa sürede kapatabilmeleri için bilinçli bir şekilde plan yapmaları ve olanakları doğrultusunda bu planları uygulamaları gerekmektedir. Dolayısıyla modernleşme teorisinde de toplumsal ve siyasal değişim için devletin çeşitli şekillerde müdahale etmesi gerektiği belirtilmiş, ayrıca içerden yapılan müdahaleler yetersiz olduğunda dışarıdan destek ve yardımlar sağlanması yoluyla müdahale sürecinin tamamlanacağına dair çeşitli vurgular yapılmıştır. Az gelişmiş ülkelerin kalkınma deneyiminin Batı ülkelerinde yaşandığı gibi olacağını savunan modernleşme teorisi siyaset bilimi içinde 1950'lerden 1970'lere kadar bir üst teori olarak yer almış ve pek çok siyaset gelişme teorilerine tanıklık etmiştir.[7]

---

[7] Sami Taban ve Muhsin Kar, a.g.e.,s.32

2.3. Kalkınma İktisatçılarının Geleneksel İktisatçılara Eleştirisi

Geleneksel iktisadın az gelişmiş ülkelerin kalkınma problemlerini çözemediği ve bundan sonra da çözemeyeceği konusunda oluşan ortak anlayış kalkınma iktisadının ayrı bir disiplin olarak ortaya çıkmasında önemli bir etken olmuştur. Kalkınma iktisatçıları, geleneksel iktisadı birçok yönde eleştirmiştir. Bunlarda şu şekilde belirtilebilmektedir;[8]

- Klasik yaklaşımlar ve teoriler gelişmiş ülkelerin iktisadi temelleri üzerine kurulu olup, çoğunlukla bu ülkelerin toplumsal ve iktisadi yapısını ele alarak inceleme yapar. Ancak az gelişmiş ülkelerde sadece sayısal büyüklükler değil, yapısal değişikliklerin de çözümlenmesi gerekmektedir. Gelişmiş ve az gelişmiş ülkeler arasındaki fark sadece sayılarla ifade edilebilen bir derece ayrımı değil, aynı zamanda bir nitelik ayrılığıdır. Dolayısıyla klasik kökenli büyüme modellerinin az gelişmiş ülkelerin kalkınma süreçlerini anlamada gittikçe yetersiz kalması, dönemin iktisatçılarını alternatif politikalara yöneltmiştir.

- Klasik görüşte, karşılaştırmalı üstünlükler teorisine göre az gelişmiş ülkelerin üstün oldukları tarım ürünleri üretiminde uzmanlaşmaları, tarım ürünler, üretimine öncelik verip, diğer ürünleri ithal etmeleri gerektiği belirtilmektedir. Ancak kalkınma için geçerli olan sanayileşme olduğundan bu görüşe karşı çıkılmaktadır.

- Geleneksel görüş, kalkınma sürecinin piyasa koşullarına bırakılması gerektiği, fiyat mekanizması yoluyla kaynak dağılımında optimalitenin sağlanacağını ve bu şekilde her kaynaktan maksimum yararlanılacağı belirtilmektedir. Kalkınma iktisatçıları ise çeşitli nedenlerden dolayı ülkelerin piyasa mekanizmasının tam olarak işlemeyeceğini, piyasada oluşan fiyatlara göre de oluşacak kaynak dağılımının da optimal olmayacağını öne sürmektedirler. Dolayısıyla kalkınma sürecinin piyasa mekanizmasına bırakılmayıp, iktisadi planlama yapılması suretiyle gerçekleştirilmesi gerektiği vurgulanmaktadır.

---

[8] Metin Berber, **İktisadi Büyüme ve Kalkınma**, 3. Baskı, Derya Kitabevi, Trabzon, 2006, ss.193-194

- Klasik düşüncede kalkınma sürecinde devlete bir görev yüklenmezken, kalkınma iktisatçıları bunun tersine, kalkınmanın bütün yükünü devlete yüklemekte ve devlet öncülüğünde sanayileşme yaklaşımını benimsemektedirler.

- Klasikler, dışa açık politikalar uygulayarak dünya ekonomisi ile daha fazla işbirliği içerisinde olmayı ve uluslararası ticarette uzmanlaşmayı önermektedir. Bu şekilde serbest piyasa koşullarında yapılacak işbölümünden bütün ülkelerin fayda sağlayacağını savunmaktadırlar. Kalkınma iktisatçıları ise, az gelişmiş ülkelerin serbest dış ticarete dayalı değil, bizzat içe dönük ve korumacı politikalar uygulayarak sanayileşmelerini önermektedirler.

- Klasikler, üretim ve değişim kurallarının gelir maksimizasyonu düşüncesine göre gerçekleştirileceğini varsaymaktadır. Ancak az gelişmiş ülkelerde üretim ve değişim sürecinde sözü edilen bu rasyonel düşünce değil, aksine ekonomik ve rasyonel olmayan düşünce kalıpları da belirleyici olabilmektedir. Özellikle çözüm üretilirken, bölgesel sosyo-ekonomik farklılıkların, toprak mülkiyetindeki farklılıkların, yabancı sermaye durumunun ve sosyal statü farklılıklarının da göz önünde bulundurulması gerekmektedir.

2.4. 1929 Bunalımı ve Sonrasında İktisadi Kalkınma Düşünceleri

1929 Bunalımı sonrasındaki iktisadi kalkınma düşünceleri şu şekilde özetlenebilmektedir;[9]

- 1929 dünya ekonomik bunalımı nedeniyle her ülke çözüm amaçlı olarak iktisadi ve sosyal alanda yeniden yapılanmaya gitmiş ve krize çözüm bulmak amacıyla Keynes'in yapmış olduğu analizler ve önerdiği politikalar kalkınma iktisadının doğuşuna dolaylı olarak katkıda bulunmuştur.

- İkinci Dünya Savaşından ABD'nin diğer ülkelere oranla savaştan galip çıkması, savaş sonrası düzenlemelerde ABD'nin etkisinin artmasına neden olmuş ve onun hegomonik bir konuma gelmesini sağlamıştır. En önemli değişimde A.B.D kökenli sermayenin uluslararasılaşması yönünde yapılan

[9] Metin Berber, a.g.e., ss.195-197

düzenlemeler olup, bu düzenlemeler, A.B.D.'nin kalkınma sorununa bakış açısında değişikliklere neden olmuştur.

- Savaşı izleyen yıllarda birçok az gelişmiş ülke sömürgecilikten kurtulup, siyasal bağımsızlığını kazanmıştır. Yeni yapılanma sürecinde olan bu ülkeler siyasal bağımsızlıklarını elde etmeleriyle birlikte ekonomik bağımsızlıklarını da hızla elde ederek, kalkınmaya çalışmakta ve diğer ülkelerle arasındaki farkı kapatmaya çalışmaktaydılar. Dolayısıyla bu isteklilik akademik çevrede destek bulmuş ve az gelişmiş ülkelerin kalkınmalarıyla ilgili öneri, politika ve modellerin oluşturulmasına neden olmuştur.

- ABD'nin savaş sonrasında kendi kendine üstlenmiş olduğu özgür dünyanın kuruculuğu ve sözcülüğü doğrultusunda izlemiş olduğu stratejiler ve politikalar soğuk savaş dönemi olarak adlandırılan süreci başlatmıştır. ABD ile SSCB'ni karşı karşıya getiren bu ortamda ABD'nin ilk strateji sonrası yeniden inşa edilmek üzere Avrupa'da uygulamaya konulan Marshall Planıdır. Bu plana daha sonra üçüncü dünya ülkeleri eklenmiş ve SSCB'nin aynı stratejiyle hareket etmesi ve uygulamaya geçmesi az gelişmişliği ve az gelişmiş ülkeleri dünya gündemine taşımıştır.

3. İKTİSADİ KALKINMA ÇEŞİTLERİ

3.1. Sürdürülebilir Kalkınma

Ekonomik büyüme ve çevre arasındaki ilişkiyi belirten kavrama sürdürülebilir kalkınma denilmektedir. Bu kavram ilk defa 1987 yılında Dünya Çevre ve Kalkınma komisyonunda kullanılmıştır. Komisyonun raporunda 'Bizim Ortak Geleceğimiz' ile sürdürülebilir kalkınma gelecek nesillerin ihtiyaçlarını tehlikeye atmadan günümüz ihtiyaçlarının karşılanması olarak tanımlanabilmektedir.

Sürdürülebilir kalkınma analizi, standart büyüme ekonomisi ve kalkınmadan doğal kaynaklar aracılığıyla ayrılmaktadır. Doğal kaynaklar diğer bir deyişle doğal sermayeyi de oluşturmaktadır. Doğal sermaye de, var olan su, orman, balık, mineral deposu ve genelde çevre gibi doğal kaynakların değeri olarak tanımlanmaktadır. Doğal sermayede insanlara finansal sermaye, üretim sermayesi ve beşeri sermayede olduğu gibi mal ve hizmet sağlamaktadır. Doğal sermayenin azalması da üretim ve beşeri sermayedeki yatırımlar tarafından karşılanabilmektedir. GSMH'dan doğal sermayedeki aşınmayı ve üretim sermayesindeki aşınmayı çıkardığımızda sürdürülebilir kalkınma hesaplanmaktadır.[10]

3.2. Bölgesel Kalkınma

İkinci Dünya Savaşı sonrasında literatüre giren bölgesel kalkınma, ülke bütününde yer alan bölgelerin çevre bölgeler ve dünya ile karşılıklı etkileşimi ile oluşan bölge vizyonunu dikkate alan, katılımcılık ve sürdürülebilirliği temel ilke edinen ve insan kaynaklarının geliştirilmesi, ekonomik ve toplumsal potansiyellerin harekete geçirilmesi yoluyla bölge refahının yükseltilmesini amaçlayan çalışmalara denilmektedir.

Aynı zamanda bölgesel kalkınma, bölge içi ilerleme potansiyelinin harekete geçirilmesi, sermaye, bilgi, girişimcilik yeteneği gibi bölge dışı birikimlerin bölgeye ithal edilmesi ve birer itici güç olarak bölgeye çekilmesidir.[11]

3.3. Sosyal Kalkınma

Sosyal yaşam koşullarının iyileştirilmesi için yapılan ve ağırlıklı olarak hizmet yönü ağır basan durumlar olarak nitelendirilmektedir. Sağlık, eğitim, altyapı, şehirleşme ve çevre sorunları sosyal kalkınmanın konuları arasında yer almaktadır.[12]

Sosyal kalkınma, sosyal yönetim, sosyal çalışma ve sosyal yardımseverlikten çeşitli şekillerde ayrılmaktadır. Sosyal refah ve sosyal çalışmanın aksine, sosyal kalkınma, kişilere mal ve hizmet sağlamak ya da onları rehabilite etmekle değil, toplumun tümünün daha iyi bir yaşam sürdürmesi ile ilgilenmekte ve daha geniş bir şekilde kalkınma süreçlerine odaklanmaktadır.

---

[10] Sisay Asefa, **The Economics of Sustainable Development**, W.E. Upjohn Institute for Employment Research, Michigan,2005, s.1

[11] Mustafa Ildırar, a.g.e., s. 16

[12] Ahmet Tolunay ve Ayhan Akyol, **Kalkınma ve Kırsal Kalkınma: Temel Kavramlar ve Tanımlar,** Süleyman Demirel Üniversitesi Orman Fakültesi Dergisi, 2006, Seri: A, Sayı: 2,Isparta,http://sablon.sdu.edu.tr/fakulteler/orman/dergi/dergipdf/2006_Sayi2/2006_2_11_ATolunay.pdf, (20.01.2009),s.119

Dinamik bir yapısı olan sosyal kalkınma, aynı zamanda büyüme ve değişim süreçlerini de kendi bünyesinde barındırmaktadır. Sosyal kalkınma, ekonomik ve sosyal kalkınma çabaları arasında bağlantı kurarak, ekonomik ve sosyal kalkınma süreçlerini tamamlamaya çalışmaktadır. Dolayısıyla iktisadi kalkınma sürecinde hem sosyal kalkınmanın hem de ekonomik kalkınmanın önemi bulunmaktadır. Her ikisinde bir gelişim olmadan bir ilerlemeden söz etmek mümkün olmamaktadır. Kişilerin refah seviyesini yükseltilmeyi amaçlayan sosyal kalkınmaya göre; kalkınmayı sağlayan süreçler kendiliğinden olmamakta ve bir müdahaleye ihtiyaç duymaktadır.[13]

3.3.1. Sosyal Kalkınmanın Özellikleri

Sosyal kalkınmayı, dinamik bir ekonomik kalkınma ile bağlantılı, bütün toplumun daha iyi bir seviyeye ulaşmasını amaçlayan, planlanmış sosyal değişimin bir süreci olarak tasarlanabilmektedir. Dolayısıyla tanımdan da yola çıkarak sosyal kalkınmanın belli başlı şu özellikleri aşağıda belirtilebilmektedir;[14]

- Sosyal kalkınma kaçınılmaz bir şekilde ekonomik kalkınma ile bağlantılıdır. İnsan refahını sağlayan kurumsal yaklaşımlarla karşılaştırıldığında bu özelliği ile sosyal kalkınma diğerlerinden üstün bir niteliğe sahip olmaktadır. Sosyal kalkınma da kişilerin refahını sağlayabilmek için sosyal politikalar ve sosyal programlara odaklanmakta, aynı zamanda kalkınmanın gerçekleşebilmesi için doğrudan bir müdahalenin olması gerektiği belirtmektedir.

- Sosyal kalkınma, günümüzün ekonomik politikasından esinlenmektedir. Ekonomik politikaya göre, sosyal kalkınma, sosyal refahı yükseltebilmek için sosyal problemleri analiz etmekte, belirgin bir şekilde de ideolojileri, davranışları, değerleri de incelemektedir.

- Sosyal kalkınma, büyüme ve değişimin de belirgin olduğu dinamik bir süreçtir. Ayrıca sosyal kalkınma süreci, önceden var olan sosyal şartlardaki değişme, kendi değişim süreci ve sosyal kalkınmayı başarmayı amaçlayan devlet olmak üzere üç şekilde tanımlanabilmektedir.

---

[13] James Mıdgley, **Social Development The Developmental Perspective in Social Welfare**, Sage Publications, Louisiana, 1995,ss.23-24

[14] James Mıdgley, a.g.e., s.26

- Dünyanın pek çok yerinde son on yılda sosyal şartların bozulmasıyla birlikte nihilizm, sinizm gibi felsefi yaklaşımların yeterli olmadığı görülmüş, insanın doğası gereği gelişime açık olduğu fikrinden yola çıkılarak sosyal gelişim kavramına ihtiyaç duyulmuştur.

- Sosyal kalkınma süreci müdahaleci bir süreçtir. Sosyal kalkınmayı savunanlara göre, sosyal gelişimler kendiliğinden ekonomik piyasaya bağlı olarak meydana gelmemekte, aksine sosyal refah da bir ilerleme sağlanabilmesi için organize olmuş çabalara ihtiyaç bulunmaktadır. İnsanoğlu, sosyal kalkınma sürecinde sosyal kalkınma çabalarını geliştirebilmek amacıyla belirli strateji ve planlar uygulamaktadır. Çünkü daha geniş politik, ekonomik ve sosyal güce sahip olduğundan dolayı kendi geleceğini etkileyebilmektedir.

- Sosyal kalkınma amaçları, doğrudan ya da dolaylı olmak üzere çeşitli stratejiler tarafından geliştirilmiştir. Farklı ideolojiler, inançlar tarafından oluşan ve birbiri ile çatışan bu stratejiler günümüz sosyal kalkınma düşünürleri tarafından azaltılmış, farklı stratejilerden yola çıkılarak da bir sentez oluşturulmaya çalışılmıştır.

- Sosyal kalkınma, nüfusun tamamını kapsamaktadır. Bu nedenle evrensel ve geniş kapsamlıdır. Sosyal kalkınma, öncelikle bireylerin ihtiyaçlarına odaklanmadığından sosyal davranış ve hayırseverlikten ayrılmaktadır. Sosyal kalkınma ile ekonomik kalkınmadan mahrum kalmış yerlere (şehrin fakir iç kısımları, etnik azınlıklar, yoksullaşmış kırsal kesim sakinleri ve kadınlardır.) makro boyutta önem verilmekte ve bu yerlerdeki sosyal refah seviyesinin arttırılması ile ilgili araştırmalar yapılmaktadır.

- Sosyal kalkınmanın amacı sosyal refahı yükseltmektir. Refah ise, insanların ihtiyaçlarının karşılandığı, sosyal problemlerinin tatmin edici bir şekilde çözüldüğü ve onlara sosyal fırsatların yaratıldığı bir durumdur. Sosyal kalkınma, sosyal refahı arttırabilmek amacıyla, müdahalecilik, evrensellik, ekonomik büyüme ile beraber sosyal politikanın entegrasyonu, ilerleme vaadi, sosyal mekan seçme ve odaklanma, pragmatik yaklaşım ve o bölgedeki en küçük nesneleri inceleme yöntemlerini kullanarak araştırma yapmaktadır.

3.3.2. Sosyal Kalkınma Stratejileri

Sosyal kalkınmaya yönelik stratejiler, sosyal müdahaleler ile ekonomik aktiviteler arasındaki ilişkiler doğrultusunda oluşturulmakta ve ekonomik kalkınma sürecinde kişilerin refahının arttırılması amaçlanmaktadır. Sosyal kalkınma stratejileri, bireyler, toplum ve hükümet tarafından olmak üzere üç şekilde olabilmektedir.

3.3.2.1. Bireyler Tarafından Gerçekleşen Sosyal Kalkınma

Bu yaklaşıma göre birey, kendi refahını arttırabilmek için çabaladığı zaman toplumun bütünü de refahını sağlamış olacaktır. Bireyselcilik yaklaşımında, kişilerin eğer imkânları, işleri varsa sadece kendilerinin ve ailelerinin ihtiyaçlarını karşılayabilmeleri amaçlanmaktadır. Bireyler tarafından gerçekleşen sosyal kalkınma aynı zamanda bireyselcilik ve girişimcilik yaklaşımının temelini oluşturmaktadır.

Sosyal kalkınmada bireyselcilik yaklaşımı, sosyal kalkınma stratejileri içerisinde yeterince ilgi görmemiş, çoğunlukla devlet müdahalesinin olduğu yaklaşımlar benimsenmiştir. Sosyal kalkınmanın, kişilerin ekonomik çıkarları doğrultusunda otomatik olarak gerçekleşmeyeceği, hükümetlere ve çeşitli organizasyonlara ihtiyaç duyacağı gerçeği bireyselcilik yaklaşımında, belirli müdahaleleri de beraberinde getirmiştir. Dolayısıyla bireysel çabaları geliştirebilmek amacıyla devletin ve diğer kurumların bir girişimci kültürü yaratmaları gerekmektedir. İnsanın doğasında var olan, ancak piyasanın iyi çalışmaması nedeniyle sınırlanan girişimcilik ruhu ile beraber kişilerin ekonomik hayata katılmaları ve çıkarlarını maksimum düzeye getirmeleri hedeflenmektedir.

Bireyselcilik yaklaşımı ile aynı zamanda geri kalmış toplumların dönüşüme uğradığı ve girişimcilik, rekabet gibi özellikler nedeniyle de düşük gelir seviyesindeki toplumlarda değişimin meydana geleceği belirtilmektedir. Son yıllarda Birleşmiş Milletler Kalkınma Programlarında da bireysel girişimcilik, kendini geçindirme ve piyasa konularına vurgu yapılmakta ve kişilerin refahının daha fazla nasıl arttırabileceği sorusuna cevap aranmaktadır.

Bireyselcilik yaklaşımını destekleyenler, devletçilik yaklaşımına karşı farklı fikirler ileri sürmektedirler. Bir kısmı girişimcilik fırsatlarının arttırılmasında, yeni işlerin geliştirilmesinde ve hızlı ekonomik kalkınmada devletin önemli rolü olduğunu belirtirken, bir kısmı da ekonomik büyüme sürecinde devletin yol göstermesi ve rehber olması gerektiğini belirtmişlerdir. Girişimci kültürünü geliştirebilmek için kurumlar oluşturmak ve bu kurumlar aracılığıyla piyasaya etkin bir şekilde katılmayı amaçlamak da savunulan diğer görüşler arasında yer almaktadır. Bireyselcilik görüşünü savunanlar aynı zamanda, fakir insanların kendi ihtiyaçlarını karşılayabilmeleri amacıyla, hükümetlerin küçük ölçekli işletmelerin kurulmasını sağlayan şartları oluşturması gerektiğini belirtmektedirler. Çünkü bu şekilde yeterli sayıda küçük işletme olduğu takdirde ekonomi dışsal yardımlar olmadan büyüyecek ve fakir insanların da piyasa ekonomisine etkin bir şekilde katılabilmesi sağlanmış olacaktır.[15]

3.3.2.2. Toplum Tarafından Gerçekleşen Sosyal Kalkınma

Sosyal kalkınmanın toplum tarafından gerçekleşebilmesi için, fakir ve yaşadığı ortamdan bunalmış kişilerin sosyal kalkınma sürecindeki karar alma mekanizmalarında yer almaları gerekmektedir. Bu stratejiye göre, uyumlu bir çaba ile gelişmekte olan ülkelerde, halkın seferberliğinin sağlanabilmesi amacıyla dayanıklı kurumlar oluşturulabilir. Aktif bir şekilde insanların kalkınma sürecine katılmaları, ekonomik ve sosyal gelişimi daha da hızlandıracaktır. Kişilerin kalkınma sürecine katılmaları, kalkınmanın yararlarından eşit bir şekilde faydalanmalarını da beraberinde getirmektedir. Ayrıca toplumun kalkınma süreçlerinde daha fazla yer alması, hükümetin tek bir merkezde olmamasını, refahın ve gelirin yeniden dağıtımını sağladığı gibi, eğitim ve diğer sosyal hizmetlere erişimi artırmakta, yeni istihdam fırsatları yaratmaktadır. Toplumsal kalkınma ile beraber kitlelerin hareketliliği gerçekleştirilmekte ve kollektif çözümler de üretilmektedir.[16]

---

[15] James Mıdgley, a.g.e., ss. 103-107

[16] James Mıdgley ve Diğerleri, **Community Participation, Social Development and The State**, Londra Routledge Yayınları, Londra, 1986, ss.13-14

3.3.2.3 Devlet Tarafından Gerçekleşen Sosyal Kalkınma

Devlet, sosyal kalkınma sürecinde bütün vatandaşlarının refah içerisinde yaşamalarını temin etmekle yükümlüdür. Dolayısıyla ülkenin kaynaklarını bu amaca hizmet edecek şekilde yönlendirmesi gerekmektedir.

3.4.Kırsal Kalkınma

Kırsal alandaki kişilerin hayat seviyelerini yükselterek, tüm kırsal alanın gelişmesinin sağlanması durumuna **kırsal kalkınma** denilmektedir. Yaptığımız tanıma göre; kırsal kalkınma, tarım ve beraberinde olan aktiviteleri, köy endüstrisi ve ev içi üretim ve becerileri, sosyoekonomik altyapıyı, toplumsal hizmetleri ve faaliyetleri ile bunların kırsal alandaki insani kaynaklarını içine almaktadır. Doğal bir olgu olarak, kırsal kalkınma, çeşitli, fiziksel, teknolojik, kurumsal, ekonomik ve sosyal kültürel etkileşim arasındaki son halkadır. Stratejik olarak da belli grup, insanların ekonomik ve sosyal seviyesini daha iyi duruma getirmek şeklinde belirtilebilmektedir. Kırsal kalkınma, aynı zamanda fakir kadın ve erkek belirli bir grup insanın kendilerine ve çocuklarına daha fazla neye ihtiyaç duyuyorlarsa veya neyi istiyorlarsa onu elde edebilmelerini de sağlayan bir stratejidir. Kırsal kalkınmanın yararını en fazla hisseden gruplar, küçük ölçekli çiftçiler, kiracılar ve arazisi olmayan kişilerdir.[17]

3.4.1. Kırsal Kalkınma Stratejileri

Kırsal kalkınmanın herhangi bir stratejisi üstü kapalı veya açık bir şekilde ideolojik bir uyum gösterebilmektedir. Bir strateji, karşıtlılık prensibine dayandığı gibi kollektif kontrol veya piyasa uyumuna da dayanabilmektedir. En fazla piyasa uyumunun ve serbest girişimin olduğu kalkınmakta olan ülkelerde bu üç tipin özelliklerini birleştirmeye çalışmaktadırlar. Kırsal kalkınmanın temel maddeleri ortak olup, bu maddeler şu şekilde belirtilebilmektedir;[18]

---

[17] Katar Singh, **Rural Development, Principles, Policies and Management**, 2. Baskı, Sage Publications, New Delhi, 1998,ss-20.21

[18] David A. M. Lea ve D.P. Chaudri, **Rural Development and State,** Unıversıty Paperbacks, Methuen and Co Ltd., Newyork,1983,ss.18-20

- Toprak Politikası
- Teknoloji Politikası
- Eğitim, araştırma ve genişletme
- İstihdam politikası
- Kalkınma enstitüleri politikası
- Fiyat Politikası
- Ekonominin geri kalanıyla olan bağlantılar

Kolektivist stratejiler, istihdam, toprak ve teknoloji politikasını ve diger belirtilen maddelerin bu üç maddeye adaptasyonunu vurgularken, reformist strateji bütün maddelerin birbirini dikkatli bir şekilde uyumunu vurgulamakta ancak, kırsal kalkınmanın başarısı için toprak reformunun yeniden bölüştürülmesi bir önkoşul olarak öne sürmektedir. Teknokratik veya piyasa uyumlu kalkınma stratejileri ise, fiyat ve teknoloji politikasının önemini vurgulamaktadır. Aynı zamanda, kırsal kalkınma programları da pratikte olmamasına karşın, dünya genelinde her biri ayrı bir öneme sahip üç tane model ortaya koymaktadır. Bunlar; karşılılık modelinin önemi, sosyal kontrol ve sahip olmanın önemi ve piyasa sisteminin önemi olarak belirtilebilmektedir.[19]

- Karşılılık modeli ile bireyin sağlamış olduğu sınırlı başarıdan daha çok grubun başarısını vurgulayan bir modeldir. Yapılan kalkınma programları da bu modelden yola çıkılarak hazırlanmaktadır. İsrail'in Kibbutz'larının kalkınma tecrübeleri karşılılık modeline örnek gösterilebilmektedir.

- Sosyal kontrol ve sahip olma programları, özel mülkiyetin ortadan kalkması ve devrimlerin sonrasında ortaya çıkmıştır. Bu kategoride en fazla komünist ülkeler yer almaktadır. S.S.C.B ve Macaristan'daki kamulaştırma, Çin'deki yerel idareler, Küba'daki kırsal kalkınma çabaları sosyal kontrol ve sahip olma modeline verebileceğimiz örnekler arasında bulunmaktadır.

[19]David A. M. Lea ve D.P. Chaudri, a.g.e., s.20

■ Piyasa sisteminde verebileceğimiz örnekler arasında kırsal kalkınmada toprağın yeniden dağıtımı konusunda ön ayak olan Japonya, Güney Kore, Tayvan olurken, kırsal kalkınmadaki teknokratik girişimler Hindistan'daki Penjap, Endonezya ve Filipinlerdir.

4. KALKINMA TEORİLERİ

Gelişmiş ülkelerin ekonomik ve toplumsal yapılarını ele alan büyüme teorileri gelişmekte olan ülkelerin ya da az gelişmiş ülkelerin sorunlarının çözümünden uzak kalmıştır. Kalkınma teorileri, yeni bağımsızlığını kazanmış olan ülkelerin ekonomistlerden aldığı tavsiyelere dayanmakta ve bu ülkelerin ekonomik gelişmeyi nasıl sağlayacağı sorusuna cevap aramaktadır. Çoğunlukla az gelişmiş ülkeleri konu edinen kalkınma teorileri, az gelişmişlik teorileri olarak da adlandırılabilmektedir.

4.1. Klasik Durgunluk Yaklaşımı

Klasik yazarlar, ulusal geliri üç parçaya bölerek (ücret, kiralar ve kârlar olmak üzere) bunlar arasındaki ilişkilerin kayda değer bir şekilde kalkınma sürecini etkileyeceğini belirtmektedirler. Klasik yaklaşımın öncülerinden olan Adam Smith'e göre, ekonomik kalkınma herhangi bir zamanda başlayabilir. Çünkü kendisi birikimli olmaya meyillidir. Belirlenen elverişli piyasa şartları ve sermaye birikimi ile beraber, işbölümünün olması ve verimlilik seviyesinin yükselmesi sonucunda ulusal gelir ve buna bağlı olarak nüfus da artmaktadır. Ayrıca gelirdeki artış sadece piyasanın kapsamını genişletmemekte, aynı zamanda artan gelir dışında daha büyük birikimlere de olanak sağlamaktadır. Dolayısıyla da emek daha fazla uzmanlaşmış, piyasalarda daha da genişlemiş olacaktır. Adam Smıth, kalkınmanın kümülatif doğasına vurgu yaparken, aynı zamanda imkanları genişletmede sınırlar olduğunu da söylemektedir.[20]

Klasik durgunluk yaklaşımına göre, ekonominin yapısal anlamda dönüşümünün sağlanabilmesi ve refahın arttırabilmesi için sermaye birikimine ihtiyaç vardır. Bu nedenle de sermaye birikimi arttıkça ekonomik büyüme ve

[20] Gerald M. Meier ve Robert E. Baldwin, **Economic Development Theory, History, Policy**, John Wıley and Sons Inc, Newyork, 1957,ss.22-23

kalkınma mümkün olabilmektedir. Ekonomik kalkınmanın temel öğesi olan sermaye birikiminin sağlanabilmesi de ekonominin tasarruf etme kabiliyetine bağlıdır. Sermaye birikimindeki her artış ya da azalış, endüstrinin gerçek miktarını, üretken ellerin sayısını arttırmakta ya da azalmaktadır. Sonuç olarak sermaye birikiminin durumuna göre, ülkenin sahip olduğu emek ve toprağın yıllık üretim değeri, yaşayanların refah düzeyleri, gelirleri olumlu ya da olumsuz olarak etkilenecektir.[21]

Adam Smıth modelinde, ücretlerin kişilerin kendilerini ve ailelerini geçindirebilecek seviye de olduğunu iddia etmekte ve toprak sahiplerini de elde ettikleri gelirleri yüksek yaşam standardını yaşayabilmek için harcayan asalaklara benzetmektedir. Kapitalistleri ise, gelecek sezonun ücretlerini ve tohumluk mısırı sağlayan, makineleri satın alan, fabrikalar kuran ve çiftlikleri geliştirebilmek için yatırım yapan kişiler olarak tanımlamaktadır. Toprak sahiplerinin daha az kira geliri, kapitalistlerin ise daha fazla kâr elde etmeleri sonucunda sermaye birikimi artacaktır. Sermaye birikimindeki artış her bir üreticinin verimliliğini artırarak, ekonomik büyümenin de daha fazla olmasına neden olacaktır.[22]

Kalkınma sürecinde Adam Smıth, kâr oranları ile ücret oranları arasındaki ilişkiyi birbirini takip eden durumlar olarak nitelendirmektedir. Çünkü başlangıçta sermaye stokunun uygun kaynaklarla ilişkisi zayıftır. Bu nedenle de kâr oranları yüksektir. Sermaye birikimi arttıkça kâr oranları da göreceli olarak yüksek olmaktadır. Ancak sermaye birikiminin daha da fazla olması kâr oranlarının düşmesine sebep olmaktadır. Sermaye birikimi sürdürülmeye devam edildiği sürece, ücretlerde yüksek kalmaya eğilimli olacaktır. Adam Smıth, nüfusun büyümesi ve sermaye stokunun genişlemesi sonucunda ekonominin tüm zenginliklere ulaşacağını söylemektedir. Ayrıca ekonominin bu aşamasında sermaye birikimi oranının yavaşlayacağını, ücretlerin de azalacağını belirterek durağan bir duruma doğru gidildiğinden bahsetmekte, buna bağlı olarak da sermaye birikimi ve kalkınma sürecinin duracağını söylemektedir. Durağan bir

---

[21] Fidelis Ezeala- Harrison, **Theory and Policy Application,** Greenwood Publıshıng Group Inc, Connecticut, 1996, ss.62-63

[22] Hugh Stretton, **Economics A New Introduction**, PlutoPress, Londra, 2001,ss.74-75

duruma doğru hareket eden bir ekonomide endüstriyel açıdan kalkınmanın sağlanabilmesi ilk başta tarım sonra imalat ve son olarak da ticarete bağlıdır.[23]

Klasik yaklaşımın diğer öncülerinden biri olan Ricardo'ya göre ekonominin en önemli sektörü tarımdır. Genişleyen nüfusun gıda ihtiyaçlarının karşılanması Ricardo'nun analizinin en temel dayanağı olmuştur. Ricardo, toplumu ekonomik açıdan kapitalist, toprak sahibi ve emek olarak üçe ayırmış, kapitalistlerin de malların üretimi ve dağıtımında önemli rol oynadıklarını belirtmiştir. Çünkü Ricardo'ya göre toprak sahiplerinden toprakları alan ve üretim sürecinde işçilerin ihtiyaçlarını karşılayan kapitalistlerdir.

Kapitalist kesim aynı zamanda kaynakların etkin bir şekilde dağılımını sağlamakta ve kârlı alanlardaki istihdam fırsatlarını da araştırmaktadır. Ayrıca kapitalistler kalkınma sürecini de belirleyen kişilerdir. İstihdam edilen emek, kendisi üretim araçlarına sahip olmadığı için kapitaliste bağlı durumdadır. Nüfuslarında artış ya da azalış olmadan kendi geçimlerini sürdürecek kadar belirli bir reel ücrete sahiptirler.[24]

Ricardo'ya göre ekonomide büyüme gerçekleştikçe daha verimsiz alanlar tarım alanı olarak kullanılacaktır. Azalan verimler yasasına göre değişken emek miktarında meydana gelen artış, teknoloji, toprak kalitesi sabitken her bir ek işçinin verimliliğini azaltacaktır. Topraktan elde edilen çıktının azalması fiyatların yükselmesine neden olacaktır. Ücretler de işçilerin yaşamlarını devam ettirebilmesi için artacaktır. Ricardo, kapitalistler arasında daha iyi toprakları elde edebilmek amacıyla bir rekabet oluşacağını ve kapitalistlerin de toprağın kullanım bedeli olarak bir kira ödeyeceklerini belirtmektedir. Dolayısıyla ekilecek alanlar azaldıkça toprağa ödenen bedel de artmaktadır. Ücretlerin ve kiraların artması ise kapitalistin kârını azaltarak yatırımların azalmasına neden olmakta ve ekonomik genişlemeyi de olumsuz etkilemektedir.[25]

Tarımda azalan verimler kanununa dayanarak, Ricardo bazı girdi miktarlarında kişi başına gelir seviyesinin her ekonomide maksimum olacağını

---

[23] Gerald M. Meier ve Robert E. Baldwin, a.g.e. s.23
[24] Gerald M. Meier ve Robert E. Baldwin, a.g.e. s.26
[25] Richard Grabowski, Sharmistha Self ve Michael P. Shields, **Economic Development A Regional, Instutional, and Historical Approach,** M.E. Sharpe Inc. Londra,2007,s.14

belirterek, ek bir üretim artışının gıda fiyatlarını yükselterek geliri azaltacağını belirtmektedir. Sonuç olarak da durgun bir denge durumu ortaya çıkacak ve ücretler geçimlik seviyede meydana gelecektir. Ricardo ucuz gıdadan yola çıkarak ekonomik büyümenin endüstriyel ücretlerin düşük olmasına, düşük ücretlerinde yüksek kârlara ve artan miktarda endüstride sermaye birikimine bağlı olarak gerçekleşeceğini belirtmektedir. Ayrıca net gelirin (kâr fazlası + kira fazlası) daha fazla sermaye birikimi ile desteklenmesi sonucunda kalkınmanın meydana geleceğini vurgulamaktadır.[26]

4.2. Karl Marx'ın Kalkınma Teorisi

Karl Marx'ın sosyal bilimlere önemli katkılarından biri tarihsel materyalizm, diğeri ise artı değer teorisidir. Karl Marx, tarihsel materyalizmde, hem toplumun süreklilik arz eden kurumlarını hem de toplumda yaygın olan inanışları ele almaktadır.[27]

Tarihsel materyalizm, toplumda var olan ancak ekonomik olmayan kuruluşları ve düzenlemeleri tanımlamakta ve üretim sisteminin ise temelini oluşturmaktadır. Ayrıca, tarihsel materyalizm de toplumun temeli, ekonomik yapısına dolayısıyla üretim ilişkilerine bağlanmakta, üretim ilişkileri de üretimdeki maddeci güçlerin kalkınma aşamalarına dayandırılmaktadır.[28]

Karl Marx'a göre, üretim davranışının iki tane unsuru bulunmaktadır. Bunlardan birincisi üretim ilişkileri iken, ikincisi üretim güçleridir. Üretim güçlerinin içerisinde, araçlar, fabrikalar, ekipmanlar, üretim becerileri, işgücünün bilgi seviyesi ve teknolojinin genel seviyesi yer alırken; üretim ilişkilerinde, üretim anlamında kişilerin birbiriyle olan sınıfsal ilişkileri incelenmektedir. Üretim ilişkileri, verimli üretim imkânlarına sahip olma ve üretilen ürünün bölüşülmesini de kapsamaktadır.[29]

---

[26] James M.Cypher ve James L. Dıetz, **Process of Economic Development**, 2. Baskı, Routledge Yayınları Londra, Mart 2007, s.117

[27] Allen W. Wood, **Karl Marx Arguments of Philosophers**, Routledge Yayınları, 2.Baskı, Newyork, 2004, s.63

[28] Daniel Little, **The Scientific Marx**, University of Minesota Press, ,Minneapolis, 1986,s.43

[29] E.K.Hunt, **Property and Prophets, The Evolution of Economic Instutions and Ideologies**, 7. Baskı, M.E. Sharpe Inc. New York, Ocak 2002,s.86

Karl Marx, farklı üretim davranışları ve hâkim sınıflar arasındaki çatışmalara bağlı olarak her toplumun er ya da geç aynı ekonomik kalkınma stratejilerinden geçeceğini belirtmektedir. Karl Marks'a göre kalkınma aşamaları; ilkel komünizm, kölelik, feodalizm, kapitalizm ve sosyalizmdir. İlkel komünizmde, aileler kendi geçimlerini sağlayacak kadar üretim yapmaktadır. Toplum, ekonomik olarak kendine yeten ve kendine güvenen durumda olup, ailelerin ve yöredekilerin acil ihtiyaçlarının karşılanması amaçlandığından üretim ölçeği sınırlı düzeyde kalmaktadır. Karl Marks'a göre, köylü nihai olarak kendine üreten konumundan çıkarak toplum için üretmeye başlayacaktır. Bu durum ise, takas yöntemi aracılığıyla ekonomik değişimler sağlanmasına, dolayısıyla da ticaretin gelişmesine neden olacaktır. Ayrıca köylüler büyüyen ailelerini daha fazla destekleyebilmek ve bireysel anlamda memnuniyetlerini arttırabilmek için kendi emeklerini satacaklardır. Kendi topraklarını da zengin sınıfa ipotek ettireceklerdir.

Feodalizm olarak da adlandırılan bu aşama ile beraber zengin feodal lordlar ve serfler olmak üzere sınıflar oluşacaktır. Ticarileşmeyi amaçlayan feodal lordlar köylüleri kiralayarak onları çeşitli hizmetlerde kullanacaklardır. Fabrika ve el sanatı üretim güçleri arasında oluşan rekabet nedeniyle şehre göçler olmakla beraber, ticaret, ulaşım, yenilik ve piyasaların uluslararalılaşması gibi etkenlerde yeni bir iş sınıfının ortaya çıkmasına katkıda bulunacaktır. Böylece kalkınma evresi, kapitalizmin ilk evresi olan merkantilist evreye ulaşmış olacaktır.[30] Kapitalizm ise, Marks'a göre üretim yöntemlerine bağlı olarak gerçekleşen kalkınma aşamalarından biridir. Ancak yoğun sermaye birikimi endüstride yeni oluşan üretim sınıfının da sömürülmesinde artışa neden olmaktadır.

Karl Marx, klasik düşünceden farklı olarak, sermaye birikimi ve ekonomik büyümenin birbirine uyumlu bir şekilde kolektif olarak refahı arttıramayacağını belirtmekte, ekonomik kalkınmayı ise devamlı olarak sömürülmeye, yeniden yatırım yapılması sonucunda oluşan fazlalığın payına

---

[30] Fidelis Ezeala- Harrison,a.g.e.,s.72

bağlamaktadır. Dolayısıyla ekonomik kalkınma, belli sosyal gruplar arasındaki ekonomik fazlalığın payına göre gerçekleşmektedir.[31]

Karl Marx, Malthus'un üretim sürecinde nüfus kanuna bağlı olarak sonsuz elastik emek arz eğrisini reddetmekte; emek gücü fazlalığı ile verimli bir şekilde endüstri alanında istihdam edilen ve yedek sanayi ordusu olarak da adlandırılan bir gruptan bahsetmektedir. Bu kişiler geçimlik ücret seviyesinde çalışmayı kabul edebilmektedir. Yedek sanayi ordusu, Marx'a göre kapitalist kalkınma sürecinin yeniden oluşumu nedeniyle tükenmeyecektir. Karl Marx, istihdamdaki artışın sermaye birikiminin hızından yavaş olacağını belirtmekte, kapitalist ekonomide yüksek kar ve sermaye birikimi oranlarının yedek sanayi ordusunun kabullenmiş olduğu düşük ücretler nedeniyle var olacağını ve kapitalist ekonominin gelişimi için zorunlu bir şekilde yedek sanayi ordusunun yeniden oluşacağını öne sürmektedir.[32]

Karl Marx'ın, sosyal bilimlere önemli bir katkısı olan artı değer teorisi, belirli bir zamanda işçinin ürettiği değer ile belirtilen zamanda işçinin yaşamını sağlayabilmesi için ihtiyaç duyduğu malların tüketim değeri arasındaki farktır ve S/V şeklinde gösterilmektedir. (S: Artı Değeri, V: .Üretim sürecinde istihdam edilmiş emek gücünün emek değeri olarak tanımlanmaktadır.) Eğer s/v, %1 veya %100 ise emek, bu zamanın yarısında kendi geçimini sağlamak için üretim yaparken kalan yarısında kapitalist için artı değer bir üretim gerçekleştirmektedir. Artı değerin arttırılabilmesi için Karl Marx'a göre üç tane durumun gerçekleşebilmesi gerekmektedir. Bunlardan birincisi çalışma saatlerinin genişletilmesi, ücretlerin geçimlik seviyeye kadar azaltılması ve emek verimliliğindeki yükselişe bağlı olarak gerçekleşen ekonomik fazlanın kapitalist sınıfta arttırılabilmesidir. Bu durum teknolojide meydana gelen değişimleri ifade etmektedir.[33]

Karl Marx'ın, artı değer teorisi; ücretsiz emek ve emek gücü, gerekli ve artı emek arasındaki fark, işgünü ve onun emek fazlası üzerindeki etkisi ve

[31] Adam Szirmai, **The Dynamics of Socio –Economic Development An Introduction**, Cambridge University Press, Cambridge,2005, s.75

[32] Yujiro Hayami, **Development Economics From The Poverty to the Wealth of Nations**, Second Edition, Oxford University Press, Newyork,2001,ss-123-124

[33] Gerald M. Meier ve Robert E. Baldwin, a.g.e., s.52

ücretsiz emeğin ücretin gelişimi ile olan ilişkisi olmak üzere dört aşamada değerlendirilmesi gerekmektedir. Feodalizmin yerini kapitalizmin almasıyla birlikte, serflerin toprakla ilişkisi ortadan kalkmış, kendi emeklerini bir mal gibi satar duruma gelmişlerdir. Kapitalist kâr elde edebilmek için piyasada maliyetinden daha fazla değer yaratan bir mal bulabilmesi gerekmektedir. Karl Marks'a göre bu mal insan emeği olup hem piyasada bir mal gibi satın alınabilir, hem de maliyetinden daha fazla değer yaratır.[34]

Emeği, artı emek ve gerekli emek şeklinde sınıflandıran Karl Marks'a göre, emeğin, kendi barınmasını, gıdasını ve giyeceğini sağlayabilmesi için on iki saatlik bir çalışma gününde altı saat çalışması yeterli olmaktadır. Ancak emek gücü çalışma saatini genişletirse bu durumda kendi için değil kapitalist için bir fayda yaratmış olacaktır. Karl Marks'a göre feodal sistemlerde emeğin borcuna karşılık bir fazla değer oluşurken, kapitalist toplumlarda artı değer, ücretli emeğe bağlı olarak gerçekleşmektedir.[35]

4.3. Rostow'un Kalkınma Teorisi

Tarihsel aşamalar teorisinde W.W. Rostow, her toplumun iktisadi gelişmeyi gerçekleştirebilmesi için; geleneksel toplum, kalkış öncesi hazırlık aşaması, kalkış ya da hızlı kalkınma aşaması, olgunluğa gidiş safhası ve kitle tüketim çağı olmak üzere beş aşamadan geçeceğini belirtmektedir.

4.3.1. Geleneksel Toplum Safhası

Geleneksel toplumlar sınırlı üretimin olduğu, ancak bu üretimin büyük bir oranda tarım alanında gerçekleştiği toplumlardır. Geleneksel toplumlarda, üretim sürecinde herhangi bir bilimsel bilgiye öncülük edecek bir mekanizma bulunmamaktadır. Geleneksel toplumlar, aynı zamanda bilim öncesi toplumlardır. Bilim öncesi toplumlar olması nedeniyle uzun vadede kadercilik toplumda yaygın olan düşüncedir. Geleneksel toplumlarda, toprak sahipleri ekonomik ve politik güce sahip olmakla beraber aynı zamanda toprağın kontrolünü de ellerinde bulundurmaktaydılar. Katı bir hiyerarşik yapının olduğu geleneksel toplumlarda

[34] Ken Morrison, **Marx, Durkheim, Weber, Formations of Modern Social Thought**, Sage Publications, London,1995,ss.79-80
[35] Ken Morrison, a.g.e.,ss.81-82

klan ve aile gibi kurumlar sosyal yapının oluşmasında önemli rol oynamaktadır.[36] Rostow geri kalmış toplumları özellikle Ortaçağ Avrupa'sını, Çin'i, Ortadoğu Medeniyetini ve Akdeniz'i tek bir kategoride birleştirerek geleneksel toplumlar olarak nitelendirmiştir.

4.3.2 Kalkış Öncesi Hazırlık Aşaması

Kalkış öncesi hazırlık aşamasının temeli, Batı Avrupa'da Ortaçağın sonunun gelmesine dayanmaktadır. Toplumdaki dönüşüm sürecini yansıtan kalkışa geçiş öncesi hazırlık aşaması, Batı Avrupa'daki 17.yy sonu ile 18.yy'ın başlarındaki dönemi kapsamaktadır. Bu dönemde tarımda ve endüstride modern bilimlerin ışığında insan gücünün yerini makinelerin alması gibi yeni üretim biçimleri gelişmiştir.

İngiltere, bulunduğu coğrafya, doğal kaynaklar, ticari imkânları, sosyal ve politik yapısı ile kalkışa geçiş öncesi hazırlık aşamasında gelişmesini sağlayan tek ülke konumundaydı. Kalkışa geçiş aşamasında toplumu sadece içsel etkenler değil dışsal etkenlerde etkilemekte, geleneksel toplumun alternatifi olarak kişilerin refahının sağlanması, çocuklarının daha iyi hayat yaşaması ve özel kârlar sağlanması gibi etkenlere bağlı olarak modern bir toplum yaratılması amaçlanmaktadır. Kalkışa geçiş öncesi hazırlık aşamasında, yeni girişimciler ve modern imalat sanayinin ortaya çıkmasının yanı sıra, ulaşım, iletişim ve hammadde yatırımlarında artış, ticari alanda içsel ve dışsal genişleme, sermayenin hareketliliği için banka ve diğer kurumların oluşması gibi etkenleri de beraberinde içermektedir. Ancak ekonomide gerçekleşen bu ilerlemeler sınırlı olmakla beraber, toplum çoğunlukla düşük verimlilik sağlayan geleneksel metotları kullanmakta, eski sosyal yapılar, değerler ve politik kurumlardan yararlanılmaktadır.[37]

Kalkınma öncesi hazırlık aşamasında Rostow, sürekli bir endüstriyelleşmenin olabilmesi için; endüstriyel olmayan üç sektörde radikal

---

[36] W.W.Rostow, **The Stages of Economic Growth A Non-Communist Manifesto,** 6. Baskı, Cambridge University Press, London,1961,ss.4-5

[37] Mitchell A. Seligson ve John T. Passe-Smith, **Development and Underdevelopment The Political Economy of Global Inequality,** 3. Baskı, Lynne Rienner Publishers, London, 2003, s.126

değişimler olması gerektiğini belirtmektedir. Bunlardan birincisi, piyasanın genişlemesi ve üretimde uzmanlaşmak amacıyla ulaşım yatırımlarının artması, ikincisi, büyüyen kentsel nüfusu besleyebilmek için tarımda devrim yapılması, üçüncüsü ise ithalatın genişlemesi ve bazı doğal kaynakları ihraç ederek sermaye elde edilmesidir. Sermayeyi arttırabilmek içinde ekonomik kalkınmayı önemseyen politik bir elit olmalıdır.[38]

Kalkışa geçiş öncesi hazırlık aşamasında, toplumsal dönüşüm süreci, geleneksel olarak tanımlayacağımız toplumlar ile İngiltere'den ayrılarak bağımsız devlet kuran toplumlar arasında farklı şekillerde gelişmiştir. Asya, Avrupa, Afrika ve Ortadoğu toplumlarında kalkışa geçiş öncesi hazırlık aşamasında geleneksel yapıda köklü değişimler yapılması gerekmiştir. Üretim teknikleri kadar büyük ölçüde sosyal ve politik sistemde değişikliğe uğramıştır. Avustralya, Yeni Zelanda, Kanada ve Amerika Birleşik Devletleri gibi toplumlarda ise mevcut fiziksel şartlar geleneksel toplumu dönüştürmekte yetersiz kaldığı için bu toplumlarda daha fazla teşvik verilerek ekonomik büyüme sağlanabilmiştir. Dolayısıyla bu belirtmiş olduğumuz uluslarda geleneksel toplum değerlerinde, sosyal ve politik yapıda bir etkilenme olmamış, modern büyüme süreci ise çoğunlukla ekonomik ve teknik alanda gerçekleşmiştir.[39] Kalkışa geçiş öncesi hazırlık aşaması sosyal sabit sermayenin, özellikle demiryollarının, limanların, yolların inşasını içermekte, ekonomik alanda; tarımda, ticarette, imalatta verimlilik sağlanmaya çalışılmaktadır. Tarım, karşılaştırmalı üstünlükler prensibine dayanmakta, ürün depoları aracılığıyla hammaddelerin ihracat edilmesi amaçlanmaktadır.

W.W. Rostow'a göre; kalkış öncesi hazırlık aşamasının en belirgin özelliği, ekonomide diğer sektörleri de olumlu etkileyebilecek lider bir sektörün var olmasıdır. Rostow'un lider sektör varsayımına göre; endüstriyel yapılar oluşacak ve oluşan endüstriyel yapılar alt yapı, ulaşımı geliştirmesinin yanı sıra, tarımda da verimliliği olumlu yönde etkileyecektir. Endüstrideki lider sektör, aynı zamanda ulusal gelirin bir parçası olan yatırımların artmasına, dolayısıyla da ülkenin yüksek büyüme hızlarına ulaşılmasına neden olmaktadır. Lider sektör

---

[38] E. Wayne Nafziger, a.g.e., s.128
[39] W.W. Rostow, a.g.e.,s.17

ülkelere göre farklılık göstermekle beraber, sadece mala olan talebi değil, aynı zamanda yüksek kârlar meydana getirerek yatırımları da olumlu yönde etkilemektedir.[40]

Lider sektör teorisinde ekonomide sürdürülebilir büyümeyi sağlayan belirli sektörler bulunmaktadır. Bu sektörler birincil sektörler içerisinde yer almaktadır. Rostow'a göre endüstrideki birincil sektörler, tarımda gıda üretimi ile ihracat için yün, pamuk, ipek, kereste, lastik ve ham petrol gibi madenlerdir. Birincil sektörler, ekonominin geri kalanında da yayılma etkisi yaratarak kalkınma ve büyümenin sürdürülmesini sağlamaktadır. İngiltere'de lider sektör pamuk olurken, Amerika Birleşik devletlerinde demiryolu lider sektör kapsamı içerisinde değerlendirilmektedir.[41]

4.3.3. Kalkış Aşaması

Kalkış aşamasında ekonomi, diğer toplumlara bağlı kalmamakta; kendi kendine yeterliliğini sağlamaktadır. Aynı zamanda ekonomi, dışsal yardıma ihtiyaç duymadan ilerleyebilmektedir. Kalkış aşamasında yeni endüstrilerin hızlı bir şekilde bir şekilde genişlemesinin yanı sıra, elde edilen kârın büyük bir kısmı da yeniden yatırıma aktarılmaktadır. Dolayısıyla yatırımlar artmakta, yeni buluşlar gerçekleşmekte ve modern endüstriyel alanların ilerlemesiyle beraber, ülkelerin politik ve ekonomik görünümleri değişmekte, kentsel alanlarda daha fazla ilerleme olmaktadır. Ayrıca kalkış aşamasında yatırımları arttırabilmek amacıyla hane halkının tasarrufları teşvik edilerek ülkede sermaye birikimi oluşturulmaya çalışılmaktadır. Hükümetlerde ekonomik büyümenin gerçekleşebilmesi için teknolojik araştırmalar yapmakta ve yeni üretim metotları geliştirmektedir.

Kalkış aşamasında endüstride olduğu kadar tarımda da yeni teknikler yaygınlaşmakta, yeni metotlar çiftçilerin hayatlarında derin değişikliklere yol açmaktadır. Tarımsal verimlilikte ortaya çıkan devrimsel değişiklik ise kalkış aşamasının başarılı olabilmesi için temel bir şart olarak ortaya çıkmaktadır. Rostow'a göre, kalkış aşamasında, on veya yirmi yıl içerisinde toplumdaki

---

[40] Charles More, Understanding, **The Industrial Revolution**, 1. Baskı, Routledge Yayınları, London, 2000,s.18

[41] **J.E. Golthorpe, The sociology of the Third World Disparity and Involvement**, Cambridge University Press, Newyork, Aralık 1974,s.148

ekonomik, sosyal ve politik yapılar dönüşüme uğramakta, buna bağlı olarak da istikrarlı bir büyüme gerçekleşmektedir.[42] Kalkış aşamasında, dış ticaret yatırımların daha fazla artmasına neden olurken; madenlerin ve doğal kaynakların ihracatı da artış göstermektedir. İthalat harcamaları da ağırlıklı olarak makine ve teçhizat alımına yöneliktir. Rostow kalkış aşamasında, ekonomideki yatırım oranının, ulusal gelirin %10'u veya daha fazla olması gerektiğini belirtmektedir. Aksi takdirde ekonomideki büyümenin nüfus artış hızının altında kalacağını, dolayısıyla da kişi başına düşen gelirin yüksek seviyelerde olamayacağından bahsetmektedir.[43]

Tablo 1
Ülkelere Göre Kalkış Aşamaları

Ülke	**Kalkış Aşaması**	**Ülke**	**Kalkış Aşaması**
Fransa	1830-1860	Rusya	1890-1914
Büyük Britanya	1783-1802	Kanada	1896-1914
Almanya	1850-1873	Arjantin	1935
Amerika	1843-1860	Türkiye	1937
İsveç	1868-1890	Hindistan	1952
Japonya	1878-1900	Çin	1952

Kaynak: T.R.Jain ve V.K.Ohri, **Development Economics**, 2001,s.192

Yukarıdaki **Tablo 1'de** görüldüğü üzere, İngiltere, Almanya, Fransa ve Amerika gibi ülkeler, Türkiye, Hindistan ve Arjantin gibi gelişmekte olan ülkelerden daha önce kalkınma aşamasına geçmiştir. Bu ülkelerin daha önce kalkınma aşamasına geçmesi Sanayi Devrimine bağlı olarak gerçekleşmiştir.

4.3.4. Olgunluğa Geçiş Aşaması

Olgunluğa geçiş aşaması, modern teknolojinin ekonominin bütün sektörlerine dağıldığı bir aşamadır. Endüstrinin gelişmesine bağlı olarak ekonomide sürdürülebilir hızlı bir büyüme görülmektedir. Ayrıca olgunluk aşamasında emek yoğun üretim yerini yüksek teknoloji içeren sermaye yoğun üretime metotlarına bırakmaktadır. Yüksek tasarruf seviyelerine bağlı olarak bu aşamada yatırım seviyeleri de yüksek olmaktadır. Yatırım oranları, nüfus oranındaki artışı aşacak seviyelerde %10 ile %20 civarındadır. Olgunluğa geçiş

---

[42] T.R.Jain ve V.K.Ohri, **Development Economics**, VK Publications, Yeni Delhi, 2001, s.192
[43] Alvin Y. So, **Social Change and Development: Modernization, Dependency and World-System Theories**, Sage Publication, Londra, 1990,s.29

aşamasında, ekonominin kendi kendine yeterliliğini sürdürebilmekte; sosyal ve kültürel yapı ile bir etkileşim içerisinde olmaktadır. Aynı zamanda, %75'i tarımla uğraşan bir toplumda, ticaret, iletişim ve hizmet sektörlerine yönlendirme yapılarak ekonomik dönüşüm gerçekleştirilmeye çalışılmaktadır.[44]

Rostow, Avrupa ülkelerinin kalkınma sürelerine dayanarak ekonominin kalkış aşamasından yaklaşık altmış yıl sonra olgunluğa geçiş aşamasına geçeceğini belirtmektedir. Emek gücünün daha nitelikli hale geldiği ve daha fazla kentleşmenin yaşandığı bu aşamada ekonomi gelişmiş dünya ülkeleri arasında belirgin bir yere sahip olmaktadır. Olgunluk aşamasında, kişi başına düşen gelir seviyesinin yükselmesi insanların yaşam standartlarının artmasına neden olmaktadır.

4.3.5 Kitle Tüketim Çağı

Kitle tüketim çağında lider sektörler üretimlerini, dayanıklı tüketim mallarını ve hizmetlerini üretmeye yönelik gerçekleşmektedir. Kişi başına gelir seviyesinin yükselmesiyle birlikte temel ihtiyaçların dışında lüks tüketim mallarına olan talep de artmaktadır. Kitle tüketim çağında, işgücünün yapısının değişmesi ve kişilerin nitelikli fabrika işlerinde çalışması beraber toplumdaki orta sınıfta yükselişe geçmektedir. Kişiler, kentsel alanlarda özellikle inşaat, imalat ve ulaşım alanlarında istihdam edilmektedir. Tüketicilerin kitlesel olarak mal satın alımlarında artış olmakta, televizyon, buzdolabı, telefon video gibi elektrikli makinler yaygın bir şekilde kullanılmaktadır. Rostow'a göre ülkelerin temel problemi sadece yüksek üretim düzeyine ulaşmak değil, aynı zamanda sosyal refahı maksimize edebilmektedir. Büyük güç olarak diğer toplumlar üzerinde egemen olabilmek için bu aşamada askeri harcamalarda da artış görülmektedir.[45]

ABD'nin gelişimindeki önemli olaylardan biri Henry Ford'un 1913-1914 yılında seri üretime geçmesidir. Ancak ABD'nin kitle tüketim çağına ulaştığı yıllar 1920'li yıllardır. Batı Avrupa ve Japonya ise bu aşamaya 1950'li yıllarda gelebilmiştir.

---

[44] Trevor Noble, **Social Theory and Social Change**, Palgrave Macmillian Ltd, Newyork, Agustos, 2000, s.68

[45] Anna K. Dickson, **Development and International Relations**, Wıley- Blackwell, İngiltere, Ağustos, 2007, s.35

4.4. Kısır Döngü Teorisi

4.4.1. Fakirliğin Kısır Döngüsü

Az gelişmiş ülkelerde karşılaşılan en önemli sorunlardan biri sermaye birikiminin yetersiz olmasıdır. Sermaye birikimi de ülkelerin sermaye arzı ve talebine bağlı olarak değişmektedir. Sermaye arzı, kişilerin tasarruf kabiliyeti ve isteği ile ilgili iken, sermaye talebi, yatırımların teşvikiyle ilişkilidir. Kısır döngü teorisinde, sermaye arzı ve sermaye talebi arasındaki karşılıklı ilişkiye bağlı olarak fakirlik, döngüsel bir akım içerisine girmektedir.

Arz yönünden baktığımızda; reel gelir seviyesinin düşük olması, kişilerin asgari bir tasarruf kapasitesine sahip olmasına neden olmaktadır. Reel gelirde meydana gelen düşme ise, üretim aşamasındaki düşük verimliliğe bağlı olarak ortaya çıkmaktadır. Düşük üretim düzeyi sermaye yetersizliğini meydana getirmekte, yetersiz olan sermaye de tasarruf oranının az olmasıyla ilişkili bir yapı sergilemektedir. Japonya, 1950'li ve 1960'lı yıllarda, sahip olduğu yüksek tasarruf oranları ile ekonomide hızlı bir büyüme gerçekleştirmiştir. Asya kaplanları olarak belirtilen Malezya ve Tayland gibi ülkelerde de ekonomik büyüme ile beraber ülke daha fazla zenginleşmekte ve tasarruf oranları daha fazla artmaktadır. Yüksek tasarruf oranları daha hızlı büyümeye neden olmaktadır.

Talep yönünden ise, kişilerin satın alma gücünün düşük olması nedeniyle yatırımlarda asgari düzeylerde gerçekleşmektedir. Yatırımların düşük olması da reel gelirin az olması ile ilişkilidir. Düşük verimlilikten dolayı yatırımlar azalırken, üretim aşamasında sermayenin yeterli olmaması, düşük verimliliğin ortaya çıkmasına neden olmaktadır. Dolayısıyla hem talep hem de arz yönünden düşük verimlilik, reel geliri etkilemekte, kısır döngü teorisinde ortak noktayı teşkil etmektedir.[46]

---

[46] Ragner Nurkse, **Az Gelişmiş Ülkelerde Sermaye Teşekkülü**, Şevki Adalı,(çev.) Menteş Kitabevi, İstanbul, 1964, s.10

4.5. Dengeli Kalkınma Teorileri

19. yüzyılın ilk yarısında, Friedrich List, ulusal sanayinin desteklenmesi ve dışa karşı korunması gerektiğini belirterek stratejik bakımdan ilk defa dengeli kalkınma görüşünü ortaya atmıştır. Kalkınma ve sanayileşmenin aynı süreçler olduğunu öne sürerek, Almanya'nın İngiltere'ye koruma politikaları uygulayarak sanayisini geliştirebileceğini vurgulamaktadır.[47] Dengeli kalkınma modeli, Rosenstain- Rodan, Chenery, Ragner Nurkse, Fleming, Lewis, Scitovsky ve Tinbergen tarafından da incelenmiştir.

4.5.1. Ragner Nurkse'ün Kalkınma Modeli

Ragner Nurkse'e göre[48]; az gelişmiş ülkelerde işçi başına verimlilik düşüktür. Verimliliğin düşük olmasının nedeni tasarrufların düşük olmasıdır. Tasarrufların düşük olması da yatırımların ve dolayısıyla kişi başına düşen gelir seviyesinin düşük olmasına neden olmaktadır. Sermaye birikiminin oluşabilmesi için tasarrufların ve yatırımların teşvik edilmesi gerekmektedir. Ancak az gelişmiş ülkelerde satın alma gücü düşük olduğundan verimlilik, dolayısıyla da yatırım teşvikleri düşük olmaktadır. Ayrıca gelişmekte olan ülkelerde dengeli büyümenin sağlanabilmesi amacıyla diğer endüstrileri genişletecek ve yeni teşvikler yaratacak bir pazar piyasası bulunmamaktadır.

Ragner Nurkse, farklı endüstrilerde sermaye birikimi yaratmanın az gelişmiş ülkelerde zor olduğunu bu nedenle de, yabancı sermayeye ihtiyaç duyulduğunu belirtmektedir. Çünkü Ragner Nurkse'e göre, kamu otoritesi sosyal sabit sermaye yatırımları aracılığıyla sınırlı olan pazar piyasasını etkileyememektedir. Otonom yatırımlar için gerekli yurtiçi tasarruf arzı ise yabancı yardımlarla ya da dış borçlanma ile karşılanmaktadır. Tasarrufları ve yatırımları yönlendirecek içsel politikalar olmadan ekonomik büyümenin sadece dışsal yardımlarla anlamlı olmayacağını da belirtmekte, kitlesel olarak dışsal

---

[47] Ergül Han ve Ayten Ayşen Kaya, **Kalkınma Ekonomisi Teori ve Politika**, 5. Basım, Nobel Yayın Dağıtım, Ankara, Şubat, 2006,s.206

[48] Raymond F. Mıkesell, **The Economics of Foreign Aid**, Aldine Transaction Publishers, ABD, Ocak 2007, s.50

yardımların dengeli büyümeyi gerçekleştirmede bir çözüm olamayacağını öne sürmektedir.[49]

4.5.2. Rosenstein- Rodan Kalkınma Modeli

Rosenstein-Rodan, yeni toplumlarımda, endüstriyelleşmenin ve kalkınmanın gerçekleşebilmesi için farklı bir yöntem belirlenmesi gerektiğini belirtmiştir. Doğu ve Güneydoğu Avrupa üzerine yaptığı çalışmasında, üretimi arttırmak gerektiği; üretimi arttırmanın yolunun ise yeni teknolojilerin gelebilmesi için doğrudan yabancı sermayeye izin verilmesinden ve güçlü bir devlet müdahalesinden geçtiğini vurgulamıştır. Rosenstein-Rodan, **büyük itiş** ile birlikte kalkınmanın başlayacağını ve hızlı bir şekilde ilerleyeceğini düşünmektedir. Büyük itiş tezine göre, demir, kömür ve ulaşım alanlarında eş anlı olarak talep artışı olacağını, daha düşük maliyetlerin ise endüstrileri, ucuz araç ve alüminyum üretimine yönlendireceği vurgulanmaktadır. Ayrıca, çelik fabrikasında çeşitli nitelikler elde eden işçiler kiralanarak diğer endüstrilere de fayda sağlayacak ve yatırımların sosyal kârlılığı özel kârlılığını aşacaktır. Alt yapı yatırımlarının ve talebin ekonomik büyümeye katkıda bulunacağını; üretim artışının maliyetleri azaltarak, emeğin eğitimi ve tecrübesiyle birleşerek çelik endüstrisinde ek yatırımlar sağlayacağını, diğer endüstrilerin de yapılan yatırımlardan olumlu bır şekılde etkileneceğini belirtmektedir.[50]

Ekonomik kalkınmanın olabilmesi için yavaş veya parça parça yatırımlar yerine, kaynakların yetersiz olmasından dolayı ülkelerin birbirleriyle etkileşim halinde olmaları gerekmektedir. Bölünemez nitelikte ve dışsal olan bir ekonomiye minimum miktarda yatırım akışının olması da ekonomik kalkınmanın başarılı bir şekilde gerçekleşmesine katkıda bulunmaktadır. Büyük itiş tezinde Rosenstein, bölünemezliği talepte, üretim sürecinde (sosyal sabit sermaye arzında) ve tasarruf arzında olmak üzere üçe ayırmıştır.

Sosyal sabit sermaye yatırımları dolaylı yoldan üretimi etkilemekte, ancak ihracat artışına yol açmamaktadır. Dolayısıyla kalkınmakta olan ülkelerin kazançlarını arttırabilecek alanlara yatırım yapmaları gerekmektedir. Az gelişmiş

[49] Raymond F. Mıkesell ,a.g.e.,s.51

[50] Hakim Ben Hammouda, **The Political Economy of Post-Adjustment New Theories and Strategies of Development**, Ashate Publıshing, İngiltere, Temmuz, 2003, ss.67-68

ülkelerde kalkınmayı engelleyen faktörler aynı zamanda sosyal sabit sermayedeki bölünemezliği de etkileyen faktörlerdir. Bu faktörleri şu şekilde belirtebiliriz;[51]

- Zamanı gelince tersine dönebileceğinden doğrudan üretime yönelik yatırımlara yönlenilmelidir.

- Minimum devamlılığa sahiptir, oluşum süreci uzun bir süreye dayanmaktadır.

- Farklı türdeki kamu hizmetleri bileşiminin tek bir minimum endüstriye indirgenemez olmasıdır.

Talebin bölünmezliğinde, az gelişmiş ülkelerde birbirine bağımlı endüstrilerin eş anlı olarak oluşturulması gerekmektedir. Çünkü bireysel girişimlerde, gelirin düşük olması nedeniyle talep sınırlı düzeyde kalmaktadır. Dış ticarete kapalı bir ekonomiyi ele alan Rosenstein'e göre[52], insanlar bir ayakkabı fabrikasında çalıştırıldığı zaman buradan ek bir gelir elde edecekler ve artan gelirlerini ayakkabı alarak kullanacaklardır. Dolayısıyla düzenli bir talebi olan yeni bir piyasa ortaya çıkmış olacaktır. Ancak işçiler geçim nedeniyle tüm gelirlerini ayakkabıya harcamayacaklardır. Bu şekilde ek bir piyasa yaratılamamış, riskleri azaltacak bir yatırım ortamı oluşturulamamış olacaktır. Tek bir fabrikada yüzlerce işçi çalıştırmak yerine, daha fazla fabrikada daha çok işçi çalıştırılması ek olarak yeni endüstrilerin piyasaya girmesini sağlayarak insanların gelirlerini arttıracaktır. Bu nedenle bölünmez talep aynı zamanda piyasa bulamama riskini azaltarak yatırımları da teşvik etmektedir.[53]

Büyük itiş teorisindeki diğer bir önemli durum ise tasarruf arzının bölünememesi, yani ulusal gelir ile tasarrufların birbiriyle ilişkili olmasıdır. Rosenstein- Rodan, büyük yatırımlar için büyük tasarrufların gerektiğini, az gelişmiş ülkelerde de gelirin düşük olması nedeniyle tasarrufların düşük seviyelerde olduğunu belirtmektedir. Kısır döngüden çıkabilmek için gelirin arttırılması ve marjinal tasarruf oranının ortalama tasarruf oranından fazla olduğu

---

[51] Ne.Thi Somashekar, **Development and Environmental Economics**, Hindistan:New Age International Publishers,2003,s.144
[52] Ne Thi Somashekar, a.g.e.,s.145
[53] Ne Thi Somashekar, a.g.e., s.146

bir mekanizmanın olması gerekmektedir. Dolayısıyla az gelişmiş ülkelerde, tasarruf açığını karşılayabilmek için dış yardımlara ihtiyaç duyulmaktadır. Ayrıca büyük itiş teorisinde tarım ve birincil endüstriler dışındaki sosyal sabit sermaye, sermaye malları ve tüketim mallarını içeren diğer bütün endüstrilerdeki yüksek yatırım seviyelerinin önemi belirtilmekte, tarım ağırlıklı az gelişmiş ülkelerde ilerlemenin sağlanabilmesi için de sulamada, ulaştırma faaliyetlerinde yatırım yapılması, toprak reformunun da gerçekleştirilmesi gerekmektedir.[54] Ülkenin ilerlemesine yönelik bu gelişmeler az gelişmiş ülkelerde devletin planlaması ve organizasyonuyla yapılabilmektedir.

4.5.3. Arthur Lewis Ekonomik Kalkınma Modeli

Arthur Lewis, az gelişmiş ülkelerde belirgin olan geleneksel ve kapitalist olmak üzere iki sektörü incelemiş, ekonomik kalkınmayı da bu sektörler arasındaki ilişkiye bağlamıştır. İkili sektör modeli olarak da adlandırılan bu modelde kapitalist model dinamiktir. Yeni yatırımların yapılmasını, kârın arttırılmasını öngörmektedir. Geleneksel model ise, tarımda sadece kendi geçimini sağlayan, mevcut durumu korumak dışında yeni yatırımlar ve kârlılık yaratmayan bir modeldir.

Jamaika, Hindistan, Mısır gibi fakir ülkeler Arthur Lewis'e göre, sınırsız emek arzına sahiptir. Afrika, Latin Amerika ülkelerinde ise erkek emeği yeterli düzeyde değildir. Sınırsız emek arzı, geçimlik ücret seviyesinde emek arzının emek talebinden daha fazla olması anlamına gelmektedir. Tarım sektöründe (kırsal sektörde) emek arzı fazla olduğu için emeğin marjinal verimliliği sıfırdır. Ücretlerde geçimlik seviyeye eşit ya da minimum geçimlik seviyenin üzerindedir. Sanayi sektöründe (kentsel sektörde) cari ücretler emeğin marjinal verimliliğine eşittir. Sanayi sektörü, sınırsız olan emek arzının hepsini kendi bünyesine çekemeyecektir. Dolayısıyla bazı kişiler kırsal alanda kalarak geçimlik ücret seviyesinin altında çalışacaklardır. Arthur Lewis modelinde artan yatırımlar ve teknolojik gelişmelerin sonucunda emek fazlalığının emileceğini ve uzun dönemli sürdürülebilir ekonomik kalkınmanın gerçekleşebileceğini belirtmektedir.[55]

---

[54] K.R.Gupta, **Economics Of Development and Planning, History, Principles, Problems, Policies**, 4. Baskı, Atlantic Publishers and Distributors (P) Ltd, Hindistan, 2009, ss.400-402

[55] Kenichi Ohno ve Izumi Ohno **Japanese Views on Economic Development Diverse paths to market**,1. Baskı, Routledge Taylor and Francis Group, İngiltere, 1998, s.192

4.5.4. Chenery Kalkınma Modeli

Chenery kalkınma modeli[56], az gelişmiş ülkelerde optimal kaynak dağılımı ile piyasa mekanizması arasında güçlü bir bağın olmadığını, dolayısıyla kaynak gelir ilişkisinin zayıf olduğunu belirtmektedir. Bu durum ise piyasa dengesizliklerine yol açmaktadır. Piyasa dengesizlikleri, üretim faktörlerinin fiyatlarının sosyal maliyetleri yansıtamaması nedeniyle, müteşebbislerin sağladığı özel kâr ile sosyal kâr arasındaki farktan kaynaklanmaktadır. Özel kâr ile sosyal kâr arasındaki fark ne kadar büyükse optimal kaynak dağılımından o kadar uzaklaşılmış olunacaktır. Chenery, planlı kalkınma aracılığıyla piyasaya müdahale edilmesi gerektiğini vurgulamaktadır.

Neo-Klasik ve Klasiklerin savunduğu karşılaştırmalı üstünlükler görüşünü üretimde etkinliğin olmaması, zaman içinde değişebilir olması ve kaynakların piyasa fiyatlarının alternatif maliyetlerini karşılamaması nedeniyle eleştirmiş, iç kaynak dağılımı ve dış ticaret kuramını az gelişmiş ülkelere yönelik olarak tekrardan yorumlayarak kalkınma sorunlarına çözüm bulmaya çalışmıştır. İç kaynak dağılımının sosyal marjinal verimliliğe eşitlenmesine önem verirken, dış kaynak dağılımının da iç kaynağa yönelik olması gerektiğini belirtmiştir.[57]

4.5.5. Fleming Kalkınma Modeli

Az gelişmiş ülkelerde, iç piyasa için üretim yapan, bireysel endüstrilere daha geniş ölçekte üretim yapmaları için sağlanan sermaye yatırımları teşviki sınırlı düzeydedir. Çünkü endüstriye ilişkin piyasalar yetersizdir. Herhangi bir endüstrideki talep artışı diğer endüstrilerdeki üretimi de arttırmakla beraber yatırımların büyük bir kısmı tüketim mallarına yönelik olursa, teşvik daha fazla olacaktır.

Yatırım projeleri bireysel olarak kârlı olmamasına karşın, kollektif olarak kârlılık arz edebilir. Dengeli büyüme olarak da adlandırılan model, daha düşük üretim maliyetlerinde endüstriyel çıktıdaki bir genişleme kârlı olmasa dahi diğer endüstrilere kârlılık sağlanmasıdır. Ayrıca bir endüstride meydana gelen

---

[56] Cengiz Yavilioğlu, **Geri Kalmışlık Olgusu ve Ekonomistik Kalkınma Teorileri, Eleştirel Bir Yaklaşım,** Cumhuriyet Üniversitesi İktisadi ve İdari Bilimler Dergisi, 2002, Cilt 3, Sayı, 2, s.9 http://www.cumhuriyet.edu.tr/edergi/makale/147.pdf, (15.06.2009)
[57] Ergül Han ve Ayten Ayşen Kaya, a.g.e., ss.210-211

genişleme sadece diğer endüstrilerde değil aynı zamanda diğer üretim faktörlerinde de dikey bir büyüme gerçekleştirmektedir.

Az gelişmiş ülkelerde üretim faktörlerinin yetersiz olması nedeniyle verimli üretim tam rekabet şartlarının altında gerçekleşmektedir. Ancak tüketim malları endüstrilerinde geniş ölçekli üretim kuruluşlarına verilen teşvikler; arz endüstrilerinde kârları ve yatırımı sağlamakta, net üretim miktarında da artış oluşturmaktadır. Bir tüketim malının, A endüstrisindeki daha verimli geniş ölçekli üretimi, B endüstrisinin üretimin ilk aşamasında artış meydana getirecek, buna bağlı olarak da reel ulusal gelirde bir artış yaratacaktır. Üretici mallarında endüstrisindeki genişleme, net üretimi, dolayısıyla diğer endüstrilerdeki kârlılığı da arttıracaktır.[58]

4.5.6. Scitovsky Kalkınma Modeli

Scitovksy, dışsallıkların önemi belirterek kalkınmanın olabilmesi için eğitim, ulaştırma gibi altyapı yatırımlarının özel sektörü destekleyebilmek amacıyla yapılması gerektiğini vurgulamıştır. Scitovsky, kalkınma konusunda özellikle Alfred Marshall'ın teknolojik dışsallığından farklı olarak parasal dışsallıktan bahsetmiştir. Parasal dışsallık bir firmanın kâr elde etmesi sadece kendi faaliyetlerini değil aynı zamanda diğer firmaların aktivitelerini etkileyecektir. Dolayısıyla parasal dışsallığın etkisi, piyasa mekanizması aracılığıyla olmaktadır. Teknolojik dışsallık ise, bir firmanın üretim teknolojisinin, piyasa aracılığı olmadan yani, piyasa geçişlerinde fiyat mekanizmasının sorumlu olmadığı doğrudan etkilenme şeklinde gerçekleşen dışsallıklardır.[59]

Scitovksy, dışsal ekonomileri, rekabetçi piyasalarda pareto optimumu çerçevesindeki genel denge teorisi ile gelişmekte olan ülkelerin endüstriyelleşmesine ilişkin olarak tanımlamıştır. Genel denge teorisinde bir firmanın çıktısı diğerini, piyasa aracılığı olmadan doğrudan etkilemekte ve teknolojik sonuçları ortaya çıkarmaktadır. Teknolojik sonuçlar da firmaların

---

[58] A.N.Agarwala ve S.P. Sıngh, **The Economics of Underdevelopment,** , Oxford Unıversity Press, The United State of America,1968,ss.290-291

[59] Alex Cukierman, Zvi Hercowitz ve Leonardo Leiderman, **Political Economy, Growth and Business Cycles**, The Tım Press, Massachusetts, 1992, s.130

verimliliklerinde meydana gelecek değişiklere katkıda bulunmaktadır. Ayrıca dışsal etkiler, pareto optimumu etkisiyle parasal olmayıp özel kâr ile sosyal kâr arasındaki farktan kaynaklanmaktadır. Gelişmekte olan ülkelerde endüstriyelleşme teorisi bir firmanın kârının diğerini doğrudan ya da dolaylı yollarla etkilemesi, yani parasal ilişki içerisinde olmasıdır. Firma, tüketici ya da işçilerden birinin fiyatları, aynı zamanda diğerlerinin refahını etkileyebilmesidir. Az gelişmiş ülkelerde, endüstrinin toplam kapasitesi de gelişmiş ülkelere göre daha fazladır. Fiyatlar üzerindeki etkisi de daha büyük olduğundan, özel kar ile sosyal kâr arasındaki farklılık da yüksek çıkmaktadır.[60]

4.5.7. Jan Tinbergen Kalkınma Modeli

Marshall'ın genel denge teorisinde, fiyatlar ve piyasanın denge noktasına doğru hareket edeceği varsayılmaktadır. Buna göre, fiyatlar yükseldiğinde piyasada mal fazlalığı olacak, malların fazlalığı da fiyatları düşürecektir. Malların arzı da azalarak piyasa dengesine gelecektir. Fiyatların düşük olması durumunda, mal kıtlığı nedeniyle fiyatlar yükselecek, malların arzı da aynı şekilde piyasa dengesine gelecektir. Ancak tarımsal piyasalarda fiyatlardaki düşüşe karşılık, satış için üretilen mal miktarı daha fazla olmaktadır. Jan Tinbergen bu durumu, çıktı ile fiyatlar arasındaki gecikme ile ilişkilendirmektedir. Çiftçilerin farklı ürünleri ortaya çıkarabilmesi için zamana ihtiyacı olduğunu, eğer piyasaya çok fazla domuz getirilirse, fiyatların düşmesine rağmen tüketicilerin domuz eti ve diğer domuz ürünleri tüketeceğinden çiftçilerin bir sonraki yılı düşünerek daha fazla üretmeleri gerektiğini belirtmektedir. Gelir dağılımının nedenleri yerine, gelir dağılımındaki değişiklikleri inceleyen Jan Tinbergen, emek arz ve talebinin eğitim, teknolojik gelişmeler nedeniyle bu dağılımı etkilediğini de göstermektedir.

Jan Tinbergen, gelişmekte olan ülkelerde tek emek piyasası yerine, hem eğitimli hem de eğitimsiz insanların bulunduğu ikili bir emek piyasasının olduğunu, işçilerin bir piyasadan diğer piyasaya geçiş yapamayacaklarını vurgulamaktadır. Artan eğitim, işçiler arasındaki gelir eşitsizliğini azaltarak ücretlerin her iki grup açısından dengelenmesini sağlayacaktır. Eğitimli işçi arzının fazla olması, ücretlerin düşmesine sebep olurken, aynı zamanda daha fazla

---

[60] Meine Pieter, Van Dijk ve Roberta Rabellotti, 1.Baskı, **Enterprise Clusters and Networks in Developing Countries**, Routledge, Londra, 1997,s.65

eğitim, eğitimsiz işçilerin arzını azaltacak ve kalan düşük nitelikli işçilerde daha yüksek ücret alacaktır. Teknolojik gelişmeler sonucunda nitelik işgücüne ihtiyaç duyulduğundan Jan Tinbergen, eğitimin teknolojiden daha hızlı ilerlemesi gerektiğini, bu şekilde gelir eşitsizliğinin azalacağını belirtmektedir.[61] Ekonomik kalkınma olabilmesi için de minimum seviyede barınma ve ulaşım faaliyetleri gibi belirli temel yatırımların yapılması gerekmektedir.

4.6. Dengesiz Kalkınma Modeli

Dengesiz kalkınma modeli, az gelişmiş ülkeler için geliştirilmiş bir kalkınma stratejisidir. Modele göre, ekonomideki tüm sektörleri eş anlı olarak geliştirmek yerine yatırımın stratejik sektörlere yapılması gerektiği belirtilmekte, diğer sektörlerin de bağlantı etkisiyle otomatik olarak gelişeceği vurgulanmaktadır. Albert Hırschman'a göre, dengesiz kalkınma teorisi dışsallıklar meydana getirmektedir. A endüstrisinin büyümesi, B,C endüstrilerinin büyümesini teşvik edecek, B,C endüstrilerinin büyümesi de aynı şekilde E ve F endüstrilerinin gelişimini sağlayacaktır. Aynı zamanda A endüstrisinin büyümesi B ve C endüstrilerindeki ürünlere olan talebi arttırarak bu endüstrilerde marjinal maliyetlerin azalmasına neden olacaktır.

Az gelişmiş ülkelerde sosyal sabit sermaye yatırımları ve doğrudan üretim aktiviteleri kaynak yetersizliği nedeniyle eş anlı olarak gerçekleştirilememektedir. Albert Hırschman iki şekilde ekonomide büyümenin olabileceğini belirtmektedir. Bunlardan birincisi, sosyal sabit sermaye yatırımlarının artması ile birlikte doğrudan üretim faaliyetlerinin artması, dolayısıyla ekonomik büyümenin gerçekleşmesidir. Ucuz elektriğin sağlanması, küçük endüstrilerinin gelişimini, sulama çalışmalarının da iyileşmesi de tarım alanındaki ilerlemeleri teşvik edecektir. İkinci olarak da yol, köprü, sulama ve iletişim alanlarındaki gelişmeler arttıkça o bölgeye olan yatırımlarda artacaktır. Diğeri ise, doğrudan üretim faaliyetlerine olan yatırımların artması ile beraber sosyal sabit sermaye yatırımlarının artmasıdır. Yol ulaşım, iletişim gibi hizmetlere

---

[61] Steven Pressman, **Fifty Major Economists A Reference Guide, Key Concepts,** 1. Baskı, Routledge Yayınları, Londra, 1999,ss.134-135

olan talebin artması, yatırımlar üzerinde baskı yaratarak ekonomik büyümenin gerçekleşmesini sağlayacaktır.[62]

Albert Hırschman, dengesiz kalkınma teorisinde, büyüme sürecinin hızlı bir şekilde olabilmesi için, birincil önceliğin ana sektörlere yatırımlar yapılması gerektiğini, teorinin temelinin de baskılara ve teşviklere dayandığını belirtmektedir. Ayrıca sosyal sabit sermayeye bağlı olarak kamu sektörünün önemine de dikkat çekmektedir.

Gelişmiş ülkelerden farklı olarak Albert Hırschman, gelişmekte olan ülkelerde aile yapısı, tasarrufların yetersizliği ve yönetim eksikliği nedeniyle, kalkınma sürecinin zor olacağını vurgulamaktadır. Bir firmanın üretimi, diğer firmaya ileri ve geri bildirimler aracılığıyla çarpan etkisi yaratmaktadır. Örneğin; bir traktör fabrikasına yatırım yapılması aynı zamanda çelik endüstrisine olan yatırımları da arttırmakta, artan yatırımlar da toplumun daha iyi olmasını sağlamaktadır. Geniş ölçekli sermaye projelerinin teşviki diğer endüstrilerinin gelişiminin yanı sıra, istihdamı arttırmakta, üretim maliyetlerini azaltarak tüketicilerin daha düşük fiyatla mal almalarında etkili olmaktadır. Dolayısıyla ülkeler, ileri üretim bağlantıları gelişene kadar ithalatı teşvik etmekte, belli bir gelişim sağladıktan sonra da ithalatın yerini alacak üretimi sağlamak için koruyucu tedbirler almaktadır.[63]

4.7. Simon-Kuznets Kalkınma Modeli

Simon Kuznets kendi çalışmasında ekonomik kalkınmayı, Gayri Safi Milli Hâsıladaki artış olarak tanımlamıştır. Ulusal gelirde tarımın payının azalması, endüstrinin payının ise dikkate değer bir şekilde artması, hizmet sektöründe ise daha az bir artış olarak ekonomik kalkınmayı nitelendirmektedir. Bilime dayanan teknolojinin modern ekonomik büyüme ve kalkınmayı sağlayan etkenleri daha iyi anlamada bir anahtar olduğunu belirterek, üretimdeki artışın, sosyal dönüşümün ve global dünyaya yayılma durumlarının da ekonomik büyümeyi gerçekleştireceğini vurgulamaktadır. Çeşitli ekonomik malların arzındaki sürekli artış, ekonomideki kapasite artışını destekleyen ileri teknoloji ve

---

[62] T.R.Jain ve Anil Malhotra, **Development Economics**, V.K. Publications, Yeni Delhi, 2009,,ss.179-180

[63] James M.Cypher ve James L. Dıetz, a.g.e., ss.144-145

talebe uyarlanan kurumsal ve ideolojik düzenlemeleri de ekonomik büyümenin önemli bileşenleri olduğunu belirtmektedir. Simon Kuznets, kişi başına üretim ile nüfustaki yüksek oranlarda gelişme olmasını, verimlilikteki artışı, ekonomideki yapısal dönüşüm oranlarının yüksekliğini, toplumun ideolojik yapısındaki hızlı değişmeleri, ulaşım ve iletişim alanında teknolojinin gücünün daha fazla artmasını ekonomik büyümenin diğer belirgin karakterleri arasında göstermektedir.[64]

Simon Kuznets, ekonomik büyümeyi sağlamanın yolunun modern teknoloji olduğunu, modern teknolojinin ise bilim ile sağlanabileceğini, bilime dayalı teknoloji olmadan ne nüfusun ne de ekonomik üretimin istenen yüksek seviyeye ulaşamayacağını vurgulamaktadır. Gelişmiş ülkelerde ekonomik büyüme aşamasında, dünyadaki diğer ülkelerden hammadde talebinde bulunulmaktadır. Çünkü sınırlı teknolojik şartlar altında, gelişmiş ülkeler de yatırımları sağlayabilmek için gereken iç tasarruflar doğal kaynakların eksikliği nedeniyle istenen seviyede sağlanamamaktadır. Ancak teknolojik ilerlemeler ile birlikte iç yatırımları teşvik eden sermaye fonlarına olan talep artmaktadır. Teknolojik gelişmeler ve bilimsel keşifler gelişmiş ülkeler tarafından dünyanın geri kalanına endüstriyel sistemin yayılmasında etkili olmaktadır. Az gelişmiş ülkeler tarafından hammadde üretiminin artması için yapılan sermaye ithalatı, da ülkedeki hammaddenin endüstriyel ürünlere dönüşmesi sağlayarak ülkenin endüstriyelleşmesine sebep olmaktadır.[65]

Simon Kuznets, gelir dağılımı ile ekonomik kalkınma arasındaki ilişkiyi belirtmiş ve kişi başına gelir dağılımı ile gelir eşitsizliğini ters U şeklindeki Kuznets eğrisi ile adlandırmıştır. Kuznets eğrisi, kalkınma sürecinde düşük verimli geleneksel tarım toplumu ile daha yüksek verimli, nitelikli emek ve yeni teknolojilerin oluşturduğu modern toplum arasındaki ilişkiyi vurgulamaktadır. Kalkınmanın ilk aşamasında tarımdaki niteliksiz işçilerin endüstri alanına geçtiklerinde reel ücretlerinde önemli bir artış olmayacağını, aksine nitelikli işçilerin reel ücretlerinde ise, kısa dönemde ciddi anlamda artış olacağını, bu durumun ise gelir dağılımını bozacağını belirtmektedir. Simon Kuznets, kişilerin

---

[64] Assar Lindbeck, **Economic Sciences, 1969-1980,** World Scientific Publıshıng Co.Pte. Ltd. London, 1992, ss.87-90

[65] Simon Kuznets, **Six Lectures On Economic Growth**, The Free Press of Glencoe Inc, Newyork, 1961,ss.29-30

gelirinin artmasıyla beraber, emek piyasasında daralma olacağını yani yedek işçi ordusunun yok olacağını, gelir dağılımındaki eşitsizliğin azalacağını, ayrıca eğitim ve öğretim birlikte nitelik işgücünün artacağını vurgulamaktadır. Ayrıca kişilerin kentlere göç etmesi sonucunda kırsal kesimdeki işlerin azalacağını, gelir dağılımındaki eşitsizliğin de azalacağını belirtmektedir.[66]

4.8. Joseph A. Schumpeter Kalkınma Modeli

Joseph A. Schumpeter, ekonomik kalkınmayı, yeni bileşimlerin ortaya çıkarılması olarak tanımlarken, yeni mal veya yeni nitelikteki mal, yeni bir üretim metodu, yeni açık bir piyasa (yeni bir bölgedeki ihracat piyasası) , yeni hammadde kaynakları, yeni bir organizasyon (tekelleştirme ya da merkezileştirme) gibi faktörlerden hareket ederken inovasyonun önemini vurgulamıştır. Ekonomik kalkınmanın temelinin inovasyon olduğunu belirten Schumpeter, girişimciyi de ana işletici olarak görmektedir. Ekonomik gelişmeyi inovasyon döngüsü içerisinde ekonomik çevredeki süreksiz bir değişim olarak nitelendirmekte ve kısa dönemde inovasyona bağlı olarak azalan verimler kanun gerçekleşmeyeceğini savunmaktadır. Kârın bir rekabet unsuru olacağını, azalan kârın girişimciyi teşvik ederek, inovasyon sürecinin yeniden başlayacağını belirtmekte, uzun dönemde ise, ülkenin gelişmesiyle birlikte sosyal ve kurumsal yapıların değişeceğini, rekabetçi ve yenilikçi firmaların ortaya çıkmasıyla ekonomide dönüşümün yaşanacağını vurgulamaktadır.[67]

Kapitalist sistemi, sürekli değişimler ve teknolojik ilerlemelerden geçen dinamik bir sistem olarak tanımlayan Schumpeter, gelişim sürecinde ekonomik sistemin sabit bir dengeye yönelmeyeceğini belirtmektedir. Walrasyan statik genel denge analizinden farklı olarak, Schumpeter yenilikçi girişimciden bahsederek, ekonomide amaçlananın kâr elde etmek olduğunu belirtmektedir. Schumpeter, her firmanın piyasada bir avantaj elde etmek için inovasyona ihtiyaç duyduğunu ve inovasyona bağlı olarak üretim maliyetlerinin düştüğünü, yeni üretim metotlarının geliştirildiğini, yeni hammadde kaynaklarının ortaya çıktığını vurgulamakta ve

---

[66] Andres Solimano, **Social Inequality Values, Growth & The State,** The University of Michigan Press, USA, 1998, s.58

[67] David Edward O'Connor, **The Basic of Economics,** Greenwood Press, USA, 2004,s.243

firmalar arasındaki rekabetin sonucunda da **yaratıcı yıkım** adı verilen bir süreci nitelendirmektedir.

Ekonomistlerin belirttiği rekabetten farklı olarak teknolojik rekabeti önemseyen; rekabetin yeni ürün gelişimine katkı sağlayacağını vurgulayarak geçici olarak monopolcü kârın ortaya çıkacağını söyleyen Schumpeter'e göre diğer yenilikçi kişiler tarafından oluşan bu kârlar ortadan kalkmaktadır. Dolayısıyla bu yaratım ve beraberindeki yıkım süreci ekonomide devamlı bir monopolü engellemektedir. Yaratıcı yıkımın ekonomik büyümenin önemli bir kaynağı olduğunu ve hayat standartlarının yükselmesini sağladığını, toplumun da fiyatların azalması yoluyla teknolojik ilerlemelerden yararlandığını belirtmektedir. Ancak teknolojik rekabet, yenilikçi girişimcilerin kârlarının ortadan kalkmasına, ekonominin de tekrar ne kâr ne de zarar aşamasına gelmesine sebep olmaktadır.[68]

4.9. R.F. Harrod ve Evsey D. Domar Kalkınma Modeli

Harrod ve Domar modeli, gelişmiş ülkelerdeki dengeli büyüme modeli için gereken şartları ortaya koymak için oluşturulan bir modeldir. Ancak daha sonra bu model gelişmekte olan ülkelerde planlanan ekonomik büyümeyi gerçekleştirmek için kullanılmıştır.

Harrod-Domar büyüme modeli; yatırımlardaki herhangi bir artışın toplam talebi ve ekonomideki verimliliği etkileyeceğini belirtmektedir. Bu model, doğal büyüme oranı, gerekli büyüme oranı ve gerçekleşen büyüme oranları olmak üzere üç ayrı şekilde incelenebilmektedir.

Doğal büyüme oranında; bir ekonomide tam istihdamı sağlayabilmek için büyümeye ihtiyaç duyulmakta; teknolojik ilerlemeler ve çalışan nüfus da büyümenin bir fonksiyonu olarak kabul edilmektedir. Gereken büyüme oranında tasarruf ve sermaye çıktı oranlarına göre yatırımlar büyüyecektir. Planlı tasarrufların planlı yatırımlara eşit olması gerekmektedir. Gerçekleşen büyüme ise gerçek hayatta meydana gelen büyüme oranıdır. Harrod- Domar' a göre büyüme, ulusal gelirin hesaplamasında yatırımlar tasarruflara eşit olduğu için tasarruf miktarının gerçekteki sermaye çıktı oranına bölünmesiyle elde edilmektedir.

---

[68] Ernesto Screpanti ve Stefano Zamagni, **An outline of the history of economic thought**, 2. Baskı, Oxford University Press, Newyork, 2005, s.263

Örneğin sermaye çıktı oranı (s/c), % 3 ve tasarruf miktarı da %12 ise ekonominin büyüme oranı % 4 olacaktır. Sermaye çıktı oranının %3 olması da her bir birimlik üretime karşılık, ekonomide üç birimlik bir sermaye artışının olması gerektiğini göstermektedir.[69] Aynı zamanda, piyasa mekanizmasının ekonomiyi tam istihdam dengesine getiremeyeceğini, amaçlananın ise mal piyasasında dengenin sağlanması olarak belirtmektedir.

Harrod- Domar modeli, gereken büyüme oranını tasarrufların gereken sermaye çıktı oranına bölünmesiyle elde edileceğini (s/cr) ve emeğin tam istihdam seviyesine ulaşmasıyla beraber ekonomik büyümenin altın bir çağ yaşacağını belirtmektedir. Gerçekleşen büyüme oranı, gereken büyüme oranını aştığında planlı yatırımlar planlı tasarrufları aşıp büyüme oranı gerekenden daha fazla olurken, tam tersi durumda ise planlı yatırımlar planlı tasarrufların altında olacak ve büyüme gereken orandan daha düşük bir seviyede gerçekleşecektir. Gelişmekte olan ülkelerde doğal büyüme oranı gereken büyüme oranını aşmaktadır. Örneğin; yıllık emek miktarındaki büyüme %2, verimlilik artışı %3 ise doğal büyüme oranı %5 olmaktadır. Gereken büyüme oranı da tasarruf oranının (%9) gereken sermaye çıktı oranına (%3)'e bölünmesiyle birlikte %3 olarak gerçekleşmektedir. Bu durumun sonucunda, birincisi, emek gücü sermaye miktarından fazla olmakta; sabit üretim bileşenleri ile beraber yapısal işsizliğe yol açmaktadır. İkincisi ise, planlı yatırımlar planlı tasarrufları aşmakta ve enflasyonist baskıya neden olmaktadır. Gelişmekte olan ülkelerde enflasyon ve işsizlik doğal büyüme ile gereken büyüme oranı arasındaki farktan kaynaklanmaktadır.[70]

Kapalı bir ekonomide geçerli olan Harrod-Domar büyüme modeli, emeğin yeterli seviyede olduğunu, sermaye ile gelir arasında sabit bir teknolojik ilişkinin bulunduğunu belirtmektedir. Ekonomide herhangi bir gecikme olmadığını ve üretimdeki artışların aynı anda tüketim harcamalarına yansıdığını vurgulamaktadır. Harrod- Domar büyüme modeli, ekonominin tam istihdam gelir seviyesinde olduğunu ve dış ticarete kapalı bulunduğunu öngörmektedir. Sabit bir

---

[69] Robert Beynon, **The Routledge Critical Dictionary of Global Economics,** Icon Books Ltd, Büyük Britanya, 1999, s.223

[70] A.P.Thirlwall, **The Nature of Economic Growth, An Alternative Framework for Understanding Performance of Nations,** Edward Elgar Publication Inc, Amerika, 2002,ss.13-14

büyümenin gerçekleşebilmesi için ekonomide gerçekleşen, gereken ve doğal büyüme oranlarının eşit olması gerekmektedir. Sermayeyi esas odaklanılması gereken faktör olarak niteleyen model, ekonomik büyümenin daha hızlı bir şekilde gerçekleşebilmesi için, tasarruf oranının sermaye çıktı oranından daha fazla olması gerektiğini vurgulamaktadır.[71]

5. SUUDİ ARABİSTAN VE BİRLEŞİK ARAP EMİRLİKLERİ'NİN EKONOMİK KALKINMA STRATEJİLERİ

5.1. Suudi Arabistan'ın Ekonomik Kalkınma Stratejisi

Suudi Arabistan'ın gelişim süreci petrol gelirlerine bağlıdır. Özellikle de 1973-1974 ile 1979 yılındaki petrol fiyatlarının artmasıyla beraber petrol gelirleri de artmıştır. Ulusal piyasa için gerekli olan alt yapı hizmetleri, ulaşım, telekomünikasyon, yol ve elektrik şebekesine ekonomik gelişim açısından daha az önem verilmiştir. Diğer gelişmiş ülkelerde olduğu gibi Suudi Arabistan'ın temelinde geleneksel tarım bulunmaktadır. Ancak sanayi ülkelerinde daha büyük ölçeklerde piyasayı meydana getirecek içsel değişiklikler olurken, Suudi Arabistan'da nüfusun artmasına bağlı olarak tüketime yönelik bir piyasa mekanizması oluşmuştur. 1970 yılı öncesinde Cidde, önemli ticaret ve liman şehri olmasına karşın, Riyad şehri ile ekonomik ilişkileri sınırlı düzeyde kalmıştır. Dolayısıyla da bölgeler arasında işbirlikleri sınırlı düzeyde gerçekleşmiştir.[72]

Rostow'un kalkınma aşamalarına bakarak Suudi Arabistan'ı incelediğimizde, geleneksel toplum aşaması oluşmakla beraber, fiziksel altyapıların sağlanması nedeniyle kalkışa geçiş öncesi aşaması yaşanmıştır. Ancak diğer aşamalardan geçilmeden petrol gelirleri nedeniyle Suudi Arabistan vatandaşları kitle tüketim aşamasına geçmiştir. Suudi Arabistan'ın kalkınma aşamasında devletin önemli bir rolü bulunmaktadır. Petrol gelirleri üzerindeki devlet kontrolü, devlet destekli özel sektör teşvik edilerek bir rantiyer ekonomisi oluşturulmasına neden olmakta, aynı zamanda bağımsız bir özel sektörü dışlamaktadır. Dolayısıyla özel sektör yatırımları petrol gelirleri sonucu oluşan

[71] Echard Siggel, **Development, Development Economics, A Policy Analysis Approach**, Ashgate Publishing Limited, İngiltere, 2005, s.39

[72] Rodney Wilson ve diğerleri, **Economic Development in Saudi Arabia**, Routledge Curzon, İngiltere, 2004,s.7

devlet harcamalarına dayanmaktadır. Devlet, kendi egemenliğini devam ettirebilmek, özel sektörde tekel gücü elde edebilmek için, petrol üzerinde hâkimiyet kurmaya çalışmaktadır.

Suudi Arabistan'da devletin sahip olduğu girişimler, Suudi, Arabistan temel endüstriyel girişimler adı altında toplanmaktadır. Uluslararası rekabeti amaçlamaktadır. Ancak özel sektör, tamamıyla iç piyasaya bağlı kalmaktadır. Suudi Arabistan Temel Endüstriyel Girişimleri (SABIC) kraliyetin temel endüstriyel girişimi olarak, 1976 yılında kurulmuştur. Şirketin %70'i hükümete aitken geri kalanı ise Suudi ve diğer Körfez ülkeleri vatandaşlarına aittir. SABIC şirketleri, petrokimya, gübre ve demir endüstrilerinde faaliyet göstermektedir. Suudi Arabistan'ın ekonomi politikası ekonomik çeşitliliği arttırmak ve endüstriyelleşmeyi sağlamaktır. Endüstriyelleşmeyi sağlamak için de; öncelikle iç piyasayı düzenlemek yani ithal ikameci sanayiyi uygulamak, ikinci olarak da dış piyasalarla rekabet edebilecek şekilde enerji ve petrol şirketlerini uyumlu hale getirmek amaçlanmaktadır.[73]

Suudi Arabistan'ın ekonomik büyüme çabaları, petrol ve petrol endüstrilerine yönelik olduğundan, dengesiz kalkınma modeli olarak tanımlanmaktadır. Gayri Safi Milli Hâsılanın yarısından fazlası petrol endüstrisine dayanmaktadır. Tarımın ve hizmetlerin payı ise %7 civarındadır. İmalat ve hizmetler sektörü ekonomiyi kalkışa geçirecek sektörler olmaktan çok, petrole bağımlı sektörlerdir. Petrol dışında, büyümeyi sağlayacak kaynaklar da bulunmamaktadır. Suudi Arabistan ekonomisinde, petrol fiyatlarındaki düşüşe rağmen dış denge sağlanmakta ve enflasyonda düşük seviyelerde gerçekleşmektedir. Ancak, yeterli seviyede özel sektörün olmaması, artan nüfusa bağlı olarak işsizlik oranlarının yükselmesi ve arz yönlü bir iç piyasasının oluşturulamaması gibi yapısal sorunlar ülkenin ekonomik büyümesinde önemli sorunlar olarak teşkil etmektedir.[74]

---

[73] Rodney Wilson ve diğerleri a.g.e.,ss.9-10
[74] Rodney Wilson ve diğerleri, a.g.e.,ss.37-38

5.2. Birleşik Arap Emirlikleri'nin Ekonomik Kalkınma Stratejisi

Birleşik Arap Emirlikleri, diğer gelişmiş ülkelerde olduğu gibi kalkınma aşamalarından geçmemiştir. Elde edilen petrol gelirleri nedeniyle sadece kitle tüketim çağı aşamasına geçilebilmiştir. Petrol gelirleri, tasarruf ve sermaye biriktirmesi güç olan ülke için kaynak sağlayan bir faktör olarak çıkmaktadır. Birleşik Arap Emirlikleri'nde kalkınma çabaları, 1971 yılında petrol ihracatı ve petrol üretimindeki kitlesel artış sonucunda meydana gelmiş, 1973 yılındaki petrol fiyatlarındaki artışla beraber daha da hızlanmıştır. Ekonomik kalkınmanın önemli bir süreci olan endüstriyelleşme stratejisi olarak Birleşik Arap Emirlikleri, petrole bağımlılığı azaltmayı ve ulusal ekonomiye katkıda bulunacak kaynakları çeşitlendirmeyi amaçlamaktadır. Hammadde kaynakları ve iç piyasa hacminin küçük olması nedeniyle endüstriyel kalkınma sınırlıdır. Ancak ucuz enerji, doğal mineral kaynakların çok olması, finansal sermayenin uygunluğu, iyi kurulmuş altyapı, esnek istihdam yapısı, çeşitli teşvikler ve endüstriyel bölgeler aracılığıyla Birleşik Arap Emirlikleri kalkınmasını sağlayabilecek ana kaynaklardandır.

Birleşik Arap Emirlikleri'nin ilk beş yıllık kalkınma planında su ve enerji projeleri de dâhil olmak üzere bütçenin %20'si endüstriye ayrılmıştır. 1972 yılında endüstri için ayrılan ödeme miktarı 115.720 dirhem olarak gerçekleşmiştir. Petrol endüstrileri ve diğer cazip sektörler için gerekli hammaddelerin hükümet tarafından finanse edilmesi, çıkarılan kanunla (Abu Dhabi Kanunu: 10) 1971 yılı için gerekli araç, gereç ve hammaddenin sağlanabilmesi açısından vergi ve gümrük muafiyetlerinin getirilmesi, dolayısıyla özel sektörün teşvik edilmesi, ham petrol ve doğalgaza dayanan sektörlerin desteklenmesi gibi durumlar Birleşik Arap Emirlikleri'nde endüstriyelleşme politikasının temel özellikleri arasında yer almaktadır.[75]

Birleşik Arap Emirlikleri'nde özel yatırımlar, küçük ölçekteki endüstriyel projelerle sınırlı kalmıştır. Yeni girişimciler için ucuz finansman kaynağına rağmen; bebek sanayilerin maliyeti karşılanamamış, dolayısıyla özel sektörün yeni yatırımlar yapması sağlanamamıştır. Birleşik Arap Emirlikleri hükümeti ile yerel yatırımcı arasında ortak projelerin olmaması ve finansal

[75] Ragaei El Mallakh, **The Economic Development of the United Arap Emirates**, London, Croom Helm Ltd, 1981,s.46

fizibilite çalışmalarının hükümet tarafından gerçekleştirilmesi nedeniyle özel sektör, endüstriyel kalkınma açısından yetersiz düzeyde kalmaktadır. Ayrıca sanayi açısından gereken malzemelerin yurtdışından sağlanması, bunları kullanacak nitelikli elemanın olmaması nedeniyle yerel işçilerin çok azı bu işyerlerinde çalışmaktadırlar. Birleşik Arap Emirlikleri'nde yüksek tüketimi rağmen, yerli üretim yetersiz olmakta, verimli yatırımlara yönlendirecek ekonomik strateji bulunmamaktadır. Göstermelik yatırımlarda, endüstriyelleşmenin sağlanamamasında etkili olan faktörler arasında yer almaktadır.[76]

[76] Fatima Al Shamsi, **Industrial Strategies and Change in the United Arap Emirates**, (ed) Abbas Abdelkerim, Change and Development İn the Gulf Macmıllan Press Lımıted, Londra, 1999,ss.99-100

İKİNCİ BÖLÜM

İKTİSADİ KALKINMAYI SAĞLAYAN SOSYAL VE EKONOMİK FAKTÖRLER İLE İKTİSADI KALKINMAYI ÖLÇME YÖNTEMLERİ

2. İKTİSADİ KALKINMAYI ETKİLEYEN EKONOMİK FAKTÖRLER

İktisadi kalkınmanın birinci adımı, tüketimin kısılmadan, var olan teknikleri ve istihdam kaynaklarını etkin kullanmak, emek, sermaye, toprak ve bilgi kaynaklarından verimli bir şekilde yararlanmak, uluslararası iş bölümünü arttırmaktır. İkinci adımı ise artan çıktının tamamının cari tüketim için kullanılmasını hem mevcut nüfusun yüksek standartlarda yaşamasını sağlamak, hem de gelecekteki nüfusu devam ettirebilmek için engellemek gerekmektedir.[77]

2.1. Sermaye Birikimi

İktisadi kalkınmaya yön veren faktörlerden biri sermaye birikimidir. Fiziksel sermaye mal ve hizmet üretebilmek için gereken araç ve gereçler olurken, beşeri sermaye ise işçileri daha verimli getirmeyi sağlayacak olan bilgi ve yeteneklerdir. Fiziksel sermaye aracılığıyla doğal ve beşeri kaynakların uygun, verimli bir şekilde kullanılması sağlanabilmektedir. Sermaye, üretim yapılarını ortaya çıkarmakta ve üretim için gereken çeşitli kaynaklarını çeşitlendirmektedir. Sermaye aracılığıyla üretimin verimliliği artmakta, çıktı dağılımı genişlemektedir. Sermaye, yatırımların artması ile beraber artmakta, daha fazla yatırım ise daha fazla tasarruf ve yabancı yardımları gerektirmektedir. Kişi başına gelirde sürdürülebilir artış için kişi başına tasarruf seviyesinde bir artış gerekmekte, artan tasarrufların da hızlı bir şekilde yatırımlara dönüşmesi sağlanmalıdır. Birçok fakir ülkede ulusal gelirin yaklaşık %5'i kadar tasarruf yapılmakta bu da ancak sermayenin aşınma payını karşılamaktadır. Batı ülkelerinde %3 büyümeyi sağlamak için sermaye çıktı oranının %3 olduğu düşünüldüğünde, ulusal gelirin yaklaşık %14'ünün tasarruf edilmesi gerekmektedir (%5'i aşınma payı olmak üzere). Kişi başına gelirdeki artış, birim başına sermaye çıktısındaki artışa

---

[77] Shantı S. Tangri, Saving and Economic Development, **Capital Accumulation and Economic Development,** Shanti S. Tangri ve H. Peter Gray (Ed.) D.C. Heath and Company, Boston, June 1967,s.35

bağlıdır. Birim başına sermaye çıktısındaki artış ise tüketim talepleri karşılandıktan sonraki tasarruf artışlarına bağlı olmaktadır.[78]

2.1.1.İç Finansman Kaynakları

Tasarruf sermaye birikiminin ana içsel kaynağı olup, cari tüketimin ertelenmesi ya da gelirin bir kısmının ayrılması olarak tanımlanabilmektedir. Tasarruf oranları kişilerin gelir seviyesine göre değişebilmekte, yüksek gelirli kişiler daha yüksek miktarda tasarruf yapabilmektedir. Vergi ve faiz oranları da kişilerin yapacağı tasarruf miktarlarında etkili olmaktadır. Tasarruflar gönüllü ve zorunlu (vergi ve enflasyon) olmak üzere ikiye ayrılmaktadır.

2.1.1.1. Gönüllü Tasarruflar

Az gelişmiş ülkelerde gelir seviyeleri düşük olduğu için gönüllü tasarruf oranları da düşük seviyelerde gerçekleşmektedir. Sermaye birikimi ekonomik kalkınmanın merkezi olup uluslararası alandan sermaye akışı sınırlı olduğundan dolayı, gönüllü tasarruflar büyümenin temel kaynağını oluşturmaktadır. Kişiler ilerde daha yüksek tüketim olanaklarına ulaşacaklarını düşündükleri zaman, bugünkü tüketimlerden vazgeçecekler ve gönüllü yani özel tasarruflarını arttıracaklardır. Arthur Lewis'e göre; gönüllü tasarrufların %12 ile 15 arasında veya daha fazla olduğu bir ekonomide, toplum ulusal gelirin %4 veya %5'ini tasarrufa ve yatırıma dönüştürebilmektedir. Dolayısıyla ekonomik kalkınma için bu durum merkezi bir sorun teşkil etmekte, ülkenin ekonomik kalkınması ancak hızlı bir şekilde sermaye birimi (bilgi ve sermayeye ilişkin niteliklerde) olduğunda sağlanabilmektedir. Bu nedenle hükümetlerin mali politikalara yön vermesi ve gönüllü tasarrufları teşvik edecek doğrultuda ekonomik davranışları yürürlüğe koyması gerekmektedir.[79]

Gönüllü tasarruflar, tasarruf isteğine ve tasarruf yapma kapasitesine bağlı olmaktadır. Ricardo'ya, göre işçiler geçimlik seviyede ücret aldıklarından dolayı tasarruf yapma kapasiteleri az olmaktadır. Kapitalist ise üretim fazlası meydana

---

[78] Shantı S. Tangri, a.g.e., s.36

[79] William E. James, Seiji Naya ve Gerald M.Meier, **Asian Development**, Unıversıty of Wisconsin Press, USA, 1989,s.14

getirebildiği için tasarruf yapma eğiliminde bulunabilmektedir. Emeğin geçimlik seviyedeki gelirinin üzerinde oluşan toplam üretim fazlasını Ricardo, aynı zamanda ekonominin net geliri olarak tanımlanmakta, daha büyük miktarlardaki fazlanın da tasarruf miktarını daha da yükselteceğini belirtmektedir.[80]

2.1.1.2. Zorunlu Tasarruflar (Vergiler)

Ekonomilerin gelişimini sağlayan etkenlerden biri de finansal politikalardır. Finansal politikalar, bir ekonominin içsel ve dışsal finansal yapısını belirlemekte; mali, para politikaları, bankacılık sistemi ve sermaye piyasaları içsel yapısını, döviz kuru, ülkeye sermaye akışı, sermayenin ülkeye gelmesi için geliştirilen kurallar ya da enstitüler dışsal yapısını oluşturmaktadır.

Mali politikaların başında kişilerin gönüllü tasarruflarının yanı sıra, gelir elde eden kişilerin yapmış oldukları zorunlu tasarruflar olarak da adlandırılan vergiler gelmektedir. Gelir düzeyinin düşük olduğu ülkelerde, lüks tüketimi kısılıp, tasarrufların ve buna bağlı olarak yatırımların arttırılması vergi oranlarının yükseltilmesi sağlanabilmektedir. Kamu aracılığıyla fertlere doğru gelir transferi vergiler aracılığıyla gerçekleştirilmektedir. Ekonomide bankacılık sistemi yaygınlaştıkça, kişilerin gönüllü tasarruflarını yönlendirebilecekleri finansman araçları geliştikçe devletler daha az vergiye başvurmaktadır.

Az gelişmiş ülkelerde, vergiler; ücretliler, çiftçiler ve gayrimenkul sahiplerinden alınırken, gelişmekte olan ülkelerde kazanca dayalı olan gelir vergisi ya da kurumlar vergisi alınmaktadır. Ücretlilerin ya da çiftçilerin oluşturduğu sosyal grupların marjinal tüketim eğilimi yüksek olduğundan, zorunlu tasarruflar olarak vergiye başvurulmaktadır. Vergi politikaları ile ekonomik kalkınma için gerekli olan sermaye birikimi sağlanabilmektedir.[81]

Dolaylı ya da doğrudan alınan vergilerin özel tasarruflar üzerindeki etkisi tasarrufların faizler karşısındaki duyarlılığına ve büyüklüğüne bağlı olmaktadır. Eğer tasarruflar faiz oranlarına duyarlı ise, gelir üzerinden alınan vergiler

---

[80] Irma Adelman, **Theories of Economic Growth and Development**, Oxford University Press, London, 1961,s.43

[81] Emine Karaduman, **Ekonomik Kalkınmada Finansman ve Organizasyonu,** Maliye ve Gümrük Bakanlığı, Araştırma, Planlama ve Koordinasyon Kurulu Başkanlığı Yayın No: 1993/328, Ankara,s.39

tasarrufları, mal ve hizmetten alınan dolaylı vergilere göre daha fazla azaltacaktır. Bu durumda, tasarrufları arttırmak için dolaylı vergilerin uygulanması tasarrufları teşvik etmesi bakımından daha faydalı olmaktadır. Az gelişmiş ülkelerde gelir dağılımı bozukluğunun yanı sıra servet dağılımında da dengesizlikler bulunmaktadır. Servetle ilgili unsurların veraset yoluyla belli kişilerde biriktiğinden dolayı bu kişiler daha yüksek tasarruf ve yatırım gücüne sahip olmakta, ayrıca gösteriş tüketiminin yaygın olması ve finansal piyasaların yetersiz olması da az gelişmiş ülkelerde elde edilen geliri tüketime yönlendirmektedir. Servet üzerinden alınan vergiler, tasarrufların spekülatif amaçlarla atıl kaynaklara aktarılmasını engellemekte, yapılan tasarrufların mali piyasalarda değerlendirilmesini sağlamaktadır. Gelişmiş ülkelerde, üst gelir gruplarının marjinal tüketim eğilimi düşük marjinal tasarruf eğilimleri yüksektir. Dolayısıyla gelir üzerinden alınacak vergiler, özel tasarrufları azaltmakta vergi gelirlerini arttırmaktadır. Gelişmekte olan ülkelerde ise, marjinal tasarruf eğilimi düşük, marjinal tüketim eğilimi yüksek olduğundan alınan vergiler, tasarrufları azaltmamakla beraber vergi gelirlerini arttırmaktadır.[82]

Az gelişmiş ülkelerde vergi aracılığıyla tasarrufların arttırılmasına karşın, vergi sisteminin iyi işlememesi, vergi yükünün adil dağıtılamaması ve gelirin düşük olması gibi sebeplerinden istenen tasarruf oranlarına ve kamu harcamalarını karşılayacak vergi gelirlerine ulaşılamamaktadır. Dolayısıyla ekonomik kalkınma gerçekleşebilmesi için etkin bir vergi politikası ile beraber para, ücret, fiyat ve kamu harcamalar politikalarının ortaya konması gerekmektedir.[83]

2.1.1.3. Diğer Bir Zorunlu Tasarruf Olarak Enflasyon

Enflasyon fiyatlar genel düzeyinde meydana gelen sürekli bir artıştır. Fiyatların devamlı olarak artması, bireylerin satın alma gücünde azalmalara neden olmaktadır. Dolayısıyla bireylerin tüketimlerini kısıp, zorunlu olarak tasarrufta bulunmaya yöneltmektedir.

---

[82] Hasan Atılgan, **Vergilemenin Ekonomik Büyüme Üzerindeki Etkileri: Türkiye'deki Durumun Analizi**, Maliye Bakanlığı Araştırma, Planlama ve Koordinasyon Kurulu Başkanlığı Yayın No: 2004/365,Ankara, ss.96-99

[83] Emine Karaduman ,a.g.e., s.40

Bir ülkenin ekonomik anlamda büyümesi, tasarruflar ve yatırımları sağlayan sermaye birikimine bağlı olarak gerçekleşmektedir. Bazı ekonomistler enflasyonun yatırımları ve tasarrufları olumsuz etkilediğini, dolayısıyla ekonomik büyümenin de olumsuz etkileneceğini belirtirken; bazıları ise iki nedenden dolayı ekonomik büyümenin artacağını vurgulamaktadır. Birinci durum; girdi fiyatları ile çıktı fiyatları arasında özellikle ücret oranları düzeyinde bir gecikmenin olacağını, uzun bir dönemde ücret gecikmesinin devam etmesi sonucunda kâr marjları elde edileceğini, elde edilen kâr marjı ile firmalara fon sağlanacağını, yatırımların, üretim kapasitesinin ve çıktı düzeyinin artacağını belirtmektedir. İkinci durumda ise; enflasyon aracılığıyla yüksek gelir gruplarından, maaşlı ve hiç gelir olmayan gruplara doğru gelir yeniden dağıtılmaktadır. Enflasyon ile birlikte yüksek gelir gruplarının tasarruf oranları artmaktadır. Çünkü bu gruplar diğer alt gruplara göre daha yüksek tasarruf eğilimine sahip olmaktadır. Artan tasarruflar, fon arzını arttırmakta ve faiz oranlarını düşürmekte, düşen faiz oranları da yatırımları arttırarak üretim kapasitesini, aynı zamanda ekonomik büyümeyi sağlayan toplam çıktıyı arttırmaktadır.[84]

Enflasyon kaynakların geleneksel sektörlerden modern sektörlere kaymasını sağlayarak ekonomide yatırımların daha yüksek olmasını sağlayabilmektedir. Ancak mülk sahipleri ve borç verenlerin yüksek tasarruf eğilimlerinin üretimde etkin bir şekilde dağıtılması gerekmektedir. Aksi takdirde enflasyon sonrasında toplumun yüksek tüketim yapan kişileri gelirlerini muhafaza ediyorlarsa tasarruflarda, büyüme de ve bununla beraber enflasyonda bir azalma olacaktır. Enflasyonun olumlu etkilerine karşılık çoğunlukla kaynak dağılımının bozulması, dış piyasalarda ülkenin rekabetçi gücünün azalması, gelir dağılımındaki eşitsizliği artması gibi olumsuz etkileri bulunmaktadır.

2.1.1.4. Sermaye Piyasaları

Bir yıl ya da daha uzun vadeli borç yükümlülüklerini içeren, hükümetin çıkarmış olduğu bonolar ile şirket hisse senetlerinden oluşan piyasalara sermaye piyasaları denilmektedir. Sermaye piyasaları para piyasalarına göre daha fazla risk taşımakta, dolayısıyla yatırımcıya getirisi de daha yüksek olmaktadır. Sermaye

[84] Dwivedi D.N. **Macroeconomics Theory and Policy**, İkinci Baskı, Tata McGraw-Hill Publıshıng Company Lımıted, Yeni Delhi, 2005,ss.402-403

piyasaları, tasarruf sahiplerinin elde etmiş oldukları fonları, uzun dönemde yatırımcılara aktarılmasında önemli rol oynamaktadır. Aktarılan fonlar sayesinde kapasitesini arttırmak için gerekli olan fiziksel sermaye yatırımları yapılmakta, buna bağlı olarak da ekonomik büyüme gerçekleşmektedir.[85]

Sermaye piyasaları, tasarrufların verimli projelere aktarılmasında ve uluslararası fonların ve yatırımcıların ülkeye gelmesinde önemli rol oynamaktadır. Daha düşük maliyetli olan sermayenin ülkeye girmesini sağlayarak hem şirketlerin hem de ekonominin büyümesini hızlandırmaktadır. Özellikle borsalar kaynakların hareketliliğini kolaylaştırmakta, ekonomik verimliliği arttırarak uzun dönemli büyümeyi sağlamaktadır. Sermaye piyasalarında yatırımcılar uzun vadeli olarak tasarruflarını kendi kontrolleri dışında değerlendirmek istememektedirler. Bu nedenle sermaye bir risk ve fon havuzu oluşturarak hem finansal enstrümanları çeşitlendirmekte hem de tasarruf sahiplerinin, firmaların sermaye ihtiyacını karşılayan likit varlıklara yani hisse senetlerine sahip olmasını sağlamaktadır. Hisse senedi ve borçlanma piyasaları şirketlerin yönetimin performansını gözlemlemede, verimli yatırım ve yönetim kararlarının alınmasında, maliyetlerin azaltılması gibi unsurlarda şirketlere baskı yaparak etkin bir yönetimi sağlamakta; böylelikle girişimcilere destek de bulunmaktadır.[86]

İkinci Dünya savaşı sonrasında gelişmekte olan ülkeler hızlı bir şekilde ekonomik kalkınmalarını sağlayabilmek için düşük faiz oranlarıyla finanse edilen devlet destekli girişimler kurulmuştur. Verimsiz nitelikteki devlet destekli girişimler hem yüksek oranda teşvik gerektirmekte hem de finans, ticaret, endüstri ve altyapı alanında özel sektörü dışlamaktadır. Gelişmekte olan ülkelerde sermaye piyasaları, 1950 ve 1960'lı yıllarda çoğunlukla kısa dönemli finansman kaynağı olarak yabancı ticari bankalar oluşturmaktadır. Uzun dönemli yatırımlar için gereken tasarrufların sağlanmasında piyasalar ve buna bağlı olarak diğer unsurlar ise sınırlı düzeyde kalmaktadır. 1980'li yıllara kadar sermaye piyasalarının ekonomik kalkınmadaki rolü göz ardı edilmiş, borsalar ise finansal kaynakların etkin bir şekilde kullanılmadığı kumarhane olarak nitelendirilmiştir. Ekonomik

---

[85] Mıchael P. Mclindon, **Privatızatıon and Capital Market Development Strategies to Promote Economic Growth,** Praeger Publishers, Amerika, 1996,s.44

[86] Kenroy Dowers, Felipe Gomez-Acebo ve Pietro Masci, **Focus On Capital New Approaches To Developing Latin American Markets,** Inter-American Development Bank, Newyork, 2003, ss.3-4

gelişim için gereken finansman ihtiyacı da hükümetler aracılığıyla gerçekleştirilmeye çalışılmıştır. 1980'li yıllardan sonra finansal serbestleşme hareketleri beraberinde uluslararası sermaye piyasalarını geliştirmiş ve iç tasarrufların yetersiz kaldığı yerlerde ülkeler, yüksek faiz oranlarına bağlı olarak tasarrufları kendilerine çekmeye çalışarak yatırımları gerçekleştirmeyi, dolayısıyla ekonomik büyüme sağlamayı amaçlamışlardır.[87]

Ortadoğu bölgesi diğer gelişmekte olan ülkelerden farklı bir durum sergilemektedir. Diğer ülkelerde sermaye yetersizliğine karşın, bu bölge 1973-74 ile 1979 yıllarında petrol fiyatlarındaki ciddi anlamdaki artış sonucunda sermaye birikiminde patlama yaşamış ve elde edilen kaynaklarda altyapı yatırımlarına yönlendirilmiştir. Ancak 1990'lı yıllardan itibaren oluşan fazlalıklar, petrol fiyatlarının düşmesi nedeniyle azalmıştır. Ortadoğu bölgesinde, devlet finansal kuruluşları fon sağlamada anahtar bir rol oynamakla beraber bankalarda devletin harcamalarının finanse edilmesinde yardımcı olmaktadır.[88]

2.1.1.5. Bankacılık Sistemi

Bankacılık sistemi, bir ülkenin finans sisteminin temel taşlarından birini oluşturmaktadır. Özellikle ticari bankalar ve mevduat toplayan kurumlar (emlak bankası, tasarruf bankaları, kredi kooperatifleri gibi) birçok ülkede hane halkı tasarruflarının harekete geçirilmesinde önemli bir rol oynamaktadır. Aynı zamanda harekete geçirilen tasarrufların kredi olarak dağıtılması da bankalar aracılığıyla gerçekleştirilmektedir. Schumpeter bankacılık sistemini, ekonomik kalkınma sürecindeki iki önemli unsurdan biri olarak bahsetmekte diğerini ise müteşebbis olarak belirtmektedir.[89]

Bankacılık sisteminin ilk ve temel fonksiyonu, tasarruf sahipleri ile ödünç para alanlar yani yatırımcılar arasında aracı rol oynamaktır. Borç alan kişiler de yatırımlar yaparak yeni sermaye mallarının üretilmesini sağlamaktadır. Bankalar piyasa ekonomilerinde özel sektörünün para arzını, kamunun toplamış olduğu mevduatı transfer ederek ya da banknot çıkararak gerçekleştirmektedir.

---

[87] Mıchael P. Mclindon,a.g.e., ss.50-51

[88] Rodney Wilson, **Economic Development in Middle East**, Routledge Taylor and Francise Group, Londra,1995,s.76

[89] Cihangir Akın, **Faizsiz Bankacılık ve Kalkınma**, KayıhanYayınları, İstanbul,1986,s.75

Bankalar aynı zamanda para stokunun artışının ve azalışının belirlenmesinde önemli bir rol oynamaktadır. Bu durum, bankaları diğer finansal kurumlardan ayırt edici bir özellik olarak ortaya çıkmaktadır. Gelişmiş ülkelerin aksine gelişmekte olan ülkelerde bankalar, imalat, ticaret ve diğer üretim alanlarında girişimci kişileri ön plana çıkarmakta, uzun vadeli yatırımlar aracılığıyla onları destekleyerek ülke ekonomisinin büyümesini sağlamaktadır.[90]

Bankacılık sistemi, aynı zamanda toplumun atıl durumda olan parasını diğer kişilerin ilerdeki amaçlarını karşılayabilmek için onlara aktarılmasına aracılık eden finansal yapı olarak nitelendirilebilmektedir. Bankalar, hammadde, bina, hammadde satın alamayacakları için kişilerin biriktirmiş oldukları tasarruflarla bu araçların alınmasına yardımcı olmaktadır. Bankaların borç verme ve yatırım yapma fonksiyonları da faiz ya da kâr payı olarak geri dönmektedir.[91]

Bankacılık sisteminde çeşitli işlevlerine bağlı olarak farklı türlerde işlemler yapan bankacılık yapıları bulunmaktadır. Ticari bankacılık, merkez bankacılığı, tasarruf bankacılığı, yatırım, tüketici ve mortgage bankacılığı ve dini kurallara göre işleyiş gösteren İslami bankacılık bu yapılar arasında sayılmaktadır. Bireysel tasarruf kaynakları hem yetersiz hem de dağınık bir haldedir. Ticari bankacılık, dağınık bir halde bulunan ekonomik birimlerdeki fazlalıkların aktarılmasında önemli rol oynamaktadır. Ülke içerisindeki geniş bağlantılar aracılığıyla kısa ve uzun dönemli tasarrufların elde edilmesini sağlamakta, tasarrufların yatırımlara dönüştürülmesinde katalizör görevi görmektedir. Ticari bankacılık, kentsel ve kırsal kesim arasındaki boşa harcanan kaynaklarla ilgili farkındalık yaratarak, bunların yatırım fırsatına çevrilmesini ve daha fazla gelir yaratıcı varlıklara dönüşmesinde etkili olmaktadır. Ticari bankacılık hem iç hem de dış ticaretin gelişimine katkıda bulunmaktadır. İthalat ve ihracat işlemlerinin yapılabilmesi için gereken finansal işlemler ticari bankacılık tarafından gerçekleştirilmekte, aynı zamanda gelişmekte olan ülkelerde yabancı makbuz ve ödeme akışının hızlandırılması da bu bankalar tarafından sağlanmaktadır.[92]

---

[90] Rondo Cameron, **Banking and Economic Development Some Lessons of History**, Oxford Unıversıty Press, Newyork, 1972,ss.7-8

[91] Raymond P. Kent, **Money and Banking**, 3.Baskı, Rınehart&Company Inc, Newyork, 1956,s.103

[92] G. P.Kapoor, **Commercial Banking**, Aph Publishıng Corporation, Yeni Delhi, 2004,ss.2-3

Merkez bankacılığı, Birinci Dünya Savaşı'nın sonrasında oluşan yüksek enflasyon ve ekonomik gelişmenin hızlanmasına paralel olarak gelişmiştir. 1920 yılında Brüksel'de toplanan Milletlerarası Maliye Konferansında alınan kararlar itibariyle para ve kredi faaliyetlerini düzenlemek için kurulmuştur. Merkez bankalarının, banknot ihracının gerçekleşmesi, devleti mali danışmanlığını ve hazinedarlığını yapması, altın ve döviz rezervlerinin korunması, ticari bankalar için takas merkezi olması, ekonomik gelişmelerin sağlanması, nihai ödünç verme merkezi olması gibi başka görevleri de bulunmaktadır.[93]

Şirketlerin ve resmi yapıların uzun vadeli amaçları için gereken para ihtiyacının karşılanması bono ya da tahvil satışıyla gerçekleşmektedir. Bu satışın yapılabilmesi de yatırım bankaları ile sağlanabilmektedir. Tüketici bankacılığı, kişilere kendi isteklerini karşılayabilmesi için gereken fonların elde edilmesini amaçlamaktadır. Tüketici finansman şirketleri, satış finansman şirketleri, endüstriyel bankalar ve kredi birimleri tüketimin finansmanı açısından alternatif kaynaklar olarak değerlendirilebilmektedir. Gayrimenkul rehini sonucunda elde edilen mülklerin borçlanılması ve bankacılık operasyonel işlemleriyle ilgili doğrudan görüşmelerde mortgage bankacılığına başvurulmaktadır. Mortgage piyasaların gelişmesi emlak sektörüne fon sağlamakta, düşük gelirli kişilerin ev sahibi olması açısından önem taşımaktadır. Aynı zamanda likiditenin artmasıyla beraber gelişmekte olan ülkelerde ikincil piyasalarının derinleşmesine de yardımcı olmaktadır. Tasarruf bankacılığında tasarruf akışı diğer bankalara göre daha fazla olmakta, yerli halka ve küçük ölçekli şirketlere yönelik hizmet vermektedir. Tasarruf bankaları, kamu ve özel sektörün ortak girişiminde yanı sıra, Peru'da belediyelerin de ortak olduğu ya da Gana'da yerli halkın elinde bulunan kırsal bankalar şeklinde olabilmektedir.[94]

İslami bankacılık sisteminin temeli, ekonomik ve finansal sistemde faiz oranı mekanizmasının olmamasına bağlıdır. İslami bankacılık sisteminde kanunlar, şeriat kanunları esas alınarak belirlenmekte; batıdaki geleneksel borç sisteminden ya da tasarruf borçlanma sisteminden farklı bir işleyiş

---

[93] Suat Oktar, **Merkez Bankalarının Bağımsızlığı**, Bilim Teknik Yayınevi, İstanbul, 1996, ss.26-37

[94] Joanna Ledgerwood, **Sustainable Banking with the Poor Microfinance Handbook An Institutional and Financial Perspective,** The World Bank, Amerika, 1999,s.98

sergilemektedir. 1950'li yıllardan itibaren bir gelişim süreci gösteren İslami bankacılık mudaraba veya musharaka'ya diğer bir adıyla kâr-zarar paylaşımının olduğu bir sisteme dayanmaktadır. **Mudaraba**, banka ile girişimci arasında kar-zarar paylaşımına dayalı bir ortaklık olarak tanımlanmaktadır. Banka parayı verirken, girişimci de emeğini ve tecrübesini ortaya koymakta; girişimci ile banka bu doğrultuda bir işbirliği gerçekleştirmektedir. Girişimci parayı kullanmakta, sözleşme şartları doğrultusunda anlaşılan hisse oranında kâr paylaşılmaktadır. Eğer yatırımcıdan kaynaklı olarak anlaşma bozulmuşsa girişimcinin yani mudaribin zararı karşılaması gerekmektedir. Mudaraba'da bankanın fonksiyonu sınırlı olmakta, girişimcinin başarısı da alacaklının şansına bağlı olarak gerçekleşmektedir. **Musharaka**'da banka girişimci kadar para ve işgücü sağlamakta, kar anlaşılan oranda, zarar ise sermayeye katılım oranında paylaşılmaktadır.[95]

1970 yılında petrol fiyatlarında meydana gelen ciddi artış sonucunda Kuveyt, Bahreyn, Suudi Arabistan, Birleşik Arap Emirlikleri ve Katar ülkeler İslami bankacılığın gelişimine ulusal ve uluslarararası alanda yayılmasında önemli katkılar sağlamışlardır. Ortadoğu'daki İslami bankacılığın kurulması da petrol fiyatlarının artışına bağlı olarak gerçekleşen zenginliğin fonlanmasıyla ilişkili olarak gerçekleşmiştir. İslami Kalkınma Bankası sermayesi 2 milyar dolar ortaklarının %60'ını petrol üretici ülkeler Kuveyt, Libya, Suudi Arabistan ve Birleşik Arap Emirlikleri oluşturmaktadır. Mısır'da Mit Ghambr Tasarruf Bankası (1963-1967), Hindistan Jamaaat-i İslam (1969) Nasser Sosyal Bankası (1971) Ortadoğu dışında kurulan bankalar arasında yer almaktadır.[96]

Zengin Körfez ülkelerinin ihtiyaçlarına hizmet etmek amacıyla çoğunluğu Suudi Arabistan vatandaşlarının oluşturduğu önemli bir finansman aracı da Bahreyn'de 1970'lerin ortası itibariyle kurulan off-shore bankacılığıdır. Off-shore bankacılığında Bahreyn, Cayman Adaları, Honkong, Singapur ve Bahamalar'dan sonra beşinci en büyük merkez konumundadır. Off shore bankacılık sisteminde, yerel bankacılık hizmetlerine izin verilmemekte; ancak yerel ve bölgesel sermaye projelerini gerçekleştirebilmek amacıyla orta vadeli

---

[95] Tim Lindsey, **Indonesia, Law and Society,** The Federation Press, Singapur, 2.Baskı, 2008,ss.319-320
[96] Tim Lindsey, a.g.e, s.315

borçlanma yapılması ile hükümetlerden, bölgesel ve büyük ölçekli finansal organizasyonlardan mevduat kabul edilmesine onay verilmektedir. Böylelikle; off-shore bankacılığı, petrolden elde edilen gelirin dünya piyasalarına aktarılmasında bir araç görevi görmektedir.[97]

Bahreyn'de 1975 yılının ilk zamanlarında 2 adet off-shore bankacılık birimi kurulurken, 1976 yılında off shore bankacılık birimi 26'ya, 1980'li yıllar itibariyle 75'e çıkmıştır. Başlangıçta toplam varlıkların değeri 1.687 milyon dolar iken, 1984 yılı itibariyle, 62 milyar dolara yükselmiştir. 1990 yıllarla beraber off shore bankacılık birimi azalma eğilimine girerek 47 olarak gerçekleşmiş, toplam varlık değeri de 60 milyon dolar olmuştur.[98] **Aşağıdaki Tablo 2'de** yıllara göre Bahreyn'de yatırım ve offshore bankacılığının toplamı yer almaktadır. 2006 yılından itibaren offshore bankacılığı ve yatırım bankacılığı birleştirilip tek bir bankacılık faaliyeti olan toptan bankacılık hizmeti adı altında değerlendirilmeye başlanmıştır.

Tablo 2
2000-2009 Yılları Arasında Bahreyn'de Toptan Bankacılığın Varlıklara Göre Değerlendirilmesi (*)

Milyon Dolar			
Yıl Sonu	**Yerli Varlıklar**	**Yabancı Varlıklar**	**Toplam**
2000	4.844.4	91.572.8	96.417.2
2001	4.815.3	87.589.3	92.404.6
2002	4.681.5	58.619.1	63.300.6
2003	6.026.4	82.669.0	88.695.4
2004	7.846.8	96.443.3	104.290.1
2005	9.478.6	114.366.8	123.845.4
2006	13.117.0	151.146.2	164.263.2
2007	16.180.7	180.157.8	196.338.5
2008	18.879.3	169.983.3	188.862.6
2009	13.163.2	148.878.9	162.042.1

Kaynak: Bahreyn Para Ajansı verilerinden derlenmiştir. http://www.cbb.gov.bh (08.01.2010)

* Veriler off shore bankacılık birimi ve yatırım bankacılık birimi kullanılarak düzenlenmiştir.

---

[97] Gil Feiler, **The Middle East in The New Millenmium, Economic Development and Business Law,The** Kluwer Law İnternational, Netherlands ,2000,s.34

[98] Brian Kettell, **Analysing the Emergence of an Offshore Banking Centre: The case of Bahrain**, Michael Bowe, Lino Briglio ve James W. Dean (ed), A Cassell İmpriment, Londra, 1998,s.137

Yukarıdaki **Tablo 2'ye** baktığımızda Bahreyn'de varlıkların toplam değeri, 2000 yılında 96.417 milyon dolar iken, 2002 yılında şirket birleşmeleri ve kazançlardan dolayı varlıkların toplam değeri 63.300.6 milyon dolara düşmüştür. 2002 yılından sonra varlıkların toplam değeri, yükseliş eğilimine girerek 2007 yılında 196.338.5 milyon dolara ulaşmıştır. Ancak küresel ekonomik krize bağlı olarak yabancı varlıkların toplam değeri azalmış, hem yabancı hem de yerli varlıkların toplam değeri 2009 itibariyle 162.042.1 milyon dolar olarak gerçekleşmiştir.

2.1.1.6. İç ve Dış Borçlanma

Kamu kesimi finansman ihtiyacını, ülke içi piyasalardan sağlıyorsa iç borçlanma, ülke dışı uluslararası sermaye piyasalarına ya da diğer ülkelerin sermaye piyasalarına menkul kıymet arzı şeklinde oluyorsa dış borçlanma olarak adlandırılmaktadır.

Gelişmekte olan ülkelerde, sermaye birikimi yetersiz olduğundan istenen yatırımların yapılabilmesi için iç ve dış borçlanmaya başvurulmaktadır. Böylece gerçekleştirilen yatırımlar aracılığıyla ekonomik kalkınmanın hızlı bir şekilde sağlanmasına çalışılmaktadır. Ayrıca bu ülkelerde özel sektörün tasarruf yapısının yetersiz olması nedeniyle yatırımların büyük bir kısmı devlet tarafından sağlanmakta, buna bağlı olarak da kamunun iç ve dış borcu ciddi anlamda artmaktadır. Az gelişmiş veya gelişmekte olan ülkelerin dış ve iç borçlanmaların miktarı, gelişmiş ülkelere göre farklı yönde gelişim göstermektedir. Gelişmiş ülkelerde devlet ihtiyacı olan borçları kendi iç kaynağından sağlarken, az gelişmiş veya gelişmekte olan ülkelerde dış borçlar ağırlıklı olarak yer almaktadır.[99]

Klasik yaklaşıma göre, devletin gelirleri ve harcamaları denk olmalı, büyük verimli yatırımlar ve savaşlar dışında devletlerin borçlanmaması gerektiği vurgulanmaktadır. Alınan borçların gelecek nesillere bir yük oluşturacağı ve istenilen yatırımlara aktarılamayacağı belirtilmektedir. Yatırımlardan gerekli gelir elde edilmezse de iç borçlanmanın faiziyle beraber tüm maliyetleri yeni nesillere aktarılmış olmaktadır. Keynesyen yaklaşımda, 1929 Dünya Bunalımı sonrasında sanayileşmiş ülkelerde toplam talepteki yetersizliğe bağlı olarak ekonomi tam

---

[99] Macit İnce, **Devlet Borçlanması (Kamu Kredisi)**, Sevinç Matbaası, Ankara,1971,ss.16-17

istihdam noktasında dengeye gelememiştir. Dolayısıyla amaçlanan durgunluk içindeki ekonominin büyümesini sağlamak amacıyla devlet harcamaları ile özel sektör harcamaları arasındaki farkı gidermektir. Bu durum kamu kesimi açısından bütçe açığını gerektirmekte, bütçe açığı da para arzını arttırarak ya da borçlanma şeklinde finanse edilebilmektedir. Keynesyen yaklaşıma göre borçlanma sonucu elde edilen kaynaklar kendi maliyetlerini karşılayabilen yatırımlara aktarıldığı zaman alınan borçlar gelecek nesiller üzerinde bir yük oluşturmayacak; aynı zamanda milli gelirin artmasına ve işsizliğin azaltmasına yol açarak ekonomik büyümenin sağlanmasına olanak tanıyacaktır.[100]

Devlet iç borçlarının miktarı, kullanım yeri, vadeleri, alıcıları, faiz oranları borçlanma stratejisini oluşturmakta, ekonomik denge açısından önemli sonuçlar doğurmaktadır. Kısa ve orta vadeli krediler cari dönemdeki dış ödeme darboğazlarını gidermeye yönelik krediler olurken, uzun vadeli krediler büyük miktarlardaki; ekonomik ve yapısal altyapının yaratılmasına, üretken yatırımların ortaya çıkmasını sağlayan kredilerdir. Dolayısıyla kalkınma stratejisi açısından alınacak kredinin fayda ve maliyet analizinin yapılması gerekmektedir. Az gelişmiş ülkelerde kalkınmaları için gereken krediler, büyük yatırım projelerinin finanse edildiği uzun vadeli gelişme kredileridir. Ekonomik altyapı alanlarının kurulması, sınaî üretim kapasitesinin kurulması, genişletilmesi ve iyileştirilmesi bu krediler aracılığıyla gerçekleştirilmektedir. Düşük faizli, ancak kısa vadeli ekonomik sorunların çözümü için tercih edilmemeleri gerekmektedir.[101]

2.1.2. Dış Finansman Kaynakları

2.1.2.1. Yabancı Sermaye

Ekonomik kalkınmanın gerçekleşmesinde yabancı sermaye ya da uluslararası sermaye akışları önemli bir rol oynamaktadır. Az gelişmiş ülkelerde, ülke içindeki tasarrufların kıt olması nedeniyle yabancı sermaye ihtiyaç duyulmaktadır. Planlı yatırımlar ($I_{P.}$) ile planlı tasarruflar ($S_{P.}$) arasındaki fark ekonomik büyümenin gerçekleşebilmesi için gereken yabancı sermaye miktarını

[100] Sami Taban ve Akif Kara, **Türkiye'de Kamu Kesimi İç Borçlanmasının Özel Yatırım Harcamaları Üzerindeki Etkisi,** Eskişehir Osmangazi Üniversitesi İktisadi İdari Bilimler Dergisi, Ekim 2006, http://iibf.ogu.edu.tr/dergi/dergi/2006-2/2006_2_1.pdf, (15.02.2010) ss.11-12
[101] Ergül Han ve Ayten Ayşen Kaya, a.g.e., s.87-88

göstermektedir. Planlı yatırımlar planlı tasarrufları aştığında, arta kalan kısım yabancı sermaye tarafından karşılanmaktadır. Küreselleşmeyle beraber yabancı sermaye artışı, günümüzdeki ekonomileri, uluslararası ticarete göre daha fazla bütünleştirmekte ve dünya ihracat hacminden daha hızlı bir şekilde büyümesine neden olmaktadır.

Uluslararası sermaye akışları portfolyo yatırımları, krediler ya da doğrudan yabancı sermaye yatırımları şeklinde olmak üzere üç şekilde olabilmektedir. Portfolyo yatırımları, yabancı ülkelerde elde edilen hisse senedi tahvil gibi menkul kıymetler olurken, doğrudan yabancı sermaye yatırımları o ülkelerde elde edilen bina, arazi, fabrika ve üretim tesisleridir. Portfolyo yatırımlarında yatırımcı pasif bir durumda iken, doğrudan yabancı sermaye yatırımların da aktif rol oynamakta; uzun vadeli bir taahhüt içermesi nedeniyle ekonomik krizlere karşı portfolyo yatırımlarına veya kredilere göre daha dayanıklı olmaktadır. Portfolyo yatırımlarında, şirketin doğrudan denetimi söz konusu olmazken, doğrudan yabancı sermaye yatırımlarında yerli şirket ana şirketin denetimi altındadır.[102]

Günümüzde dolaysız yabancı sermaye yatırımlarının büyük bir kısmı, çok uluslu şirketler tarafından gerçekleştirilmektedir. Çok uluslu şirket ülke içindeki bir şirketi satın alarak ya da yeni bir şirket kurarak bu ülkelere yatırım yapabilmektedir. Çok uluslu şirketlerin ya da yabancı yatırımların az gelişmiş ülkeler üzerindeki etkilerini olumlu ve olumsuz olmak üzere iki grupta değerlendirilebilmektedir;[103] Olumlu etkileri;

- Gelen sermaye ile beraber planlanan yatırımlar ile bu yatırımlar için gereken içsel tasarruflar arasındaki açık kapatılabilmektedir.

- Yabancı şirketler, uluslararası pazarlara daha yakın olduğundan ülkede üretilen malların daha kolay ihraç edilmesini sağlayıp, ödemeler dengesine olumlu katkıda bulunabilmektedir.

---

[102] Anthony Bende-Nande, **International Capital Flows and Economic Development in East Asia: The Challenge in the 21st Century,** Ashgate Publishing Company, İngiltere, Ekim,2003,s.1

[103] Cem Alpar, **Çok Uluslu Şirketler ve Ekonomik Kalkınma**, Ankara İktisadi ve Ticari İlimler Akademisi Yayın No: 106, Ankara, 1977,ss.69-70

- Yabancı şirketler, yarattıkları katma değer ve ödedikleri çeşitli vergilerle bulundukları ülkenin bütçe açıklarına olumlu katkıda bulunabilmektedir.

- Yabancı şirketler, yeni iş alanları yaratarak istihdam sorununun çözümüne de olumlu katkı yapmaktadır.

- Yabancı şirketler, işgücü ve yöneticilerin eğitilmesini sağlayarak; vasıflı işgücü açığının kapanmasına yardımcı olmaktadır.

- Az gelişmiş ülkeler, teknolojik altyapı açısından yetersiz durumda bulunmaktadır. Çok uluslu şirketler, hazır ve denenmemiş teknolojileri transfer ederek endüstriyel gelişimin hızlanmasını sağlamaktadır.

- Çok uluslu şirketler yaratmış oldukları rekabet aracılığıyla tekelci nitelikteki oluşumların ortaya çıkmasını önlemede etkin rol oynamaktadır.

- Yabancı şirketler, kullanmış oldukları yeni girdiler aracılığıyla mevcut firmaların üretimini genişletmesini ve birçok yeni firmanın piyasaya girmesine olanak sağlamaktadır.

Yabancı şirketlerin yukarıda belirtilen olumlu etkilerine karşın, az gelişmiş ülkelerde yaratabilecekleri olumsuz etkiler şu şekilde belirtilebilmektedir;

- Yabancı şirketler yatırım için gereken fonların büyük bir kısmını az gelişmiş ülkelerin kaynaklarından sağladıkları için, tasarruf açığının kapanmasındaki katkısı sınırlı düzeyde gerçekleşmektedir.

- Yabancı şirketler, iç piyasaya özellikle de belli sektörlere üretim yaptıklarından ihracat aracılığıyla döviz geliri sağlanamamakta; lisans anlaşmaları, transfer fiyatlaması ve telif hakları gibi etkenlerden dolayı dövizin çok daha fazlasının yurtdışına çıkmasına neden olmaktadır. Bu durum ise ödemeler dengesi üzerinde olumsuz bir etki yaratmaktadır.

- Yabancı şirketlere sağlanan vergi kolaylıkları ve teşvik tedbirleri nedeniyle istenen vergi gelirleri elde edilememektedir.

- Yabancı şirketler sermayenin yoğun olarak kullanıldığı teknolojiler getirmektedirler. Üretimde sermayenin işgücüne göre fazla olması, az gelişmiş ülkelerin istihdam sorununu çözümünü olumsuz yönde etkilemektedir.

- Yabancı şirketler, yetişmiş işgücünü yüksek ücretler vererek kendi tarafına çektiğinden vasıflı işgücü açığına neden olmaktadır.

- Gelişmiş ülkeler tarafından geliştirilen teknolojilerin az gelişmiş ülkelerde aynen uygulanması o ülkelerin üretim yapısı ile uyumlu olmamakta ve ülkedeki bilim adamlarını ve mühendisleri yaratıcılıktan uzaklaştırmaktadır.

- Yabancı şirketler, sınırlı tüketicilerin ihtiyaçları karşıladığından, toplumun tüm ihtiyaçlarını giderememekte; dolayısıyla da ekonomik kalkınmaya katkıda bulunamamaktadır.

Belirtilen olumlu ve olumsuz etkilerle beraber yabancı şirketlerin az gelişmiş ya da gelişmekte olan ülkelerdeki etkisi bulundukları ülkelerin tam rekabet piyasasına uyumuna göre katkı sağlamaktadır. Bu nedenle ülkedeki yabancı sermaye yatırımlarının arttırılmasında öncelikle düzenleyici kurulların oluşturulması ve çok uluslu şirket ile ülkenin ekonomik çıkarının bağdaştırılabileceği bir piyasa mekanizmasının oluşturulması gerekmektedir.

2.1.2.2. Dış Yardımlar (Dış Borçlar)

Yurtiçi birikimler ile yatırımlar arasındaki fark birikim-yatırım açığını oluştururken, ekonomik kalkınma için gereken zorunlu sermaye malı ithalinin ödemesi ile mevcut ülkenin yıllık döviz gelirleri arasındaki fark ise dış ticaret açığını oluşturmaktadır. Dolayısıyla her iki açığın kapatılabilmesi amacıyla az gelişmiş ya da gelişmekte olan ülkelerde dış borçlanma yöntemine gidilmekte; böylelikle yatırımları arttırarak ekonomik kalkınmayı sağlamak amaçlanmaktadır.

Dış yardım ya da dış borçlar, kalkınma kredileri, teknik yardımlar, bağışlar ve askeri yardımlar şeklinde olabilmektedir. Teknik yardımlar, gelişmiş ülkelerin gelişmekte olan ülkelere yabancı uzman ve eğitim malzemesi sağlaması şeklinde olmakta ve gelişmiş eğitim ya da staj olanakları sağlanarak az gelişmiş ülkedeki elemanların eğitilmesine çalışılmaktadır. Bağışlar ya da hibeler gelişmiş ülkelerden az gelişmiş ülkelere yönelik karşılıksız olarak verilen yardımlar olarak nitelendirilmektedir. Askeri yardımlarda bağış şeklinde olmakla beraber, çoğunlukla uzun vadeli dış borç şeklindedir. Ayrıca askeri yardımlar, askeri amaçlarla alınan ve gizli anlaşmaları sonucu elde edilen yardımlar olarak kabul edilmektedir. Teknik yardımlar, kalkınma kredileri ve bağışlar kalkınma için gereken zorunlu sermaye malını sağladığı için ekonomik yardımlar kapsamında değerlendirilmektedir.[104]

Kalkınma kredileri, gelişmiş olan ülkelerin az gelişmiş ya da gelişmekte olan ülkelerin yoksulluğunu azaltmak, ekonomisinin büyümesine olanak tanımak ve ülke vatandaşlarının daha iyi şartlarda yaşamasını sağlamak için verilen kredilerdir. Bu krediler, İkinci Dünya savaşı sonrasında Avrupa'nın yeniden inşasını sağlamak için 1944 yılında verilmiş, 1950'li yıllarda ise kalkınma kredileri, gelişmekte olan ülkelere yönlendirilmiştir. Amerika'nın önderliğinde Dünya Bankası'na üye olan ülkeler, 1960 yılında **Uluslararası Kalkınma Birliği (IDA)**'yı kurmuşlar; ilk krediyi de Honduras, Şili, Hindistan ve Sudan'a vermişlerdir. Uluslararası Kalkınma Birliği, en fakir ülkelere ekonomik kalkınmalarını sağlayabilmeleri amacıyla sıfır faizli 10 yılı ödemesiz toplamda 35 veya 40 yıl olmak üzere kredi vermektedir. Bu krediler, üye ülkelerin katkıları, verilen kredi borçlarının geri ödenmesi ve Dünya Bankası'nın gelirlerinden karşılanmaktadır. Uluslararası Kalkınma Birliği kredisi kullanarak ekonomik büyümesini gerçekleştiren ve kişi başına milli gelir seviyesini arttıran ülkeler belli bir seviyeye ulaştıkları için kalkınma kredileri yerine Dünya Bankası'nın diğer borçlanma programlarından yararlanabilmektedir. 170 üyesi olan Uluslararası Kalkınma Birliği çoğunlukla altyapı, kamu yönetimi ve sosyal hizmetlere yönelik krediler vererek ülkelerin gelişimine katkıda bulunmaktadır.[105] **Aşağıdaki Tablo 3'de** Uluslararası Kalkınma Birliği'nin sektörlere göre verdiği krediler bulunmaktadır.

---

[104] Macit İnce,a.g.e.,ss.34-35

[105] Rıad A. Ajamı ve Diğerleri, **International Business, Theory and Practise**, M.E. Sharpe Inc, ,2.baskı, Newyork,2006, s.142

Tablo 3
Sektörlere Göre Uluslararası Kalkınma Birliği'nin Borç Verme Dağılımı

Altyapı	%35
Sosyal Sektör	%26
Endüstri	%4
Kamu Yönetimi ve Kamu Hukuku	%19
Finans	%3
Tarım	%13

Kaynak: http://www.worldbank.org/ida(13.07.2010)

Kalkınma kredilerinin finansmanında katkıda bulunan ülkeler her üç yılda bir yapacakları yardımları belirlemektedir. Projeleri finanse etmek için belirlenen bu fonlar Temmuz 2008'de ile Haziran 2011 dönemleri arasında düzenlenmiştir. Bu kredilerin finansmanına en fazla katkıda bulunan ülkeler 2008 yılı itibariyle Amerika Birleşik Devletleri, Japonya, Almanya, İngiltere, Fransa olarak gerçekleşmiştir. **Aşağıdaki Tablo 4'de** Uluslararası Kalkınma Birliği'ne bağışta ve katkıda bulunan ülkelerin katkıda bulundukları miktar ve yüzdelik dilimleri verilmektedir.

Tablo 4
Uluslararası Kalkınma Birliği'ne Bazı Gelişmiş ve Ortadoğu Ülkelerine Göre Bağışta ve Katkıda Bulunma (Haziran 2008)

ÜLKELER	**US (Dolar Milyon)**	**Toplam %**
Amerika Birleşik Devletleri	38.981,83	22,02
Japonya	34.302,66	19,38
Almanya	20.174,39	11,4
İngiltere	18.232,65	10,3
Fransa	13.028,72	7,36
İtalya	7.883,43	4,45
Hollanda	6.602,93	3,73
Kanada	6.366,57	3,6
İsveç	5.661,04	3,2
Avustralya	2.645,63	1,49
İspanya	2.450,74	1,38
Suudi Arabistan	2.274,52	1,28
Türkiye	143,49	0,08
İsrail	46,78	0,03
Birleşik Arap Emirlikleri	5,58	0

Kaynak:http://worldbank.org/IDAverilerinden düzenlenmiştir.(13.07.2010)

3. İKTİSADİ KALKINMAYI ETKİLEYEN SOSYAL FAKTÖRLER

İktisadi kalkınmayı etkileyen sosyal faktörleri; teknolojik gelişme, nüfus, eğitim ve istihdam olarak nitelendirilebilmektedir.

3.1. Teknolojik Gelişme

Teknolojik değişimler, tarım, endüstri ve hizmetler sektöründe önemli bir araç olarak karşımıza çıkmaktadır. Buhar makineleri endüstriyel devrimin gerçekleşmesini sağlarken, 20.yy.da jeneratör, dinamo gibi gelişmeler ile kimya alanındaki yeni liflerin, materyallerin ve eczacılıkla ilgili ürünlerin bulunması ekonomilerin ilerlemesinde önemli katkılar sağlamıştır. 20 yy. ikinci yarısı itibariyle bilgisayar ve otomotiv sektöründe teknolojik değişmeler hem imalat hem de imalat sektöründe gerçekleşmiştir. Teknolojik gelişmeler, madenlerin doğal kaynakların ve insanların daha kolay ve daha ucuz bir şekilde gidebilmesine ve ticaretin gelişmesine olanak sağlamaktadır. Teknolojik ilerlemeler aynı zamanda beşeri sermayeye yatırım yapılmasını da imkân tanımaktadır.[106]

Teknolojik ilerlemeler, buluşlarla başlayan, yenilikler ile devam eden ve son olarak da standart hale gelmiş üretim ile sonuçlanan bir süreç olup, bilgi, ekipmanlar ve uygulanan metotlar meydana gelen bu sürece katkıda bulunan unsurlardır. Teknoloji, endüstriyel yaratıcılıkla ilişkili bilginin bir dalı olarak tanımlanmakla beraber, toplumun fiziksel ve sosyal olgularına dayanan bir bilgi ya da üretim ilkelerinde başvurulan ve günden güne üretim aşamaları ile ilişkili olan bilgi olarak da nitelendirilmektedir.[107]

John Baptiste Say, hızlı bir teknik gelişmenin talep tarafından karşılanamayan tüketim malları arzına neden olacağını, sermaye mallarının yetersiz olmasından dolayı oluşan fazla emeğin istihdam edilemeyeceğini vurgulamaktadır. Yavaş teknolojik gelişmelerin ise, sınırlı üretim nedeniyle belli bir aşamada üretim aşamasının duracağını, malların faydasının fiyatlarının

---

[106] C.L.Boltz, **Technology and Economic Development**, Economic Research Foundation, İstanbul, 1970,ss.60-61

[107] Edwin Mansfield, **The Economics of Technological Change,** W.W. Norton & Company Inc, Amerika, 1968, s.10

aşacağını belirtmektedir. Say'a göre üretim teknikleri düşük maliyette üretim yapmayı sağlamakta yetersizdir. Bu durumda teknolojik gelişmelerdeki gecikmelerde işsizliğe yol açmaktadır. Ayrıca Say, teknolojik gelişmeleri, emek tasarrufu sağlamanın dışında, malların niteliğini değiştireceğini, dolayısıyla yeni bir makineyi reddetmenin yeni bir üretimi reddetmek anlamına geleceğini belirtmekte; makinelerin kurulmasıyla beraber işçilerin işlerini kaybetse bile bu durumun geçici olduğunu ve ilave sermaye malları aracılığıyla işçilerin yeniden işlerine döneceğini vurgulamaktadır. Karl Marx, makine icadının emeğin işbölümünden kaynaklandığını, işçilerin imalat alanında farklı araçları kullanması nedeniyle usta ve bilge kişilerin ortaya çıktığını, makinenin icadının da emeğin işbölümünden dolayı gerçekleştiğini söylemektedir. Schumpeter, ekonomik kalkınmanın aşağı ya da yukarı doğru gerçekleşmesini yeni girişimlere ya da yeni üretim metotlarına bağlamakta, bir girişimcinin yaptığı yeniliklerin diğerlerini de harekete geçireceğini ve ekonomide patlama yaratacağını vurgulamaktadır. Üretim fonksiyonunu, veri teknolojide üreticiler evreni olarak tanımlamakta, üretimde, yeni bir metodun keşfedilmesi ya da bilinen bir süreçteki değişiklik olması yeni bir üretim fonksiyonuna neden olmaktadır.[108]

Simon Kuznet, bir ülkenin ekonomik büyümesinin, uzun dönemde arz kapasitesinin artması ve ekonomik malların çeşitlenmesi olarak nitelendirmektedir. Büyüme kapasitesinin sağlanabilmesi de ileri düzeyde teknolojik ve ideolojik düzenlemelere bağlı olarak gerçekleşmektedir. Modern ekonomik büyümede teknolojik gelişmeler gerekli koşul olmakla beraber, sermaye birikimi, girişimci ve yeterli düzeyde talebin büyümeyi tamamlayıcı diğer değişkenler olarak belirtmektedir. Toplumun ekonomik anlamda gelişebilmesinin yolunun ileri teknolojileri kullanmasına bağlı olduğunu, gelişmekte olan ülkelerin ilerlemelerini de zengin ülkelerden fakir ülkelere doğru bilgi ve teknoloji transferi ile sağlanacağını vurgulamaktadır.[109]

Robert Solow'da büyüme modelinde mükemmel bilgiden yola çıkarak her ülkenin aynı miktarda teknolojik değişmeden serbest bir şekilde

---

[108] Arnold Heertje, **Economics and Technical Change**, Morrison & Gibb Ltd, Londra, 1977,ss.23-39

[109] Indra de Soysa, **Foreign Direct, Investment, Democracy and Development**: assessing countors, correlates and concomitants of globalization, Routledge Taylor and Francis Group, Londra, 2003, s.27

yararlanacağını ve bu değişmenin de dışsal olduğunu varsaymaktadır. Solow'a göre gelişmekte olan ülkelerde sermayenin marjinal verimliliği daha yüksektir. Dolayısıyla gelişmiş ülkelerde fazla olan sermaye gelişmekte olan ülkelere doğru hareket edecek ve büyümeyi hızlandıracaktır.[110]

Teknolojik gelişmeler teknolojik imkânların değişmesine bağlıdır. Dolayısıyla, eğitim şartlarının daha iyi olması, yeni hammaddelerin keşfi, enerji kaynakları ile teknolojik gelişmeler için istenen koşullar sağlanabilmektedir. Eğitim ile birlikte emeğin niteliği değişmekte ve teknolojik bilgi aracılığıyla ülke refahı olumlu yönde etkilenmektedir.

3.2. Nüfus

Nüfus, belli bir zaman diliminde bir bölgede ya da ülkede yaşayan kişilerin toplam sayısına denilmektedir. Nüfus artışı ise, sınırlı kaynaklar çerçevesinde daha fazla kişinin beslenmesi anlamına gelmekte; daha fazla kişinin beslenebilmesi de ekonomik büyüme ile sağlanabilmektedir. Nüfusun artması, mal ve hizmet talebini arttırırken, diğer taraftan mal ve hizmetlerin üretimi için gereken emek arzının artmasına neden olmaktadır. Ayrıca sağlıklı bir şekilde nüfusun büyümesi yatırım fırsatlarını arttırmakta ve tasarrufları da teşvik etmektedir. Nüfus, ekonomik gelişmeyi olumlu olarak etkilemekle beraber; nüfus oranı, ekonomik büyüme oranını aşıyorsa toplumların hayat standartları seviyesi düşmektedir. Sınırlı teknolojik şartlar altında nüfusun artması sonucunda daha düşük çıktı oranları ortaya çıkmakta, doğal kaynakların kullanımının artması nedeniyle kıtlık sorununda artış yaşanmaktadır. Nüfusun büyümesi, sosyal sermaye talebini (eğitim, sağlık, barınma gibi) arttırmakta ve toplum içerisinde çalışan nüfusa göre çalışmayan nüfusun oranını yani bağımlılık oranını yükseltmektedir.[111]

Nüfus dinamikleri sadece istihdamdaki artışın dışında aynı zamanda yaş ve cinsiyet yapısındaki değişimleri de tanımlamaktadır. Nüfusun büyüklüğü, yaş ve cinsiyet yapısı ülkenin kaynakları ile ilişkili olarak işgücünün ihtiyaçlarının belirlenmesine katkıda bulunmaktadır. 15 yaş altı ve 65 yaş üzeri çalışma

---

[110] Adam Szirmai, a.g.e.,s.126

[111] Subrata Ghatak ve Leo Katzen, **Population, Poverty and Income Distribution, Employment and Migration,** Routledge, Londra, 1995,s.231

çağındaki nüfusa (15-64) bağımlı konumdadır. Dolayısıyla çalışma çağındaki nüfusun oranına bağlı olarak bir ülkenin yatırımları için gereken tasarruf miktarları sağlanabilmektedir. Çünkü kişiler yaşam sürelerini uzamasına bağlı olarak emekliliklerini düşünerek birikim yapmakta, yapılan birikimlerde ekonomik büyüme için gereken yatırımların yapılmasında ön ayak olmaktadır.[112]

Nüfusla ilgili teorilerden biri Robert Malthus'un olup, bu teoriye göre nüfus artışının geometrik, gıda maddelerinin ise aritmetik olarak artacağını belirtilmektedir. Azalan verimler kanunu nedeniyle gıda maddelerine oranla daha fazla artış gösteren nüfusun ülkelerin yoksulluğunu arttıracağını ve devletin eşitlik adına yoksullara yapmış olduğu yardımların da sefaleti daha da körükleyeceğini vurgulamaktadır. Nüfusun oranının geçimlik seviyeyi aştığında kişi başına gelirin düşeceğini, bu düşüşle beraber ölüm oranının artacağını ve nüfusu büyüme oranın azalacağını dolayısıyla nüfusun büyüme hacminin tekrar geçimlik seviyeye döneceğini belirtmektedir. Nüfus ile ilgili başka bir teoriye göre, veri doğal kaynak ve teknolojik şartlar altında kişi başına geliri maksimum yapan optimal bir nüfus seviyesi bulunmaktadır. Eğer nüfus artışı en uygun seviyeyi aşarsa işsizlik artmakta ve kişi başına düşen gelir azalmaktadır. Nüfus artışı optimum seviyeden az ise kişi başına düşen gelir artmaktadır.[113]

Neoklasik büyüme modelinde, Malthus'un nüfus modelinden farklı olarak sermaye sabit değildir. Sermaye artışı, nüfus artışından fazla ise sermaye/emek oranı artmakta, kişi başına çıktı miktarı da yükselmektedir. Ayrıca Neoklasik model, klasiklerin belirttiği azalan verimler kanunun endüstride geçerli olmayacağını vurgulayarak, nüfus dışında sermaye, teknoloji gibi bileşenlerin toplam ya da kişi başına üretimde etkili olacağını söylemektedir. Karl Marx' göre nüfusun evrensel bir kanunu bulunmamaktadır. Nüfus kanunu, endüstriyel kapitalizm şartları altında nüfus fazlası sağlayabilmektir. Nüfus fazlası ise kapitalistin üretimi gerçekleştirmesi için gereken bir durumdur. Yedek işçi ordusu

---

[112] Zheng Wei ve Rui Hao **Demographic Structure and Economic Growth: Evidence from China** Journal of Comparative Economics, Çin,2010,s.2

[113] Ahmed M. Hussen, **Principles of Enviromental Economics**, 2.Baskı, Routledge Newyork, 2004, ss.202-203

olarak da adlandırılabilen nüfus fazlası üretime dönüşerek sermaye ihtiyacını farklı alanlara doğru genişletmektedir.[114]

Günümüzde dünya nüfusunun dörtte üçü gelişmekte olan ülkelerde yaşarken, dörtte biri gelişmiş ülkelerde yaşamaktadır. Gelişmekte olan ülkelerde nüfus artış hızı devam etmekle beraber, gelişmiş ülkelerde nüfus sabit ya da azalma eğilimi göstermektedir. Nüfus artış hızının devam etmesi, gelişmekte olan ülkelerde doğum oranlarının yüksek olmasından kaynaklanmaktadır. Gelişmekte olan ülkelerde doğurganlık oranları her 1000 kişide 40 kişi iken, gelişmiş ülkelerde doğurganlık oranları her 1000 kişide 15 kişi daha az seviyelerdedir. Gelişmekte olan ülkelerde genç nüfus oranı da yüksektir. Toplam nüfus içerisinde 15 yaşın altındaki genç nüfusun oranı %29 iken, gelişmiş ülkelerde bu oran %17'ler civarındadır. Kuzey Amerika'da çalışma çağındaki nüfusun (15-64) oranı toplam nüfusun %68'i iken bu işgücüne bağımlı genç nüfus oranı %20'ler seviyesindedir. Avrupa'da 15 yaşın altında genç nüfusun oranı %16'lar seviyesindedir.[115]

3.2.1. Nüfusun Bağımlılık Oranları

Bağımlılık oranları hesaplamalarında çocuk nüfus ile yaşlı nüfusun çalışma çağındaki nüfusa oranlarına bakılmakta, her ikisinin toplamı da toplam bağımlılık oranlarını vermektedir.

---

[114] Rajendra K.Sharma, **Demography and Population Problems**, Atlantic Publishers & Dıstributors (P) Ltd, Yeni Delhi, 2007,s.38

[115] Michael P. Todaro ve Stephen C. Smith, **Economic Development**, 10. Baskı, Pearson Education Limited, İngiltere, 2009,ss.280-281

Tablo 5
Dünyada Farklı Grup ve Bölgelere Göre 2025 ve 2050 Yıllarında Nüfusun Bağımlılık Oranları(*)

	Oran Tipleri	2005	2025			2050		
			Düşük	Orta	Yüksek	Düşük	Orta	Yüksek
Dünya	Toplam	55	46	53	60	52	57	63
	Çocuk	44	30	37	44	23	32	40
	Yaşlı	11	16	16	16	29	25	22
Gelişmiş Ülkeler	Toplam	49	53	59	65	71	72	75
	Çocuk	26	19	25	31	19	27	35
	Yaşlı	23	34	34	34	52	45	40
Değişen Ekonomiler	Toplam	46	42	49	56	59	61	65
	Çocuk	28	19	26	33	18	27	36
	Yaşlı	18	23	23	22	41	34	29
Gelişmekte Olan Ülkeler	Toplam	57	46	52	59	50	55	61
	Çocuk	48	32	39	46	24	32	41
	Yaşlı	9	14	13	13	26	23	20

Kaynak: Rob Vos, Jose Antonio Ocampo ve Ana Luiza Cortez, Ageing and Development, United Nations Publications, Newyork, 2008, s.215

* Yukarıdaki oranlar 100 ile çarpılmıştır.

Yukarıdaki **Tablo 5'de** görüldüğü gibi bağımlı çocuk nüfusun çalışma çağındaki nüfusa oranı 2005 yılında gelişmekte olan ülkelerde her 100 kişide 48 iken gelişmiş ülkelerde bu oran 26, değişen ekonomilerde ise 28'ler seviyesindedir. Değişen ekonomilerde, 2025 yılında çocuk bağımlı nüfus oranı en yüksek her 100 kişide 33 kişi olurken, aynı dönemde gelişmiş ülkelerde 31 kişi, gelişmekte olan ülkelerde ise 46 kişiye çıkmaktadır. 2050 yılı itibariyle baktığımızda; gelişmiş ülkelerde yaşlı nüfus bağımlılığının devam ederek, en yüksek her 100 kişide, 40 kişi olurken, gelişmekte olan ülkelerde çocuk nüfus bağımlığının devam edeceği ve bu oranın en yüksek 41 olacağı görülmektedir. Dolayısıyla, gelecek dönemlerde, gelişmiş ülkelerde yaşlı nüfus oranındaki artışın, gelişmekte olan ve değişen ekonomilerde ise çocuk nüfus oranındaki artışın devam edeceği düşünülmektedir.

3.2.2 Nüfusun Ortadoğu'da Bağımlılık Oranları

Ortadoğu bölgesinde genç nüfus oranı yüksek olup, bu nüfusun %40'ını (330.892.543) 14 yaş ve altı nüfus oluşturmaktadır. Bölgelere göre nüfusun 15 yaş altı oranına baktığımızda Gazze'de % 44,4 (1.604.38), Yemen'de %43,9 (23.495.61), Batı Şeria'da %37,3 (2.514.845), Suriye'de %36,4 (22.198.10), Ürdün'de %36 (6.407.085), İran'da %21,7 (76.923.300), Libya'da %33 (6.461.454), Suudi Arabistan nüfusunun da %38'i (25.731.36) 15 yaş altındadır.[116] Batı Şeria Umman, Libya, Suudi Arabistan, Katar, Suriye ve Yemen'de %3'ün üzerinde bir nüfus artışı görülmektedir. Dolayısıyla yüksek nüfus artış hızları hükümetlerin sağlık ve eğitim hizmetlerine ayırdıkları payı arttırmalarına neden olmaktadır.[117]

Ortadoğu bölgesinde, nüfusun bağımlılık oranlarına baktığımızda, 1950 yılında 0,81 iken 1970 yılında 0,95, 1980 yılında 0,91'e yükselmiştir. Mısır ve İran'da bağımlılık oranları sırasıyla 0,69 ile 0,66 iken, Suudi Arabistan'da yabancı işgücüne rağmen 0,73, Yemen'de ise 1,08 düzeyindedir.[118]

3.3.Eğitim

Ekonomik kalkınma için sadece fiziksel sermayeye değil aynı zamanda beşeri sermayeye de yatırım yapılması gerekmektedir. Eğitim ile birlikte emeğin niteliği artmakta; yeteneklerini, becerilerini geliştirmesine olanak sağlayarak da daha verimli bir şekilde çalışmasına imkân tanımaktadır. Eğitimli kişiler işte meydana gelen değişiklikleri kolayca kabul etmekte ve uygulamaktadır. Eğitim, kişilerin hem yeni makineler üretmesini hem de üretilen makineleri kullanma kapasitelerini arttırmaktadır. Ayrıca, eğitim, bilim ve teknolojik alanındaki araştırma ve geliştirme çalışmalarına katkıda bulunarak yeni keşif ve icatların ortaya çıkmasında etkili olmaktadır. Eğitim, kişilerin daha fazla bankacılık ve

---

[116] https://www.cia.gov/library/publications/the-world-factbook/geos/ly.html,(10.11.2010)
[117] Barry Rubin, **The Tragedy of The Middle East**, Cambridge University Press, Newyork, 2002,ss.52-53
[118] The World Bank, **Unlocking The Employment Potential in The Middle East and North Africa Toward a New Social Contract**, Washington, Mena Development Report,2004,ss.53-54

finansman araçlarından yararlanarak tasarruf eğilimlerinin artmasına ve ellerinde bulunan kaynakları etkin bir şekilde kullanmalarına da olanak sağlamaktadır.[119]

- **Beşeri sermaye teorisi (BST)**; Ekonomik büyümenin gerçekleşmesinde sadece sermaye stoku ve işgücündeki artış yeterli değildir. Eğitim de ekonomik büyümeye önemli katkılarda bulunmaktadır. Emeğin daha fazla eğitilmesi ve niteliklerini geliştirmesi sonucunda verimliliğin artacağını, artan verimliliğin ise kişilerin gelirlerinde artışa neden olacağını belirtmektedir. Modern anlamda, 1960'lı yıllarda oluşturulan BST, toplumdaki kişilerin becerilerini, niteliklerini yansıtmanın dışında, eğitim ve öğretimi bir yatırım olarak görmekte, kişilerin eğitimlerinin üretim üzerinde doğrudan etkisi olacağını vurgulamaktadır. Beşeri sermaye teorisine göre, eğitim özel sektöre ve devlete göre farklılık göstermektedir. Özel sektörün yapmış olduğu eğitim piyasaya yönelik bir mal olarak algılandığından, alınan eğitimin para ve statü olarak faydası kişinin kendisine olacaktır. Ancak devlet sektörünün yapmış olduğu eğitimde ise tüm vatandaşların sosyal, siyasi, kültürel ve ahlaki anlamda kendilerini geliştirmeleri sağlanmaya çalışılmaktadır.[120]

- **Tarama Teorisi (TT)**; 1970'lı yıllarla beraber beşeri sermaye teorisi yerini, **Tarama** teorisine bırakmıştır. Tarama teorisinde, ekonomik büyüme ile eğitimin doğrudan bir ilişkisi olmadığı, kişilerin aldıkları eğitimleri kariyerlerinde kullanmadıkları ve belli becerilerin işte kazanıldığı belirtilmektedir. İşçiler için diplomalar ya da eğitim ile ilgili nitelikler, onların başarabilme, yapabilme, kendine güven, onur gibi özelliklerini göstermektedir. Dolayısıyla, gerçek eğitim işyerinde başlamakta, okul ise eğitilebilirliğinin bir göstergesi olmaktadır. Eğitim yatırımlarında, 1980'li yıllarda, serbest piyasayı ön plana alan neoliberal politikalar benimsenmiştir. Neoliberal politikalara dayanan beşeri sermaye, eğitimde devletten daha fazla özel sektöre önem vermekte ve toplumdan daha çok bireylerin eğitimini vurgulamaktadır.[121]

---

[119] Fritz Machlup, **Education and Economic Growth**, University of Nebraska Press, Nebraska, 1970,ss.7-8

[120] Adam Szirmai,a.g.e.,ss.214-215

[121] Mark Olssen, John Codd ve Anne Marie O'Neill, **Globalization, Citizenship and Democracy**, Sage Publications, Londra, 2004,ss.147-148

Petrol fiyatlarında 1970'li yıllarda meydana gelen ciddi artışlar, Ortadoğu Bölgesinde eğitimin gelişmesine önemli katkılar sağlamıştır. Petrol gelirleri sadece petrol üreten ülkeleri değil, aynı zamanda işçi transferleri sonucunda petrol üretmeyen ülkeleri de etkilemiş ve eğitim alanında bu dönemde önemli yatırımlar yapılmasına sebep olmuştur. 1970 ile 1985 arasında 8 bin yeni ilkokul, 10 bin yeni ortaokul ve 32 üniversite inşa edilmiştir. Kayıtlı öğrenci sayısı da yaklaşık olarak iki katına çıkmıştır. Eğitim de okullaşmanın yanı sıra petrol üreten ülkelerdeki yüksek gelirlere bağlı olarak eğitici işgücünde de kitlesel olarak transferler gerçekleşmiştir. Özellikle Mısır, Filistin ve Lübnan'dan zengin petrol ihracatçısı ülkelere eğitimciler göç etmişlerdir. 1980 yılındaki petrol talebi ve fiyatlarının düşmesi ile beraber Arap ülkeleri, üçüncü Dünya ülkeleri beraber borçlu ülkeler arasında yer almıştır. Bu nedenle de Ortadoğu ülkeleri sosyal ilişkilerini sürdürmek ve devam ettirmek için dış yardımlara başvurmuşlardır. Borç veren ülkeler de yapısal düzenlemelerin dışında, birincil eğitim ve sonraki eğitim yapılarının evrensel düzeye ulaştırılmasına ve bölgedeki işgücünün ihtiyaçları doğrultusunda eğitimin daha verimli bir şekilde yapılmasına zorlamışlardır.[122]

Ortadoğu Bölgesinde eğitim harcamaları, (%5,3) diğer gelişmekte olan ülkelere göre daha yüksek olmasına karşın ulusal ve beşeri kalkınma anlamında yeterli seviyede değildir. Okul sistemleri nüfus artışına ayak uyduramamakta, okul talepleri istenen düzeyde karşılanamamaktadır. Sınıf ölçüleri artmakla beraber, okulu terk eden çocuk sayısında da artış yaşanmakta, yetişkinlerin eğitiminde de sorunlar bulunmaktadır. Ortadoğu Bölgesinde 2000 ile 2004 yılları arasında nüfusun yaklaşık olarak %38'i eğitimsizdir. Bu eğitimsizlerin %50'sini kadınlar oluşturmaktadır. Her ne kadar eğitimsiz kişi sayısı çeşitli fonlarla azaltılmaya çalışılmasına rağmen kadınlarda okuma oranı bölgede, 1980'lerdeki %60 seviyesinden daha aşağı bir seviyede yer almaktadır.[123]

---

[122] Robert F Arnove ve Carlos Alberto Torres, **Comparative Education The Dialectic of the Global and the Local**, 3. Baskı, Rowman and Littlefield Publishers Inc, Newyork, 2007, ss.313-314

[123] Robert F. Arnove ve Carlos Alberto Torres, a.g.e.,s.314

3.4.Sağlık

Eğitimde olduğu gibi sağlıkla ilgili meydana gelebilecek değişikler, beşeri sermaye yatırımlarını, dolayısıyla ekonomik büyümeyi olumlu yönde etkilemektedir. Sanayi sektöründen farklı olarak sağlık sektörü de, ekonomik büyümeye katkıda bulunan önemli değişkenler arasında yer almaktadır. İnsan sağlığına yapılan yatırımlar sonucunda hem bireyin hem de toplumun refahının artacağı düşünülmektedir. Çünkü hastalık sonucunda emeğin verimliliği düşmekte, istenen üretim artışı da sağlanamamaktadır. İstenen üretim artışı gerçekleşmediğinde ise ülke ekonomik gelişimini tamamlayamamış olacaktır.[124] Ülkelerde bu amaçla sağlık sektöründe çeşitli yatırımlar yaparak kişilerin sağlık seviyesini arttırmaya çalışmaktadırlar.

Sağlığın yüksek seviyelerde olması gelirin yüksek seviyede olmasına bağlıdır. Gelir seviyesi yüksek olduğunda beslenme, sağlıklı suya ulaşma, hijyen ve daha yüksek kalitede sağlık hizmeti alma gibi durumlarda kolaylaşabilmektedir. Ancak yüksek gelirleri elde edebilmek için öncelikle işgücünün de sağlıklı olması gerekmektedir. İşgücü sağlıklı olduğu takdirde işinden daha az zaman ayrı kalabilmekte ve daha verimli olabilmektedir. Sağlık, kişilerin eğitimini de etkilemektedir. Çocuk sağlığı, kişinin okuldaki öğrenme kabiliyeti etki ederek okuldaki başarı oranını yükseltmektedir. Düşük ölüm oranları ile yaşam süresinin artması da beşeri sermaye yatırımlarının artmasını da teşvik etmektedir. Sağlık aynı zamanda yaşam süresinin uzaması ile kişilerin emeklilik için gereken tasarruflarını yapmalarını sağlamakta ve artan tasarruflar ülke ekonomisinin büyümesine katkıda bulunmaktadır. Sağlık belirttiğimiz durumlar dışında nüfusun sayısını ve yaş yapısını da etkilemektedir.[125]

Sağlık konusunda dünya ülkeleri ile işbirliğini geliştirmek amacıyla İkinci Dünya Savaşı sonrasında Birleşmiş Milletlere bağlı olarak Dünya Sağlık Örgütü kurulmuştur. Kuruluş üye ülkelerin aidatları dışında bağışlarla da finanse edilmektedir. Dünya Sağlık Örgütü'nün anayasasına göre sağlık sosyal bir hak, sağlık hizmeti ise kamusal bir hizmet olarak görülmektedir. Hastalığın kontrol

---

[124] Sara Bennett, Lucy Gillson and Anne Mills, **Health, Economic Development and Household Poverty**, Routledge, Newyork, 2008,ss.2-3

[125] David E.Bloom ve David Canning, **Population Health and Economic Growth**, The World Bank Commusion on Growth and Development, Washington, 2009,s.53

edilmesinde uzman görüşlerin belirlenmesi, aşı gibi biyolojik maddelerde çeşitli standartların belirlenmesi, sağlıkla ilgili burslar verilmesi ve çeşitli felaketler sonucunda evlerinden olan mültecilere sağlık hizmetlerin götürülmesi örgütün amaçları arasında yer almaktadır. Dünya Sağlık Örgütü'nün politikaları çoğunlukla en fazla finansmanı sağlayan Amerika Birleşik Devletleri'ne göre belirlenmiş, örgütün davranışları nedeniyle kuruluşunun ilk zamanlarda Sovyetler Birliği, Beyaz Rusya ve Ukrayna gibi ülkeler üyelikten ayrılmak istemişlerdir. Bir yıl sonra da Macaristan, Polonya, Bulgaristan üyelikten çekildiklerini belirtmişlerdir.[126]

Sağlık hakkı ile ilgili en büyük reform ise 1978 yılında Alma Ata'da düzenlenen uluslararası toplantıda ortaya konmuş, Temel Sağlık Hizmeti kavramı benimsenmiştir. Temel sağlık hizmeti, **Herkes için Sağlıktan** yola çıkarak, sağlığın beslenme, konut, gelir, çevre gibi etmenlere bağlı olduğunu, önceliğin hastaneler değil ilk basamak yani koruyucu hizmetler olduğunu vurgulamaktadır. Ülkeler arasındaki sağlık alanındaki farklarının kapanması ve gelir dağılımının da adil bir şekilde dağılması gerektiğini belirtmektedir. Ancak her ne kadar temel sağlık hizmeti politikası yoksul ülkelerdeki sağlık sorunlarını çözmeyi amaçlasa da 1980 sonrasında neoliberalleşme politikaları çerçevesinde sağlık hizmetini alanlar müşteri olarak görülmüş, ihtiyaçların karşılanması da piyasa şartları içerisinde gerçekleşmiştir.[127]

Avrupa, Amerika ve dünyanın geri kalanında 19.yy'ın başında, sıtma, kolera, kızamık, tüberküloz ve gıda eksikliğine bağlı hastalıklar yaygın iken sağlık alanındaki gelişmeler sonucunda bu hastalıklar yok edilmiştir. 20.yy itibariyle, çoğu hastalığa çare bulunmasına karşın hala bazı hastalıklar gelişmekte olan ülkeler açısından sorun teşkil etmektedir. Gıda alanındaki gelişmeler, hijyenik ortamlar sağlanması ve sağlık önlemlerinin alınması sonucunda enfeksiyona bağlı ölümlerde ciddi bir azalma yaşanmıştır. Gelişmekte olan ülkelerde sağlık hizmetleri kamu tarafından karşılanmaktadır. Kamu sektörü sağlık hizmetlerinin finansmanında bir tür sigorta görevi görmektedir. Gelişmekte olan ülkelerde

---

[126] Necati Dedeoğlu,**Dünya Sağlık Örgütü, Sağlık Hakkı ve Küreselleşme,** Taf Preventive Medicine Bulltein,cilt 9 sayı 4,Antalya,2010,ss.1-2,http://www.korhek.org/khb/khb_009_04-361.pdf, (05.11.2010),ss.1-2
[127] Necati Dedeoğlu a.g.m,s.2

sağlık hizmetlerini beslenme, gelir dağılımı, su arzı ve hijyen oluştururken, gelişmiş ülkelerde yüksek nitelikli kişilere ve çok yönlü faaliyetlere dayanmaktadır. Gelişmekte olan ülkelerde sağlık alanında eğitimli insan gücü ve sermaye yetersiz olup, temel sağlık ihtiyaçları karşılanmaya çalışılmaktadır.

Ortadoğu Bölgesi'nde politik, ekonomik ve sosyal şartlara bağlı olarak sağlık politikaları farklılık göstermektedir. Petrol zengini olan ülkelerde ulusal bir sağlık sistemi kurulabilirken, bölgede düşük ve orta gelirli ülkelerde sağlığın finansmanında özel sektör ile devletin birlikte çalışması gerekmektedir. Sosyal güvenlik sistemi, geniş bir alana yayılmamakla beraber, özel sağlık sigortaları da çok az bir payı bulunmaktadır. Ortadoğu bölgesinde genel olarak kamunun yapmış olduğu sağlık harcamaları özel sektöre göre daha fazladır. Kuveyt, Birleşik Arap Emirlikleri, Suudi Arabistan ve Tunus'da kamu sağlık harcamalarının, özel sağlık harcamalarına oranı 4'e 1 iken, İran ve Irak'ta bu oran 10'a 7 ya da 8'dir. Petrol ihraç eden ülkelerde doğum oranları oldukça yüksek seviyededir. Doğum oranları düşürülmeye çalışılmasına karşın %5,3 büyüme ile Suudi Arabistan bölgede doğum oranları en yüksek olan ülke konumundadır.[128]

3.5. İstihdam Politikası

İnsanların çalışması sonucunda hem kendileri hem de toplum kazançlı çıkmaktadır. Kişilerin çalıştıkları işlerinde maksimum üretimi sağlamaları, ekonomik büyümenin gerçekleşmesine ve kişi başına düşen gelir seviyesinin artmasına imkân sağlamaktadır. Aynı zamanda ekonomik büyüme ile beraber yüksek verimlilik gerçekleşmişse daha fazla işgücü de çalıştırılabilmekte ve bireylerin kendi hayatlarını devam ettirmeleri kolaylaşabilmektedir. İstihdam kavramına baktığımızda fiili olarak üretim faktörlerinin üretime katılması olup, genelde işgücünün üretime katılması olarak algılanmaktadır. Çünkü işgücü üretime katıldığı takdirde, diğer üretim faktörlerinin de istihdam edileceği varsayılmaktadır.

Bir ekonominin başarısının ölçülmesinde enflasyon oranı kadar büyüme ve işsizlik oranları önemli göstergelerdir. Ekonomik büyüme ise, üretim

---

[128] Hossein Askarı, **Middle East Exporters What Happened to Economic Development**, Edward Elgar Publishing Limited, Cheltenham, 2006,ss.73-74

faktörlerinin verimliliklerinin, bir yıldan diğer bir yıla artışının yanı sıra, mevcut üretim faktörlerinin istihdamındaki artışı da kapsamaktadır. Dolayısıyla, yüksek büyümenin olduğu dönemlerde işsizliğin de azalması beklenmektedir. İşsizlik ile büyüme arasındaki güçlü ilişkiyi ortaya koyan Arthur M. Okun, bir ekonomide, mevcut üretim kapasitesinin yeterli kullanımına bağlı olarak Gayri safi Milli Hâsılada meydana gelen bir artışın oransal olarak işsizlik oranında bir değişime neden olacağını belirtmektedir. Bir yıllık zaman içerisinde bu kanuna göre, her %2 için, potansiyel tam istihdam seviyesinin altında işsizlik oranının %1 artacağını, eğer reel Gayri Safi Milli Hâsıla %3 büyürse işsizlik oranının değişmeyeceğini, ekonomide %5 oranında büyüme olursa işsizlik oranının %1 düşeceğini (%5 den %4'e), ekonomide reel Gayri Safi Milli Hasılada bir artış olmazsa da işsizlik oranının %1,5 artacağını (%5'den %6,5'a) vurgulamaktadır.[129] Keynesyen eğilimleri yüksek olan Okun kanunu da hükümet harcamalarının arttırılması ve vergi indirimleri gibi talep yönlü politikaları teşvik ederek ekonomide ilave büyümenin sağlanabileceğini, böylelikle işsizliğin azaltılabileceğini belirtmektedir.

1960 yılında petrol üretiminin artması ve 1970'li yıllardaki petrol fiyatlarında meydana gelen olağanüstü artış sonucunda Körfez İşbirliği Konseyi'ne üye olan ülkeler (Kuveyt, Bahreyn, Katar, Birleşik Arap Emirlikleri ve Suudi Arabistan), kendi ülkelerinin modernizasyonu için (altyapı projeleri, iletişim ve kamu hizmetleri için) gereken kaynakları sağlayabilmişlerdir.

Körfez İşbirliği Konseyi ülkeleri, bu modernizasyon süreci içerisinde ülkedeki yetersiz emeği yurtdışından emek ithal ederek karşılamışlardır. Ancak petrol gelirlerinin artması ile beraber, kamu bürokrasisi kendi vatandaşlarının emeklerini kiralamaya çalışarak elde edilen gelirin vatandaşlar arasında dağılımını sağlamayı ve vatandaşları yüksek eğitim konusunda teşvik ederek eğitim olanaklarını arttırmayı amaçlamıştır. Körfez İşbirliği Konseyi Ülkeleri'nde her ne kadar yerli işgücünün istihdam edilmesi planlanmasına karşın, işgücünün büyük bir bölümü göçmen işçilerden oluşmuştur. Petrol üreten bu ülkelerde, 1980'li yılların ortasında toplam işgücünün %67'si ve toplam nüfusun %26'sı yabancı

---

[129] Walter J. Wessels, **Economics**, Dördüncü Baskı, Barron's Business Review Series, Newyork Temmuz 2006,s.93

işçilerdi. 1970-1990'lı yıllar arasında diğer Ortadoğu ve Kuzey Afrika ülkelerine göre (%3'e göre) yabancı işgücü oranı %6,4 oranında büyümüştür. Yabancı işgücü içerisinde Arap göçmenlerde (Mısır, Ürdün, Fas) önemli yer tutmaktadır. 1980 yılında petrol fiyatlarındaki artış zayıf olmasına karşın Suudi Arabistan'da ve diğer Körfez ülkelerinde 3,5 milyon Arap göçmen istihdam edilmiştir.[130]

Resmi anlamda havale gelirlerine baktığımızda, Mısır'a 1973-1984 yılları arasında 22 milyar dolar Ürdün'e 6,5 milyar dolar, Fas'a ise 8,2 milyar dolar olarak gerçekleşmiştir. Alınan havaleler, bu ülkelerde kırsal kesimde yaşayan kişilerin tüketim harcamalarının karşılanmasını sağlamıştır. Petrol üretiminin yönlendirdiği ülkelerde 1975-1985 yılları arasında son on yılda göçmen işgücünde %39'dan %67'e doğru bir artış yaşanmış ve Suudi Arabistan'ın payı bu artışta %17, Bahreyn'de %15 olarak gerçekleşmiştir. Petrol fiyatlarının düşmesiyle beraber 1980'lerin ortasında işgücünün büyüme oranları %4,4'e düşmüş ve bu düşme yabancı işgücünden kaynaklanmış, yerli işgücü ise %1,6'dan %4,5'e yükselerek artışa geçmiştir. Körfez ülkelerinde 15 yaş üzeri işgücündeki artış yaşanmış ve 1990'lı yılların sonunda yabancı işgücü işgücünün azalmasına rağmen toplam işgücü %4,9'a ulaşmıştır. 2000'li yıllara doğru yabancı işgücündeki azalma devam etmiş, toplam işgücü ise %67den %64'e düşmüştür. Yabancı işgücündeki azalmanın en fazla olduğu ülke Suudi Arabistan olmuştur. Suudi Arabistan'da yabancı işgücünün oranı %64,2'den %55,8'e düşmüştür.[131]

4. İKTİSADİ KALKINMAYI ÖLÇME YÖNTEMLERİ

4.1. İnsani Gelişim Endeksi

İnsani gelişim endeksi, üç temel nesneyi ölçmeye yönelik bileşik bir endekstir. Bunlar; uzun ömürlülük bilgi birikimi ve uygun hayat şartları olarak belirlenmiştir. Birleşmiş Milletler Kalkınma Programı 1990 yılındaki bir protokol ile ülkelerin gelişim seviyelerini ölçmeyi amaçladığı bu protokolde sağlık, eğitim ve insan refahını arttıran diğer unsurları anahtar fonksiyonlar olarak tanımlanmıştır. Uzun ömürlü olma; yeni doğan bir kişinin ortalama hayat süresine, bilgi birikimi; yetişkinlerdeki okuma oranı ilkokul, ortaokul ve diğer

[130] The World Bank, a.g.e.,ss.36-37
[131] a.g.e.,ss.58-59

okullara kayıtlı olan öğrenci oranına hayat seviyesi ise; satın alma gücü paritesine göre kişi başına Gayri Safi Milli Hâsılaya bakılarak hesaplanmaktadır. İnsani gelişim endeksinde her bileşenin minimum ve maksimum olmak üzere bir değeri bulunmaktadır. Her bir ülkenin değeri de 0 ile 1 arasında değişmektedir. İnsani gelişim endeksi 0'a yakınsa, insani gelişimi oluşturan toplam faktörlerin başarılmasında maksimum seviyeden daha fazla uzaklaşıldığını 1'e yakınlık ise insani gelişim endeksini sağlayan bileşenlerde maksimum değere ulaşıldığını ve yüksek bir insani yaklaşım seviyesinin sağlandığını göstermektedir.[132]

Beşeri Kalkınma endeksinde uzun ve sağlıklı bir hayat, bilgiye ulaşma, yeterli hayat seviyesine erişebilmek için ihtiyaç duyulan kaynaklara sahip olunması dışında kişilerin yaratıcı ve üretici olabilmeleri için, politik, sosyal ve ekonomik özgürlüklere fırsat yaratabilmek ve kişilerin haklarının korunması gibi diğer isteklerde yer almaktadır. Bu endekste diğer endekslerden farklı olarak okullaşma, işsizlik, hastalık, evlilik ve göç gibi farklı grupların değişen hayatları da incelenmektedir.

İnsani gelişimin ölçülmesinde yaşama süresi, bilgi düzeyi ve hayat seviyesi hayatın üç temel elementi olarak adlandırılmaktadır. Uzun ömürlü olma kişilerin iyi bir sağlık ve beslenme ile ilişkilendirilmekte; kişilerin yaşam sürecine bağlı olarak amaçlarını, planlarını gerçekleştirebilmeleri hedeflenmektedir. Aynı zamanda birtakım sınırlamalarına rağmen, kişi başına Gayri Safi Milli Hâsılada diğer önemli bir değişken olarak beşeri kalkınma endeksi hesaplamalarında yer almaktadır. Amartya Sen'de sağlık, eğitim ve beslenmeye yapılan yatırımların insanların refahını arttırarak, ülkelerin istenen kalkınma sürecine ulaşacağını belirtmiş, beşeri kalkınma endeksinin oluşumuna katkıda bulunmuştur.[133]

Beşeri Kalkınma Endeksi, hayatta kalma beklentisi, eğitim ve gelir endekslerinin aritmetik ortalamaları alınarak hesaplanmaktadır. Her bir bileşenin bireysel endeksleri de aşağıdaki genel formüle göre belirlenmektedir.

---

[132] Robert Nagel, **Human Development Index-An Elaborate Means of evaluating a country's HD**,Scholary Paper, Grin Verlag Publish and Find Knowledge, Almanya,2004,s.2

[133] Joel S.G.R.Bhose, **Non Govermental Organizations and Rural Development; Theory and Practise,** Concept Publishing Company, Yeni Delhi, 2003,s.61

$$HDI(i) = \frac{\text{Gerçekleşen } x_i \text{ değeri} - \text{minimum} x_i \textit{ değeri}}{\text{Maksimum} x_i \text{ değeri} - \text{minimum} x_i \text{ değeri}}$$

Birleşmiş Milletlerin 1991 yılında yayınladığı ikinci kalkınma raporunda beşeri kalkınma endeksi hesaplamalarında bilgi düzeyini yetişkin kişinin eğitimi ile sınırlandırılmış, eğitim hesaplamalarında 2/3 oranı, okuryazar endeksindeki ağırlığa, 1/3 oranı ise öğrenim süresi beklentisindeki ağırlığa verilmiştir. Ayrıca gelir endeksi hesaplamalarında 9 OECD ülkesinin yoksulluk sınırı göz önüne alınarak 1990 yılındaki hesaplamalardan farklı bir yöntem izlenmiştir. 1994 yılında türetilmiş satın alma gücü paritesine göre ülkelerin düzeltilmiş Fert Başına düşen GSYİH seviyeleri de hesaplamalara dâhil edilmiş, yaşam beklentisi endeksinin maksimum ve minimum değerlerinde kısıtlamaya gidilmiştir. En yüksek doğanın hayatta kalma beklentisi en çok 85 yıl en az ise 25 yıl olarak belirlenmiştir. Yetişkin okuryazarlığı 0 ile %100, kişi başına gelir seviyesi de satın alma gücü paritesine göre 100 dolar ile 40.000 dolar ile arasında değerlendirilmektedir.[134]

---

[134] Ambuj D. Sagar ve Adil Najam, **The Human Development Index: A Critical Rewiev,** Ecological Economics, sayı 25,1998,ss.250-251

Tablo 6
Bazı Gelişmiş Ülkeler ile Ortadoğu Ülkelerinin 2007 Yılına Göre Beşeri Kalkınma Endeksleri ve Onun Bileşenleri

Ülkeler	Beşeri Kalkınma Endeksi Değeri	Ortalama Yaş	Yetişkin Okuma Oranı (15 yaş ve üzeri % (1999-2007 arası)	Kayıtlı Öğrenci Sayısı (%)	Kişi Başına Milli Gelir (ABD $) Satın Alma gücü paritesine göre	Kişi Başına Gelirden Yoksun Beşeri Kalkınma Endeksi
ABD	0,956	79,1	99	92,4	45.592	-4
İngiltere	0,947	79,3	99	89,2	35.130	-1
Fransa	0,961	81	99	95,4	33.674	17
Almanya	0,947	79,8	99	88,1	34.401	2
Japonya	0,96	82,7	99	86,6	33.632	16
Suudi Arabistan	0,843	72,7	85	78,5	22.935	-19
Birleşik Arap Emirlikleri	0,903	77,3	90	71,4	54.626	-31
İsrail	0,935	80,7	97,1	89,9	26.315	7
Bahreyn	0,895	75,6	88,8	90,4	29.723	-9
Kuveyt	0,916	77,5	94,5	72,6	47.812	-23
Suriye	0,742	74,1	83,1	65,7	4.511	5
İran	0,782	71,2	82,3	73,2	10.955	-17
Ürdün	0,77	72,4	91,1	78,7	4.901	11

Kaynak: Birleşmiş Milletler 2009 Human Development Report Verilerinden Düzenlenmiştir. www.undp.org(13.11.2010)

Yukarıdaki **Tablo 6'ya** baktığımızda dünyadaki gelişmiş ülkelerin ve Ortadoğu ülkelerinin beşeri kalkınma endeksleri yer almaktadır. Tabloya göre kişi başına gelir oranı, eğer beşeri kalkınma oranından daha yüksek ise pozitif değerler almakta, eğer tersi geçerli ise negatif değerler almaktadır. İngiltere, Fransa, Amerika, Japonya ve Almanya'da yetişkin okuma oranı hesaplamalarında %99 oranına başvurulmaktadır. Kayıtlı öğrenci sayısı, Amerika, Fransa ve Japonya'nın değerleri, belirtilenden diğer bir yıla olan verileri göstermekte, Almanya ve İngiltere UNESCO'nun tahminleri de yer almaktadır. Amerika Birleşik Devletleri ve Birleşik Arap Emirlikleri'nin Beşeri Kalkınma Endeksi hesaplamalarında satın alma gücü paritesine göre 40.000 Amerikan doları kullanılamıştır.

Yine Tabloya göre, Suudi Arabistan ve Birleşik Arap Emirlikleri'nin beşeri kalkınma endeksleri yüksek olup, 15 yaş üzeri nüfusun okuma oranı sırasıyla %85 ve %90 olarak gerçekleşmiştir. Suudi Arabistan, Birleşik Arap Emirlikleri'nde ve Kuveyt'te kişi başına gelir yüksek olmasına rağmen, beşeri kalkınma endeksi değerleri negatif olarak gerçekleştiği görülmektedir. Dolayısıyla bu ülkelerde gelir, beşeri kalkınma endeksini diğer bileşenlere göre daha fazla etkilemektedir. Kayıtlı öğrenci sayısı, Ortadoğu ülkelerinde en yüksek Bahreyn'de, en düşük ise Suriyede'dir. Hayatta kalma süresinin uzunluğu olarak İsrail, Japonya'dan sonra ikinci sırada iken, Ortadoğu ülkeleri arasında ise birinci sırada yer almaktadır. İran 71,2 yıl hayatta kalma süresi ile en son sıralarda yer almaktadır. Gelir seviyeleri açısından Birleşik Arap Emirlikleri hem bölge ülkeleri içerisinde hem de gelişmiş ülkeler açısından en yüksek gelir düzeyine sahip bulunmaktadır. Ürdün ve Suriye ise bölgede en düşük gelirli ülkeler arasında yer almaktadır.

4.2. Fiziksel Hayat Seviyesi Endeksi

Fiziksel yaşam kalitesi endeksi, 1970'lerin sonlarına doğru Amerika Birleşik Devletleri'nde, David M. Morris tarafından geliştirilmiştir. Bu endekste ortalama ömür süresi, okuryazarlık ve bebek ölüm oranları gibi değişkenler bulunmaktadır. Fiziksel yaşam kalitesi endeksi, sosyal bileşenleri 0 ile 100 arasında bir ölçümle değerlendirmektedir. Ülkeler için 1 kötü performansı,100 ise en iyi performansı göstermektedir. Genelde bir ülkenin fiziksel hayat seviyesi endeksi düşük ise kişi başına düşen gelirin de düşük olacağı düşünülmektedir. Ancak fiziksel hayat seviyesi endeksi hayat seviyesindeki iyileşmeden çok miktarını ölçmekte, özgürlük, adalet, güvenlik ve insan hakları gibi konulara değinmemektedir.[135]

4.3. Cinsiyetlere Göre İnsani Gelişme Endeksi (GDI)

Birleşmiş Milletler Kalkınma Programı tarafından kadın ve erkek arasındaki eşitsizliği ölçmek için geliştirdiği endekslerden biridir. Bu endekste

---

[135] Paul Patrick Streeten, **Thinking About Development**, Pres Syndicate of the University of Cambridge, Newyork, 1997,s.47

başlıca üç kriter esas alınarak hesaplanmaktadır. Bunlar şu şekilde belirtilebilmektedir;

- Ortalama hayat beklentisi
- Kadın ve erkek okuma oranı ile kadın ve erkek arasındaki okullaşma oranı
- Gelirin Ortalama Payı (Kazanılan gelir içerisinde kadın ve erkeğin payı)

Beşeri kalkınma endeksi ile cinsiyete bağlı insani gelişme endeksinde hala ciddi farklılıklar bulunmaktadır. Bu farklılıkların kapanması eğitim, sağlık, gelir ve politik katılım açısından kadın ve erkek arasındaki eşitliğin sağlandığını, dolayısıyla ülkenin istenen ekonomik kalkınma düzeyine ulaştığını göstermektedir.[136]

---

[136] Coşkun Can Aktan, **Yoksullukla Mücadele Stratejileri**, Hak-iş Konfederasyonu Yayınları,Ankara,2002,s.1,http://www.canaktan.org/ekonomi/yoksulluk/birinci-bol/kavramlar.pdf, (01.11.2010)

Tablo 7
Bazı Gelişmiş Ülkeler ile Ortadoğu Ülkelerinin 2007 Yılına Göre Cinsiyete İlişkin Kalkınma Endeksleri ve Onun Bileşenleri

Ülkeler	Cinsiyet İle İlgili Kalkınma Endeksi Değeri (GDI)	Ortalama Ömür		Yetişkin Okuma Oranı 15 yaş ve üzeri % (1999-2007)		Kayıtlı Öğrenci Sayısı %		Kişi Başına Milli Gelir (ABD $) Satın Alma gücü paritesine göre	
		Kadın	Erkek	Kadın	Erkek	Kadın	Erkek	Kadın	Erkek
ABD	0,942	81,3	76,7	99	99	96,9	88,1	34,996	54,536
İngiltere	0,943	81,5	77,1	99	99	92,8	85,9	28,421	42,433
Fransa	0,956	84,5	77,4	99	99	97,4	93,5	25,677	42,091
Almanya	0,939	82,3	77	99	99	87,5	88,6	25,691	43,515
Japonya	0,945	86,2	79	99	99	85,4	87,7	21,143	46,706
Suudi Arabistan	0,816	75,1	70,8	79,4	89,1	78	79,1	5,987	36,662
Birleşik Arap Emirlikleri	0,878	78,7	76,6	91,5	89,5	78,7	65,4	18,361	67,556
İsrail	0,921	82,7	78,5	88,7	95	92,1	87,8	20,599	32,148
Bahreyn	0,895	77,4	74,2	86,4	90,4	95,3	85,8	19,873	39,060
Kuveyt	0,892	79,8	76	93,1	95,2	77,8	67,8	24,722	68,673
Suriye	0,715	76	72,2	77,2	87,3	63,9	67,5	1,512	7,452
İran	0,77	72,5	69,9	76,5	89,7	73	73,4	5,304	16,449
Ürdün	0,743	74,3	70,7	87	95,2	79,9	77,5	1,543	8,065

Kaynak: Birleşmiş Milletler 2009 Human Development Report verilerinden düzenlenmiştir. www.undp.org (13.11.2010)

Yukarıdaki **Tablo 7'de** görüldüğü gibi beşeri kalkınma endeksi değerleri hesaplamalarında olduğu gibi bu endeksin hesaplanmasında da yetişkin okuma oranı %99, kayıtlı öğrenci sayısı %100 ve kişi başına gelirde satın alma gücü paritesine göre 40.000 dolar olarak belirlenmiştir. Tabloda ülkelerin kayıtlı öğrenci sayıları hesaplamalarında Almanya hariç, bir önceki yılın verileri kullanılmıştır. Ayrıca İngiltere ve Bahreyn için UNESCO'nun tahminleri de yer almaktadır. Kadın ve erkeklerin kazançlarının hesaplamalarında da 0,75 oranı kullanılmıştır. (tarım dışında kadınların ücretlerinin, tarım dışında erkeklerin ücretleri oranı) Yine Tablo 7'ye göre, Kuveyt, Birleşik Arap Emirlikleri, Suudi Arabistan ve Bahreyn'de cinsiyete dayalı kalkınma endeksi 0,80 ile 0,90 arasında gerçekleşmesine karşın, gelirin kadın ve erkekler arasındaki dağılımına baktığımızda; Suudi Arabistan'da erkeklerin geliri kadınların gelirinin 7 katı iken, Birleşik Arap Emirlikleri'nde yaklaşık 4 katı, Bahreyn, Kuveyt ve İran'da ise yaklaşık 3 katı olduğu görülmektedir. Gelişmiş ülkelerde kadınlar ile erkekler arasındaki gelir farklılıkları daha az seviyede bulunmaktadır.

4.4. Cinsiyetlerle İlgili Ekonomik ve Siyasi Hayata Katılım İmkânları Ölçütü (GEM)

Birleşmiş Milletler Kalkınma programı, 1995 yılında yeni bir endeks ortaya çıkmıştır. Cinsiyetle ilgili ekonomik ve siyasal yaşama katılım imkânları ölçütü, verilen bir ülkede erkeklere göre kadınların ekonomik ve politik pozisyonlarını göstermektedir. Bu endeks 0 ile 1 arasında ölçülmektedir. Burada 1 rakamı cinsiyet eşitliğini, 0 ise cinsiyetler arasında çok yüksek eşitsizliği olduğunu göstermektedir.[137] Cinsiyetin ekonomik ve siyasal yaşama katılım imkânları ölçütü olarak belirtilen endeks, dört adımda hesaplanabilmektedir. Bunlardan birincisi; idari, yönetimsel, profesyonel ve teknik durumlardır. İkinci adım; kadın ve erkeğin parlamentodaki sandalye sayıları göstermektedir. Bu şekilde politik katılım ve karar verme gücü ortaya konmaya çalışılmaktadır. Üçüncü adım; kazanılan gelir payını yansıtmakta, dördüncü adımda ise, gelir değişkeni olarak ekonomik kaynaklar üzerindeki güç belirtilmektedir.[138]

---

[137] Kartik Chandra Roy, Hans-Christer Blomqvist and Cal Clark, **Institutions and Gender empowerment in the global economy**, World Scientific Publishing, Londra, 2008,s.224

[138] Tabitha W. Kriti and K.C. Roy, **Readings in World Development Growth and Development in the Asia Pasific**, Nova Science Publıshers, Inc, Newyork, 2006,s.138

Tablo 8
Seçilmiş Ülkelere Göre Cinsiyetlerle İlgili Ekonomik ve Siyasi Hayata Katılım İmkânları Ölçütü (2007)

Ülkeler	Sıra	Değer	Parlamentoda Kadınların Sandalye Sayısı (%)	Kadın resmi devlet görevlileri ve yöneticiler (%)	Kadın profesyonel ve teknik işçiler (%)
ABD	18	0,767	17	43	56
İngiltere	15	0,790	20	34	47
Fransa	17	0,779	20	38	48
Almanya	9	0,852	31	38	50
Japonya	57	0,567	12	9	46
Suudi Arabistan	106	0,299	0	10	29
Birleşik Arap Emirlikleri	25	0,691	23	10	21
İsrail	23	0,705	18	30	52
Bahreyn	46	0,605	14	13	19
Katar	88	0,445	0	7	25
Suriye	-	-	12	-	40
İran	103	0,331	3	13	34
Ürdün	-	-	8	-	-

Kaynak: Birleşmiş Milletler 2009 Human Report verilerinden düzenlenmiştir. www.undp.org (13.11.2010)

Yukarıdaki **Tablo 8'de** ülkelere göre kadınların politik ve ekonomik durumları gösterilmektedir. İngiltere, Almanya, Fransa, Amerika Birleşik Devletleri, İsrail gibi ülkeler kadınlar için kota oluşturmuşlardır. Kota sistemi ile parlamentoda %30 veya % 40 arasında kadınlara temsil hakkı tanımaktadır. Japonya ve Bahreyn'in kadın yöneticililerle ilgili olan verileri ISCO-68 sınıflandırmasından kaynaklanmaktadır. Yine Tablo 7'ye baktığımızda Suudi Arabistan kadınların sosyal ve ekonomik hayata katılımı ile ilgili olarak Ortadoğu ülkeleri arasında son sıradadır. Birinci ülke ise 0,705 oranı ile İsrail'dir. Gelişmiş ülkeler de kadınların toplum içerisinde yer almasına büyük önem verilmekte ve kadınların çalışma hayatında aktif rol oynamaları sağlanmaktadır. Kadınların parlamentodaki sandalye sayısı en yüksek Almanya iken en düşük oranı sıfır değerleriyle Suudi Arabistan ve Katar olduğu görülmektedir. Ortadoğu ülkelerinde kadın devlet yöneticilerinin oranı da oldukça düşüktür. İsrail'de %30 iken, İran ve Bahreyn'de %13, Suudi Arabistan ve Birleşik Arap Emirlikleri'nde

%10 'dur Suudi Arabistan ve Katar geliri yüksek olmasına rağmen cinsiyet eşitliği konusunda istenen ilerlemeleri gerçekleştirememiştir.

4.5. İnsani Yoksulluk Endeksi

İnsani yoksulluk endeksi insan hayatıyla ilgili farklı boyutları içeren bir bileşik endekstir. İnsanın varlığı ile ilgili üç alanı kapsamaktadır. Bunlardan birincisi, yaşam süresinin sınırlaması, eğitim ve yaşama ilişkin diğer ekonomik ve sosyal imkânları belirtmektedir. İnsani yoksulluk endeksi ağırlıklı olarak beş bileşenden oluşmaktadır. Bunlar şu şekilde sıralanabilmektedir;[139]

- 40 yaşından önce insanların ölüm oranlarının yüzdesi
- Yetişkinler arasında okuma ve yazma bilmeme yüzdesi
- Kişilerin yüzde kaçının sağlık hizmetine ulaştığı
- Kişilerin yüzde kaçının sağlık suya ulaştığı
- 5 yaşın altında yetersiz beslenen çocukların yüzdesi

Birleşmiş Milletler Kalkınma Programı yukarıda belirttiğimiz bileşenler dışında, 1998 yılındaki kalkınma programında gelişmiş ülkelere de yönelik insani yoksulluk endeksini oluşturan değerler belirlemiştir. Bu değerler şu şekildedir;[140]

- 60 yaşına yaşaması tahmin edilmeyen insanların yüzdesi
- Fonksiyonel olarak okuma ve yazma bilmeyenlerin oranı
- Geliri açlık seviyesinin altında olan insanların yüzdesi
- Uzun dönem işsizlik oranı (12 veya daha fazla)

---

[139] Jane Seymour Poverty: **A Human Development Report fort he UK**, Londra: Earthscan Publications Ltd, 2000,s.32
[140] Jane Seymour Poverty, a.g.e.s.33

Tablo 9
Seçilmiş Ortadoğu Ülkelerine Göre İnsani Yoksulluk Endeksi

Ülkeler	İnsani Yoksulluk Endeksi HPI - 1		Muhtemelen 40 yaşına kadar Yaşayamayan %	Yetişkinlerin Okuma ve Yazma Bilmeme Oranı (15 yaş ve üzeri %)	Gelişmiş Su Kaynaklarına Ulaşamayan Nüfus	Ağırlığının altında Çocuklar (5 yaş altında) %
	Sıra	Değer	2005-2010	1999-2007	2006 %	2000-2006
Suudi Arabistan	53	12,1	4,7	15	10	14
Birleşik Arap Emirlikleri	35	7,7	2,3	10	0	14
İsrail	-	-	1,9	2,9	0	-
Bahreyn	39	8	2,9	11,2	0	9
Katar	19	5,0	3,0	6,9	0	6
Suriye	56	12,6	3,9	16,9	11	10
İran	59	12,8	6,1	17,7	6	11
Ürdün	29	6,6	5,3	8,9	2	4

Kaynak: 2009 Human Development Report verilerinden derlenmiştir. www.undp.org (13.11.2010)

Yukarıdaki **Tablo 9'da** seçilmiş Ortadoğu ülkelerindeki insani yoksulluk endeksi değerleri ve onun bileşenleri gösterilmektedir. İsrail'in yetişme okuma yazma oranı ile ilgili veriler ulusal tahminlere, Katar ve Birleşik Arap Emirlikleri, İran, Ürdün'ün ise ulusal hane halkı ölçümlerine dayanmaktadır. Bahreyn, Suriye ve Suudi Arabistan'ın verileri 2009 yılı Nisan ayındaki global yaşın belli okuma projeksiyonlarına dayandırılmaktadır. Bahreyn'de sağlıklı su kaynaklarına ulaşamama kentsel düzeyde incelenmiştir. İnsani yoksulluk endeksi açısından Ortadoğu ülkelerine baktığımızda, Ürdün birinci sırada, Suudi Arabistan ise daha yüksek gelir kaynakları olmasına rağmen son sırada yer almaktadır. 1999-2007 yılları arasında yetişkinler arasında okuma yazmama bilme oranı İran'da %20'lere yaklaşmakta iken, İsrail'de bu oran %2,9,Suudi Arabistan ve Birleşik Arap Emirlikleri'nde sırasıyla %15 ve %10 olarak gerçekleşmektedir. 40 yaşına kadar yaşamayan kişilerin oranı en yüksek %6,1 ile İran iken, onu sırasıyla Suudi Arabistan, Ürdün ve Suriye izlemektedir. Ağırlığının altında çocuk sayısı da Suudi Arabistan ve Birleşik Arap Emirlikleri'nde %14, Ürdün'de ise %4 seviyelerindedir.

5. İKTİSADİ KALKINMA VE ULUSLARARASI TİCARET TEORİLERİ

Bir ülkenin ekonomisini dış ticaret özellikle ihracatta meydana gelen artışlar önemli oranda etkilemektedir. İhracat artışı ile beraber hem ülkenin milli gelir seviyesi yükselmekte hem de ihracatın genişlemesine bağlı olarak bu kesim öncü sektör rolü oynamakta ve diğer sektörlerin gelişmesine katkıda bulunmaktadır. Ülkenin tam istihdam koşullarını sağladığı durumda, ihracat maliyetleri düşürerek yeni ve verimli alanlara yatırım yapılmasını sağlamaktadır. Dış talebin artması sonucunda ülkelerin üretimde uzmanlaşması sağlanmakta, ihracat için etkin üretim yapan şirketlerin diğer şirketleri de bu yönlü üretim yapmaya zorlayarak rekabetin artmasına yardımcı olmaktadır. İhracat sektörünün genişlemesi ekonomide efektif talep arttırarak diğer mallara yönelik talebin artmasını sağlamaktadır. İhracatın genişlemesi, dış ticaret işlemleri gerçekleştiren sektörlerde üretimde kullanılan faktörlere yapılan ödemelerinin artmasına ve faktör gelirlerinin yükselmesine yol açmaktadır. İhracatın ekonomik kalkınma üzerinde etkili olabilmesi için; istihdam ve reel gelir üzerinde dolaysız ve olumlu artış yaratması, ihracattan sağlanan gelirin daha fazla yatırıma aktarılması, ihracat sektörünün ekonomideki diğer sektörlerle daha fazla bağımlı olması ve ihracattan sağlanan gelirin uzun bir süre aynı oranda kalabilmesi gerekmektedir.[141]

İhracat ve dış ticaretin bir ülke için faydalı olabilmesi aynı zamanda ihracat ile ithalatın arz ve talep esnekliklerine bağlı olmaktadır. Dolayısıyla bir ülke zengin doğal kaynaklara sahip değilse, talebin düşük gelir ve fiyat elastikiyetine sahip mallar (birincil mallar ve emek yoğun imalat ürünler) üretiyorsa ve bu mallar üzerinde daha fazla uzmanlaşma varsa dış ticaret olumsuz yönde etkilenmektedir. Bu nedenle gelişmekte olan ülkelerin büyük bir bölümünde ticaretten elde edilen kazançlar azalmakta ve gelişmiş ülkelerin lehine bir ticaret yapısı doğmaktadır. Dolayısıyla emek yoğun üretim yaparak, sermaye malları ve imalat sanayi ürünlerini sanayileşmiş ülkelerden ithal ederek ülkenin ekonomik gelişimi istenen seviyede gerçekleşememektedir. Gelişmekte olan ülkelerde birincil mallarda gelirin talep elastikiyetinin düşük olması nedeniyle

---

[141] S. Rıdvan Karluk, **Uluslararası Ekonomi**,5.Baskı Beta Basın Yayım Dağıtım, İstanbul, 1998,ss.113-114

Gayri Safi Milli Hâsıladaki payı daha az artmakta, yakıtlar, belli hammaddeler ve imalat ürünlerinin talep elastikiyeti göreceli daha yüksek olduğundan gelişmiş ülkelerin geliri daha fazla artış göstermektedir. Dolayısıyla gelirdeki artışa karşılık gelişmiş ülkelerin hammadde, gıda ve gıda ürünleri talebi daha düşük olurken gelişmekte olan ülkelerin imalat ürünleri talebi hızlı bir artış göstermektedir.[142]

5.1. Uluslararası Ticaret Teorileri

5.1.1. Adam Smıth ve Mutlak Üstünlükler Teorisi

Adam Smıth 1776 yılında Ulusların Zenginliğinde belirttiği dış ticareti açıklamak amacıyla bir teori ortaya koymuştur. Mutlak üstünlükler kuramı olarak adlandırılan teoriye göre serbest ticaret bütün ülkelerin yararına olmaktadır. Serbest ticaret politikası ülkeler arasındaki işbölümünü gerçekleştirmek açısından önem arz etmektedir. Çünkü serbest ticaret aracılığıyla ülkelerin düşük maliyetlerle üretebileceği mallar üzerinde uzmanlaşma sağlanmakta ve ülkelerin uzman oldukları malları uluslararası alanda satabilecekleri bir ortam oluşmaktadır.[143]

5.1.2. David Ricardo ve Mukayeseli Üstünlükler Teorisi

David Ricardo'nun belirttiği mukayeseli üstünlükler kanununa göre, ülkeler mutlak maliyetler yönünden üstünlük sağlayamasalar bile, dış ticaretten faydalanabilirler. Dolayısıyla ülkeler arasında dış ticaret, mutlak maliyetlerin farklı olmasına değil karşılaştırmalı maliyetlere bağlı olarak gerçekleşebilmekte; Ricardo'nun Mukayeseli üstünlükler teorisi çerçevesinde dış ticaret ise belli varsayımlar altında yapılabilmektedir. Bu varsayımlar şu şekilde belirtilmektedir;[144]

- Ticarete giren mallar iki tanedir. Ticaret iki ülke arasında yapılmaktadır.

---

[142] Dennıs R. Appleyard ve Alfred J. Field, JR. **International Economics**, 2. Baskı, Rıchard D. Irwın Inc, Yeni Delhi, 1995, ss.346-347

[143] Tamer İşgüden ve Müfit Akyüz, **Uluslararası İktisat**, Evrim Kitabevi, İstanbul, 1990,s.5

[144] Erol İyibozkurt, **Uluslararası İktisat, Teori, Politika, Uygulama,** Ezgi Kitabevi, Bursa, 2001,s.29-30

- Her ülke sabit bir kaynak donatımına sahiptir. Her bir kaynağın bütün birimleri özdeştir.

- Üretim faktörleri bir ülke içerisindeki alternatif kullanımlar arasında tam bir hareketliliğe sahiptir. Üretim faktörlerinin fiyatları da alternatif kullanımlar arasında aynıdır.

- Üretim faktörlerinin ülkeler arasında bir hareketliliği bulunmamaktadır. Dolayısıyla faktör fiyatları da ticaretten önce farklı olabilmektedir.

- Teknoloji ülkeler arasında farklı olmasına karşın, her iki ülkede teknoloji seviyesi sabittir.

- Üretimde sabit maliyetler geçerli olup, üretime göre maliyetler değişmemektedir.

- Bir malın değerini belirleyenin işgücünü olduğu, işgücünün homojen olduğu kabul edilmektedir.

- İç ve dış ulaştırma masrafları sıfırdır.

- Ekonomi tam istihdam seviyesindedir. Ayrıca ekonomide tam rekabet şartları geçerli olup hem üreticiler hem de tüketiciler fiyat alıcısı konumundadır. Piyasa hakkında tam bir bilgiye sahiptirler.

- Ekonomik aktiviteye ilişkin hükümet tarafından belirlenmiş herhangi bir engel bulunmamaktadır.

Ülkeler arasında maliyetler farkları olmasına rağmen Ricardo'nun Mukayeseli üstünlükler teorisi, bir ülkenin serbest dış ticaret sonucunda bir malı üretmek için katlanmış olduğu reel maliyetlerden emek birimi açısından tasarruf sağlama olanağı vermektedir. Aynı zamanda teori, ülkelerin görece maliyet avantajına sahip oldukları ürünleri üretip, sahip olmadıkları malları ise ithal etmeleri sonucunda dış ticaretten fayda sağlayacaklarını belirtmektedir.[145]

5.1.3. Singer-Prebisch Tezi ve Ticaret Haddi

1950 yılında iki önemli kalkınma iktisatçısı Hans Singer ve Raul Prebisch tarafından ortaya konan bu tezde, birincil malların ihracatında meydana gelen azalmanın talebin, düşük gelir ve fiyat elastikiyetinden kaynaklandığı, gelir transferinin de fakir ülkelerden zengin ülkelere doğru olduğu belirtilmektedir. Singer-Prebish'e göre sanayileşmiş ülkeler tekelleşme avantajlarından yararlanmakta ve kitlesel üretimden dolayı elde ettikleri avantajı ihracat fiyatlarına yansımasında herhangi bir müdahalede bulunmamaktadırlar. Pamuk ve diğer doğal elyaf kaynakların yerine petro-kimyasal ürünler kullanılmakta doğal kaynakların yerini sanayi ürünleri yani suni ürünler almaktadır. Tarım ise bütün dünyada stratejik sektör olarak kabul edildiğinden koruma altına alınmaktadır. Dolaysıyla tarım ürünlerinin fiyatı düşüş göstermektedir. Bu durum ise ihracatçı ülkenin aleyhine olmaktadır. Gelişmiş ülkelerde verimlilik artışları ücretlere ve kârlara yansıdığı için fiyat düşüşü olmamakta ve gelişmekte olan ülkeler fiyat düşüşü olmadığı için bir ihracat avantajından yararlanamamaktadırlar.[146] Ancak ulaştırma masrafları azalan verimler kanunu ve kalite gelişmeleri gibi etkenler Singer-Prebisch tezini doğrulamayabilmektedir.

5.1.4. Hecksher-Ohlin-Samuelson Teorisi

Hecksher Ohlin-Samuelson teorisi olarak adlandırılan teoriye göre, ülkelerin ihracatı onların en yoğun kullandıkları üretim faktörüyle ilişkili olmaktadır. Bu model temelde iki mal, iki ülke ve iki faktör kullanımına dayanmaktadır. Dolayısıyla teori, ülkeler arasında aynı mallar için geçerli olan aynı üretim fonksiyonu çerçevesinde, veri teknoloji ve zevklerde dış ticaretin gerçekleşmesi ülkelerin sahip oldukları nispi faktör yoğunluğuna bağlıdır.

[145] Tamer İşgüden ve Müfit Akyüz,a.g.e.,s.8

[146] Emin Ertürk, **Uluslararası İktisat, Teori – Politika, İktisadi Birleşmeler- Parasal İlişkiler**, Alfa Basım Yayım Dağıtım, İstanbul, 2001, ss.81-82

Hecksher-Ohlin-Samuelson teorisi aynı zamanda faktör donatımı teorisi olup belli başlı varsayımları bulunmaktadır. Bunlar ise şu şekilde sıralanabilmektedir;[147]

- Ölçeğe göre sabit verim söz konusu olmaktadır.
- İki ülke arasında mal ticareti sırasında ulaştırma masrafları sıfırdır.
- Ülkelerin kendi içerisinde faktör mobilitesi tam olup, aralarındaki faktör mobilitesi sıfır olmaktadır.
- Mal ve faktör piyasalarında tam rekabet vardır.
- Tam ihtisaslaşma bulunmamaktadır.
- Üretim fonksiyonları dünyanın her yerinde özdeş, homojen ve birinci derecede olup malların faktör yoğunluğu değişmemektedir.
- İki malın üretim fonksiyonu farklı faktör yoğunluğuna sahip bulunmaktadır.

5.1.5. Rybczynski Teorisi

Rybczynski teorisine göre, mal fiyatları sabit kaldığında, bir üretim faktöründeki artış, faktörün yoğun olarak kullanıldığı üretimi arttırırken, arzı sabit kalan faktörün yoğun olarak kullanıldığı alanda üretimin azalacağını belirtmektedir. Dolayısıyla bir üretim faktöründe meydana gelen artış bütün çıktıları etkilememekte sadece hangi faktör yoğun olarak kullanılmışsa onun üretimini arttırmaktadır. Rybczynki teorisinde de Hecksher-Ohlin teorisinde olduğu gibi iki sektör, iki faktör bulunmakta ve belirtilen her iki sektörde homojen mal üretimi yapılmaktadır. Ölçeğe göre sabit getirinin geçerli olduğu teoremde, faktörler arasında tam bir hareketlilik vardır. Ayrıca ticari faaliyetlerden

---

[147] Rıdvan Karluk, a.g.e, ss.28-29

kaynaklanan işlem maliyetleri, vergiler ya da rekabeti önleyici unsurların bulunmadığı varsayılmaktadır.[148]

5.1.6. Stolper ve Samuelson Teoremi

Stolper ve Samuelson'un belirttiği teorem, faktör-fiyat dengesine bağlı bir teorem olup, bir malın fiyatında meydana gelen bir artış, o malı elde etmek için kullanılan üretim faktörlerini arttırmakta, üretim faktörlerinin artması ise kazanılan gelirin artmasına neden olmaktadır. Aynı şekilde üretim fiyatlarında meydana gelen azalma o mal için yoğun olarak kullanılan kaynak gelirini de azaltmaktadır. Teoreme göre, bir kaynağın fiyatındaki değişiklik, üretim sürecinde göreceli olarak kaynağın yoğun olarak kullanıldığı malın fiyatındaki değişiklikten daha fazla olmaktadır. Buna artan etki adı verilmektedir. Örneğin; Amerika'nın ticarete başladığı varsayımı altında uçak fiyatlarındaki artış %6 iken, tekstilde fiyatlar %3 azalmaktadır. Artan etkiye göre sermaye %6'dan fazla artmalı, emek ise %2'den fazla azalmalıdır. Eğer sermaye de meydana gelen artış %8 olursa sermaye sahiplerinin, reel gelirleri artacağından hem uçak hem de tekstil malları tüketme kabiliyetleri artmaktadır. Ancak, işçiler ise her iki malı reel gelirleri düştüğünden tüketme kabiliyetleri azalacaktır. Dolaysıyla serbest ticaret sermaye sahiplerinin yararına olurken, işçilerin kaybetmesine neden olmaktadır.[149]

5.1.7. Diğer Uluslararası Ticaret Teorileri

John Maynard Keynes, serbest ticaretin ekonomik büyümenin gerçekleşmesinde önemli bir rolü olduğunu vurgulamaktadır. Aynı zamanda serbest piyasada bir başarısızlık olduğunda, hükümetin yeni iş fırsatları yaratarak ekonomiyi desteklemesi gerektiğini belirtmektedir. Keynes mal ve ürünlerin içeren serbest ticaretin bulunduğu, spekülatif sermaye çıkışına sınırlama getirildiği uluslar arası bir ekonomik sistem öngörmüştür. Altın standardı sisteminden farklı olarak, Keynes, ticaret açığı olan ülkeleri antlaşma yapmaya zorlamak yerine; kredi veren ülkelerin sayısının genişletilmesini amaçlamaktadır.

---

148 Edward E. Lamer ve James Levinshon, **International Trade Theory: Evidence**, Handbook İnternational Economics, Volume 3, Editors (Gene M. Grossman ve Kenneth Rogoff, Elsevier), İngiltere, 1. Baskı,1995,s.1346

149 Robert J. Garbaugh, **International Economics**, 12. Baskı, Nelson Edication Ltd, Amerika, 2008,s.75

Böylelikle ticaret fazlası veren ülkeler zayıf ekonomilere yardım ederek daha adil ve eşitlikçi bir dünya ekonomisi sağlanabilecektir. Keynes'in planı uluslararası takas birliği kurarak üye ülkelerin merkez bankalarına sabit ve istikrarlı döviz kuru sağlamaktır. Eğer bir ülkenin ithalatı, ihracatından fazla ise o ülkeye ihracatı arttırıncaya ve para birimi sabit olması durumuna kadar geçici olarak borç verilmesi öngörülmektedir. Uluslararası ticaretin istikrarlı para birimi ile yapılabilmesi için Keynes, aynı zamanda küresel merkez bankaları tarafından kontrol edilen rezerv para biriminin oluşturulması amaçlamıştır.[150]

Milton Friedman'da, uluslararası ticaretin serbest olması gerektiğini, uluslararası ticaret aracılığıyla ise ülkelerin refah seviyesinin arttığını belirtmektedir. Friedman'a göre korumacılık politikaları, hem tüketiciler hem de ülke kaynaklarının etkin kullanılması açısından olumsuz bir durum ortaya çıkarmaktadır. Yüksek gümrük vergilerinin ülkeler arasındaki mal ve hizmet akımını engellediğinden kaynakların etkin kullanımını sınırlandırdığını vurgulamaktadır. Böylelikle, dış ticaretin kontrol edilmesi sonucunda; verimsiz üreticiler korunarak, tüketicilerin pahalı ve kalitesiz mal kullanımına engel olunamamaktadır.[151]

Uluslararası ticaret teorilerinde sabit kur yerine kurların serbest olması gerektiğini belirtmiştir. Kurların sabit olması durumunda ülkelerin tek başına bağımsız bir para politikası uygulayamayacağını, enflasyonu kontrol edemeyeceğini belirtmiştir. Böylelikle serbest kurlar, ticarette hükümet müdahalesinin daha az olduğu, istikrarlı bir durum olarak ortaya çıkmaktadır.[152]

5.2. İktisadi Kalkınmayı Etkileyen Sanayileşme Stratejileri

Ülkelerin ekonomik gelişimlerini etkileyen birincil ihracata yönelik, ithal ikameci ve ihracata yönelik kalkınma stratejisi olmak üzere üç çeşit kalkınma stratejisi bulunmaktadır.

---

150 Natalie Goldstein, **Global Issues: Globalization And Free Trade**, Infobase Publishing, Newyork, 2007,19

151 Arif Ersoy, **İktisadi Teoriler ve Düşünceler Tarihi**, Nobel Yayın Dağıtım Ltd. Şti, Ankara, 2008, s.584

152 K. Alec Chrystal, **International Monetary Arrangements and International Trade Does The Monetary Regime Matter?**,The Economics and Politics of International Trade, Freedom and Trade Volume 2, Gary Cook (ed.),Routledge, Londra,1998,s. 43

5.2.1. Birincil İhracata Yönelik Kalkınma Stratejileri

Birincil ihracata yönelik kalkınma stratejisinde, ülkenin kaynağının temelini oluşturan ve rekabet avantajına sahip olduğu birkaç malın üretimini arttırarak, ihracatta artış sağlamak, artan ihracata bağlı olarak da imalat ürünlerinin ithal edebilmesi amaçlanmaktadır. Dolayısıyla hükümet politikaları da bu yönde hazırlanmaktadır. Ticarete açıldığı zaman var ülkenin mevcut bulunan üretim faktörleri daha yoğun olarak kullanılacağından ülkenin gelişimine olumlu katkı sağlayacaktır. Birincil ihracata yönelik kalkınma stratejisi ile beraber ülkeye yabancı sermaye girişi olmakta; yabancı sermayeyi getiren firmalar aracılığıyla ülkedeki ihracat ile ilgili sektörler de artış yaşanmasının yanı sıra diğer sektörlerin gelişimini hızlandırmaktadır. Aynı zamanda birincil ihracata yönelik kalkınma stratejisi bağlantı etkisi (bir sektörde meydana gelen gelen genişlemenin diğer sektörleri de etkilemesi) sonucunda hem altyapı yatırımlarını arttırmakta hem de ilgili sektörlerdeki büyümeyi sağlayarak ekonominin istenen düzeye ulaşmasına katkıda bulunmaktadır. Ancak bu strateji ülkelerin geliri arttıkça daha az birincil mallardan talep etmesine ve yoğun bir şekilde üretildiği takdirde fiyat düşüşlerine, yani gelirin azalmasına neden olduğundan bazı durumlarda ekonomik kalkınmayı olumsuz yönde etkileyebilmektedir.[153]

5.2.2. İthal İkameci Kalkınma Stratejileri

İthal ikameci sanayileşme stratejisi, hızlı bir şekilde sanayileşmeyi gerçekleştirebilmek için yabancı mal ithalatına sınırlama getirilerek, yerli endüstrinin teşvik edilmesini amaçlamaktadır. İthal ikameci sanayileşme stratejisi ile bebek sanayi olarak adlandırılan bir veya birkaç endüstri korunarak yerli üretimin arttırılmasına çalışılmaktadır.[154]

İthal ikameci kalkınma stratejisi, başlangıçta belli ürünlerin ithalatına tarife ve kotalar uygulayarak kısıtlama getirilmekte, yerli sanayi aracılığıyla da bisiklet, radyo, hane halkının kullandığı elektrikli aletleri üretiminin gerçekleştirilmesi amaçlanmaktadır. Ancak yerli sanayiler çoğunlukla yabancı bir şirketle imtiyazlı ortaklık ilişkisine girerek yatırım ve vergi teşvikleri almak

---

[153] Steven L. Husted ve Michael Melvın, **International Economics,** Elit Kitabevi, İstanbul, 1997,ss.283-284

[154] Steve Husted ve Mıchael Melvın, a.g.e., s.286

suretiyle bu malları üretebilmektedir. Başlangıçta üretimin maliyeti ithalat fiyatlarına göre yüksek olmasına karşın, ithal ikameci sanayileşme stratejisi ile endüstrinin büyük ölçekli üretimden yarar sağlaması ve bunun sonucunda maliyetlerin düşmesi, ödemeler dengesinde daha az tüketim mallarının ithal edilmesi amaçlanmaktadır. Ayrıca bebek sanayi olarak adlandırılan yerli endüstrinin büyüyüp dünya piyasaları ile rekabet eder hale gelmesi ve ortalama üretim maliyetlerinin düşmesi ile beraber net ihracat kazançlarının ortaya çıkması ithal ikameci sanayileşme stratejisinin diğer yararları arasında sayılabilmektedir.[155]

İthal ikameci kalkınma stratejisi, sanayileşmenin gerçekleşmesi açısından başarısız olabilmektedir. Başarısız olmasının sebeplerinden birincisi, birçok ithal ikameci endüstrileri verimsiz ve maliyetli olabilmektedir. İkincisi, üretim sürecinde vergi ve yatırım teşviki alan yabancı şirketler bulunmaktadır. Mevcut yabancı şirketlerde kâr, faiz gelirlerini yurtdışına aktarmakta, çok az bir kısmını yabancı şirketle ortaklık kuran yerli endüstriye bırakmaktadır. Dolayısıyla yerli endüstrinin gelişimini engellemektedir. Üçüncü olarak, ithal ikame sanayileşme stratejisi geleneksel birincil mal ihracatını olumsuz etkilemektedir. Yerli imalatı teşvik etmek için ucuz ara ve sermaye malı ithalatı döviz kurunu yapay olarak arttırmaktadır. Böylelikle, ihraç edilecek malın fiyatın yükselmekte, ithal edilecek malın fiyatı ise düşmektedir. Bu durum, yerli çiftçilerin dünya piyasalarında daha az rekabet etmelerine, sermaye sahiplerinin kârını arttırarak serbest çalışan veya küçük çiftlerin gelirlerinin azalmasına neden olmaktadır.[156] Dördüncü bir neden de, ileri bağlantılı endüstrilerin kendi ürünlerini satın almaları sonucunda hem girdi maliyetleri artmakta hem de ona kaynak sağlayan yerli üretici olumsuz etkileyerek kendine yeten sanayileşmeye entegre olmuş firmaların ortaya çıkmasını engellemektedir.[157]

---

[155] Mıchael Todaro, a.g.e,ss. 465-466
[156] Mıchael Todaro a.g.e.,ss.468-469
[157] Mıchael Todaro, a.g.e.,s.471

5.2.3. Dışa Dönük Kalkınma Stratejileri

İthal ikameci kalkınma politikalarına karşın bazı gelişmekte olan ülkeler tarafından dışa dönük kalkınma politikaları geliştirilmiştir. Dışa dönük kalkınma politikaları, hükümetlerin rekabet avantajına sahip oldukları sektörlere yönelik politikaları içermektedir. Bir ülkede, düşük nitelikte emek yoğunluğu varsa; o ülkenin hükümeti emek yoğun ürünlerin ihracatını arttırmak için emek yoğun endüstrilerin gelişimini teşvik edecektir. Aynı zamanda dışa dönük kalkınma stratejileri, açık piyasaya yönelik politikalar içermekte, ihracat fiyatlarının dünya piyasalarında rekabet edebilir hale gelebilmesi için; döviz kurları değerinin altında belirlenmektedir. Ücret ve kiralardaki kıtlığı yansıtmak için minimum seviyelerde hükümet müdahalesi yer almaktadır. Ayrıca ihracattan daha fazla yarar sağlayabilmek amacıyla; dışa dönük kalkınma stratejisinde; iletişim ağlarının, limanların kullanımı ile düşük borçlanma ve vergi oranları da önemli arz etmektedir.[158]

5.3 Ortadoğu Ülkelerini Etkileyen Sanayileşme ve Kalkınma Stratejileri

Ortadoğu ülkelerinde ihracatın %80'den fazlasını petrol ürünleri oluşturmaktadır. Petrolün dışında tarımsal ürünler, hammadde ve mineral ihracatı da gerçekleşmektedir. Suriye pamuk, Ürdün gübre, Katar gaz ve Fas ise sebze gibi ürünleri ihraç etmektedir. Ortadoğu ülkelerinin sadece birkaç ürüne bağımlı kalmaları, hem dünya piyasaları ile entegre olmalarını engellemekte, hem de iç piyasalarını petrol piyasasının isteklerine maruz bırakmaktadır. Aynı zamanda bazı petrol ihraç eden ülkelerde reeksport aracılığıyla ihracatlarını çeşitlendirmeye çalışmaktadır.[159]

1970'li yıllar boyunca ticarete açık bir ekonomik yapı sergileyen, Ortadoğu ülkelerinin ticaret payına baktığımızda ise petrol ihraç eden ülkelerde %60 iken petrol ihraç etmeyen ülkelerde % 36 olarak gerçekleşmiştir. 1980 ve 1990'larda ise dış ticarete bağlı olarak daha düşük bir büyüme yapısı göstermektedir. Bu yıllarda, ticari korumacılığın artması sonucunda hem petrol

---

[158] Steve Husted ve Michael Melvın, a.g.e.,s.287

[159] Hossein Askari, a.g.e, s.153

ihraç eden hem de petrol ihraç etmeyen ülkeler açık ekonomik politikalar yerine daha fazla içe kapalı politikalar uygulamışlardır. Ticari sınırlamalar, 1975 ile 1985 yılları arasında Suriye, Mısır ve İran'da oldukça yüksek seviyelerde gerçekleşmiştir. 2000'li yıllara gelindiğinde ise, Mısır, Yemen, Suudi Arabistan, Ürdün ve Lübnan'da tarife oranlarında azalmaya gidilmiştir. İran'da 2000 ile 2004 yılları arasında yaklaşık olarak %40'dan %20'ye ortalama tarife oranları indirilerek ticaret reformu gerçekleştirilmiştir. Tarife dışı engeller ticaret açısından önemli bir engel olarak görülmekte, bölgede ortalama tarife oranları 2000'li yıllarda %19 iken tarife dışı engeller, %23'ten daha fazlasını oluşturmaktadır. Tarife dışı engeller ise fiyat kontrol, anti-damping, ithalat lisansları ve kotaları ile telafi edici gümrük vergileri şeklinde olabilmektedir.[160]

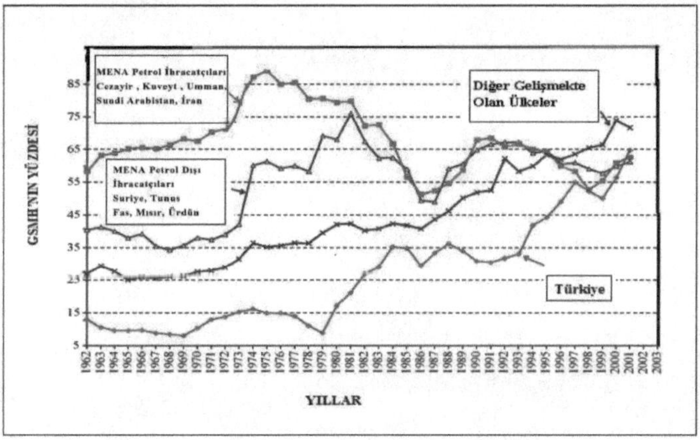

*Sadece Kuzey Afrika ve Ortadoğu uzun dönem ticaret verilerini içermektedir.

Şekil 1: Ortadoğu ve Kuzey Afrika Ülkelerinin GSMH'daki İthalat ve İhracat Payı

Kaynak: H. S Esfahani and Lyn Squire, **Explaining Trade Policy in The Middle East and North Africa,** Forthcoming Quartely Review of Economics and Finance (2007), https://netfiles.uiuc.edu/esfahani/www/IndexFiles/MNA%20Openness.pdf s.2 (10.01.2011)

[160] Julia C. Devlin, **Challenges of Economic Development in The Middle East and North Africa**, , World Scientific Publishing, Singapur, 2010,ss.310-311

Yukarıdaki **Şekil 1'de** Kuzey Afrika ve Ortadoğu Bölgesi'nde yıllara göre ticaretin payı görülmektedir. Şekil 1'de görüldüğü gibi petrol ihraç eden ülkelerde, 1960 ve 1970li yıllarda petrolde meydana gelen artışa bağlı olarak ticaretin Gayri Safi Milli Hâsıladaki payı artış göstermiş, 1980 ve 1990'li yıllarda artan korumacılığa bağlı olarak ticaretin payı %85'lerden %55'lere düşmüştür. Hatta ihracat artışı sonucunda petrol ihraç etmeyen ülkelere işçi havaleleri ve transferler akışı olmuştur. Petrol ihraç etmeyen diğer ülkelerde, ticaretin payı 1980'lere kadar yüksek bir seyir izlemekle beraber koruma politikalarının yüksek seviyede olması nedeniyle, 1982 yılından sonra yaklaşık olarak %45'lere kadar düşmektedir. 2000'li yıllara gelindiğinde hem petrol ihraç eden hem de petrol dışı mal ihraç eden ülkelerde küresel dünya ile bütünleşme amaçlandığından daha serbestçi politikalar uygulamaya çalışmaktadırlar.

ÜÇÜNCÜ BÖLÜM

SUUDİ ARABİSTAN VE BİRLEŞİK ARAP EMİRLİKLERİ'NİN ENERJİ GELİRLERİNİN SOSYAL VE EKONOMİK KALKINMA STRATEJİLERİNE ETKİSİ

3. SUUDİ ARABİSTAN'IN EKONOMİK YAPISI VE EKONOMİK KALKINMA PLANLARI

3.1. Suudi Arabistan'ın Ekonomik Yapısı

Suudi Arabistan'ın ekonomisi tek bir kaynağa bağlı olarak gerçekleşmekte, ekonomik reform çabaları ve kalkınma planları da petrole bağlı olarak inşa edilmektedir. Ülkenin ekonomik performansının belirlenmesinde petrol gelirleri ve hükümetin bütçe politikaları etkili olmaktadır. Ayrıca, ekonominin belirleyici diğer önemli bir unsuru ise hem petrol ile diğer endüstrilerin bağlantısını sağlayabilmek, hem de petrol gelirlerindeki artışa ya da azalışa ilişkin olarak ekonomik büyümeyi gerçekleştirebilmektir.[161] Dolayısıyla Suudi Arabistan hükümeti, petrol dışındaki diğer sektörleri geliştirerek ekonomiyi petrole bağımlılıktan kurtarmaya çalışmaktadır.

Aşağıdaki Şekil 2'de Suudi Arabistan'ın yıllara göre Gayrisafi Yurt İçi Hâsılasındaki değişim değerleri gösterilmektedir. 1970 ile 1982 yılları arasında petrol fiyatlarında meydana gelen artış sonucunda, hükümetin altyapı yatırımlarında yapmış olduğu yatırımlar, özel sektörün artan talebi ile birlikte, yüksek kişi başına gelir, Gayri Safi Yurt İçi Hâsılanın artışında önemli rol oynamıştır. 1987 yılında petrol fiyatlarında meydana gelen azalma ile beraber milli gelir yaklaşık 410 milyar Suudi riyali olarak gerçekleşmiştir. 1990-1995 yılları arasında **Şekil 2'e göre** Gayrisafi Yurt İçi Hâsıla artışı petrol fiyatlarının azalmaya devam etmesi ve bütçe kısıtlamaları nedeniyle sabit kalmıştır. 2000 yılından itibaren Suudi Arabistan hükümeti özel sektör büyümenin motoru olarak gördüğünden serbestleşme politikalarına ve sermaye piyasası reformlarına ağırlık vermiştir. Böylelikle doğrudan yabancı sermaye çekmek ve yurtdışında Suudi sermayesinin oluşumu amaçlanmıştır. 2003 yılından sonra petrol fiyatlarında

---

[161] Mohamed A. Ramady, **The Saudi Arabian Economy, Policies, Achievements, and Challenges**, 2. Baskı, Springer Science + Business Media, Newyork, 2010,s.27

meydana gelen patlama sonucunda 2008 itibariyle Gayri Safi Yurtiçi Hâsıla 839.038 milyar riyale ulaşmıştır. 2009 yılında ise, finansal kriz ile beraber yabancı sermaye girişlerinin ve yerel varlıkların fiyatlarının azalması, hükümet gelirlerini olumsuz yönde etkilemiş, hükümetin tasarruf politikası uygulamasına neden olmuştur.[162]

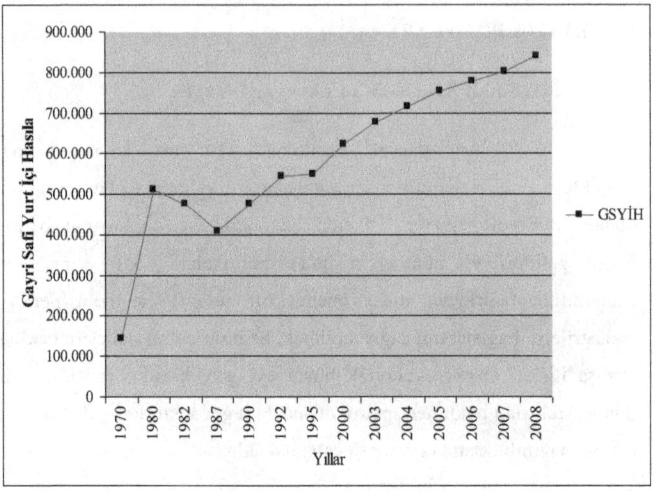

Şekil 2: 1970-2008 Yılları Arasında Suudi Arabistan'da Gayri Safi Yurt İçi Hâsıladaki Değişim (Suudi Riyali Milyar, 1999= 100 sabit fiyatlarla)

Kaynak: SAMA, 2009 verilerinden düzenlenmiştir. www.sama.gov.sa (12.01.2010)

[162] Mohamed A. Ramady, a.g.e. s.28

Tablo 10
Yıllara Göre Suudi Arabistan'da Gayri Safi Yurt İçi Hâsılanın Sektörlere Göre Durumu (Milyar Suudi Riyali)

Sabit 1999 Fiyatları ile Yıllar	Gayri Safi Yurt İçi Hâsıla	Petrol Sektörü	Petrol Dışı Sektör		
			Toplam	Özel*	Kamu
1970	145.037	95.362	49.675	18.753	30.922
1974	347.508	205.987	141.521	88.400	53.121
1980	512.403	245.843	266.560	187.841	78.719
1982	476.916	167.454	309.461	222.289	87.172
1987	408.752	116.103	292.649	190.081	102.568
1990	476.225	170.076	306.149	197.041	109.108
1992	542.726	214.109	328.617	208.908	119.709
1995	549.962	206.972	342.990	217.644	125.346
2000	623.237	212.652	410.585	266.437	144.148
2001	629.265	204.365	424.900	276.254	148.646
2002	629.772	189.112	440.660	287.667	152.992
2003	678.183	221.545	456.638	298.970	157.668
2004	713.899	236.459	477.440	314.924	162.516
2005	753.532	251.191	502.341	333.307	169.034
2006	777.249	249.281	527.968	353.696	174.272
2007	803.011	250.422	552.588	373.075	179.513
2008	839.038	262.499	576.539	390.656	185.183

Kaynak: SAMA verilerinden düzenlenmiştir. www.sama.gov.sa (12.01.2011)

1 ABD Doları ($) = 3,7503 Suudi Riyali

* Tarım, ticaret, endüstri, inşaat, finansal ve ticari hizmetler, ulaşım ve diğer hizmetler

Yukarıdaki **Tablo 10'da** yıllara göre Suudi Arabistan'da Gayri Safi Yurt İçi Hâsılanın sektörlere göre durumu belirtilmektedir. Tablo 10'da görüldüğü gibi, 1974 petrol krizi ile beraber, Gayri Safi Yurt İçi Hâsıla 347.508 milyar Suudi Riyaline yükselmiştir. Bu gelirin 205.987'lik kısmını petrol sektörü oluştururken; geri kalanı petrol dışı sektörlerden gelmektedir. Ancak tabloda görüldüğü üzere, 1982 yılından itibaren petrol dışı sektörler Gayri Safi Yurt İçi Hâsıla üzerinde daha etkin olmakta, yıllar itibariyle artış göstermektedir. İnşaat, finansal hizmetlerde, toptan ve perakende ticarette ve petrol rafineciliğinde meydana gelen artışlar son yıllarda, Suudi Arabistan gelirinin önemli büyük bir kısmını oluşturmaktadır. Petrol fiyatlarında meydana gelen düşüşe rağmen, petrol dışındaki sektörlerin toplam geliri, 1987 yılında 292.649 milyar Suudi riyaline, 1995 yılında 342.990'a 2005 yılında petrol sektöründen elde edilen gelire göre, %60 artarak 502.341 milyar Suudi Riyaline yükselmiştir.

3.2. Suudi Arabistan'da Ekonomik Kalkınma Planları

Suudi Arabistan'ın yapmış olduğu 9 adet ekonomik kalkınma planları bulunmaktadır. Bu planlar şu şekilde belirtilebilmektedir.

- Birinci Kalkınma Planı **(1970-1975)**
- İkinci Kalkınma Planı **(1975-1980)**
- Üçüncü Kalkınma Planı **(1980-1985)**
- Dördüncü Kalkınma Planı **(1985-1990)**
- Beşinci Kalkınma Planı **(1990-1995)**
- Altıncı Kalkınma Planı **(1995-2000)**
- Yedinci Kalkınma Planı **(2000-2004)**
- Sekizinci Kalkınma Planı **(2004-2009)**
- Dokuzuncu Kalkınma Planı **(2010-2014)**

3.2.1. Birinci Beş Yıllık Kalkınma Planı (1970-1975)

Birinci Kalkınma Planında, Suudi Arabistan'ın dini ve ahlaki değerlerini devam ettirmek, insanların refah ve hayat seviyelerini yükseltmek, ekonomik ve sosyal istikrarı sağlamaktır. Bunların başarılabilmesi için, Gayri Safi Milli Hâsıladaki büyüme oranlarının arttırılması, toplumun çeşitli seviyelerdeki insanlarının üretime katkıda bulunabilmesi amacıyla geliştirilmesi ve kalkınma sürecine dahi edilmesi, aynı zamanda ulusal gelirdeki kaynakları çeşitlendirerek petrole olan bağımlılığı azaltmayı, diğer sektörlerin payını arttırmayı amaçlamışlardır.[163]

Suudi Arabistan, birinci kalkınma planını gerçekleştirebilmek için, yaklaşık 41.313 milyon Suudi riyali para ayırmıştır. **Aşağıdaki Tablo 11**'de sektörlere göre ayrılan toplam para miktarı ve yüzdelik dilimler gösterilmektedir.

---

[163] **Birinci Kalkınma Planı**, www.mep.gov.sa, s.23 (13.01.2010)86421"

Tablo 11

Suudi Arabistan'da Birinci Kalkınma Planına Göre Sektörlerin Durumu

	Yıllar	Planla Birlikte		Planın Sonunda
	1969-1970 (%)	Miktar (Suudi Riyali Milyon)	Yüzde %	Yüzde %
Yönetim	22,3	7.717.4	18,6	18,3
Savunma	30,7	9.555.0	23,1	21,3
Eğitim, Mesleki Eğitim, Kültürel İlişkiler	12	7.377.7	17,8	21,7
Sağlık ve Sosyal İlişkiler	4,4	1921,1	4,7	5
Kamu Hizmetleri ve Kırsal Kalkınma	9,7	4.572.3	11,1	10,9
Ulaşım ve İletişim	15,7	7.476.5	18,1	16
Endüstri	1,4	1.098.5	2,7	2,7
Tarım	3,6	1.467.7	3,6	3,8
Ticaret ve Hizmetler	0,2	127,3	0,3	0,3
Toplam	100	41.313.5	100	100

Kaynak: Ekonomi ve Planlama Bakanlığı sitesinden düzenlenmiştir. www.mep.gov.sa (13.01.2011)

Yukarıdaki **Tablo 11'de** görüldüğü üzere %23,1 ile en yüksek pay savunmaya ayrılırken, ikinci sırada yönetime, %18,6 üçüncü sırada ulaşım ve iletişim hizmetlerine %18,1 eğitim mesleki eğitim ve kültürel ilişkilere ise %17,8 pay ayrılmıştır. Sağlık ve sosyal ilişkilerin payı %4,7 iken, endüstriyel gelişme için bu oran %2,7 olarak gerçekleşmiştir. Tabloya göre, 1969-1970 yılları arasında savunmanın payı %30,7 iken, planla beraber bu oranın düşürüldüğü ve eğitim payının planın son yıllarında savunmanın payının geçtiği görülmektedir. Sağlık hizmetlerinde planın son yıllarında %0,3'lük artış olmakla beraber, ticaret ve hizmetler ile endüstrinin payı aynı kalmış, kamu hizmetleri ve ulaşım hizmetlerinin payı planının ilk zamanlarına göre azaltılmıştır.

3.2.2. İkinci Beş Yıllık Kalkınma Planı (1975-1980)

Suudi Arabistan'ın ikinci beş yıllık kalkınma planında, ülkenin ahlaki ve dini değerlerini sürdürmenin dışında, ülkenin savunmasını ve iç güvenliğini temin etmek, petrol ihracatına olan bağımlılığı azaltmak, ekonomik kaynakları geliştirerek yüksek büyüme oranları devam ettirmek, tükenebilir kaynakları muhafaza etmek ve petrolden elde edilen kazançları maksimize etmektir. Planda yer alan diğer unsurlar, eğitim ve sağlık standartlarını yükseltmek, amaçlanan hedefler doğrultusunda altyapıyı geliştirmek, toplumun tüm grupların refah seviyesini arttırmak olarak belirtilebilmektedir.[164]

İkinci Beş Yıllık Kalkınma Planında **(İBKP)** Suudi Arabistan'ın ayırmış olduğu pay, 1974-1975 fiyatlarıyla 498 milyon Suudi riyali olarak belirlenmiştir. 318.416.3 milyonluk kısmı, ekonomik, sosyal, insan kaynakları ve altyapı gelişimini oluştururken, geri kalanı savunma, yönetim ve diğer yardım ve teşviklere ayrılmıştır. Aşağıda Tablo 12'de ekonomik, sosyal, insan kaynakları ve altyapı gelişimi için ayrılan pay gösterilmektedir.

Tablo 12
İkinci Kalkınma Planında Kaynaklara Ayrılan Payların Miktarı

Suudi Riyali (milyon)	
Ekonomik Gelişme	92.135.4
Sosyal Gelişme	80.123.9
İnsan Kaynakları Gelişimi	33.212.8
Altyapı Gelişimi	112.944.6
Toplam	318.416.3

Kaynak: www.mep.gov.sa (13.01.2011)

Ekonomik gelişimlerin içerisinde, ülkedeki su potansiyeli arttırmak önemli yer tutmaktadır. Tuzdan arındırılmış su, ülkenin doğu batı kıyılarındaki şehir merkezleri ile endüstriyel alanlarda ana kaynak olarak görülmektedir. Kızıldeniz'den her gün yaklaşık 209.000 metre küp ve Arap körfezinden ise 305.000 metre küp su elde etmek için projeler geliştirilmektedir. Tarımsal açıdan

[164] **İkinci Beş Yıllık Kalkınma Planı**,www.mep.gov.sa, s.4, (13.01.2010)

Suudi Arabistan en fazla su kullanımına sahip ülke konumundadır. Geliştirilen projeler ile hem su kaynaklarını geliştirmeyi, hem de tarımsal ürün kapasitesini arttırmayı amaçlamaktadır. Ancak o dönemde Suudi Arabistan'ın tarımsal alanı 121.000 hektar olmasına karşın, yapılan projeler ile sadece 50.000 hektarın sulanması öngörülebilmiştir.[165] Petrol üretimini arttırmak, diğer ticari potansiyele sahip mineral kaynakların araştırmak ve buna yönelik çalışmalar yapmak ikinci beş yıllık kalkınma planının hedefleri arasında yer almaktadır. Planda, entegre elektrik sistemi ile elektrik kapasitesine 3300 megavat/saat daha eklenmesi ve 3.500 kilometre elektrik geçiş hattının entegre olmayan sisteme aktarılmasıyla beraber 1.6 milyon kişiye elektrik hizmetinin verilmesi amaçlanmaktadır. Tek bir kaynağa bağlılığı önlemek için ticaret, inşaat gibi petrol dışı sektörlere yatırım yaparak Suudi Arabistan hükümeti, kaynak çeşitliliği yaratmaya çalışmaktadır.[166]

Sosyal gelişim hedeflerinde; aile ve toplumun refahının sağlanması, sağlık hizmetleri, sosyal, hizmetler, transfer ödemeleri, sigorta, gençler ve bedeviler için özel hizmetlerin gerçekleştirilmesi amaçlanmaktadır. Suudi Arabistan hükümeti, bütün ülkede önleyici ve iyileştirmeye yönelik bir sağlık politikası hedeflemekle beraber, yaşlıların bakımı, konaklaması, çocuk yardımları gibi çalışmaları ekleyerek sosyal güvenliğe altyapı gelişimden sonra ciddi pay ayırmıştır. Ayrıca ikinci planda, işçilerin sosyal sigorta kapsamına alınması önem teşkil etmekte ve bu dönemde en az 250.000 kişinin sosyal sigortadan yararlanması hedeflenmektedir. Bedevilerin ekonomik ihtiyaçlarının yanı sıra; eğitim, sağlık, tarımsal ve sosyal ihtiyaçlarının karşılanması da hedeflenmektedir.[167]

Fiziksel altyapı yatırımları, **Tablo 12'de** görüldüğü gibi en fazla kaynak aktarılan alan olarak görülmektedir. Suudi Arabistan hükümet, birinci planda temel altyapı yatırımlarını gerçekleştirmeye çalışırken, ikinci planda daha verimli ve daha kaliteli yapılar yapmaya çalışmıştır. Böylelikle, yol, limanlar, posta hizmetleri, belediye hizmetleri ve Hac alanlarının güvenliğini sağlamaya yönelik projeler geliştirmişlerdir.

---

[165] **İkinci Kalkınma Planı,** Economy and Society Tomorrow, www.mep.gov.sa, s.91 (13.01.2011)
[166] **İkinci Kalkınma Planı,** www.mep.gov.sa, s.92 (13.01.2011)
[167] **İkinci Kalkınma Planı,** www.mep.gov.sa. s.96 (13.01.2011)

Tablo 13
Birinci ve İkinci Plana Göre Gayri Safi Yurt İçi Hâsılada Meydana Gelen Değişim
(Milyon Suudi Riyali)

(1974-1975 Fiyatlarıyla)					
Özel	**1969-1970**	**1974-1975**	**1979-1980**	**Birinci Planda Artış (%)**	**İkinci Planda Artış (%)**
Tarım	1,181.0	1.409.0	1,714.3	19	22
Ham Petrol ve Doğalgaz	52.197.7	121.232.0	195.199.5	134	61
Diğer Mineral ve Taşçılık	67.7	175.3	352.6	160	101
Petrol Rafinericiliği	6.118.8	7.494.7	9.565.5	22	28
Diğer İmalatçılık	517.5	901.8	1.736.3	74	92
Elektrik, Gaz, Su ve Sağlık Hizmetleri	177.5	333.3	670.4	88	101
İnşaat	1.867.8	4.362	8.773.7	134	101
Toptan ve Perakende Ticaret, Restaurant ve Oteller	1.460.8	2.580.0	5.189.4	77	101
Ulaşım, İletişim ve Depolama Hizmetleri	1.801.5	3.637.8	7.317.1	101	101
Konut Sahipliği	1.222.9	1.636.7	2.190.2	34	34
Finans, Sigorta, Emlak ve Diğer Ticari Hizmetler	603	895.2	1.800.6	49	101
Toplum, Sosyal ve Personel Hizmetleri	345.5	522.4	1.005.8	51	92
İzafi Banka Hizmetleri	69.0	63	63		
Toplam	67.492.7	145.117.2	235.452.4	115	62
Kamu					
Eğitim	529.7	1.026.8	1.960.0	94	91
Sağlık	120.6	256.5	515.9	113	101
Kamu Yönetimi	920.9	1.291.4	2,079.8	41	61
Savunma	769.3	1.025.4	2.062.5	33	101
Toplam	2.340.5	3.600.1	6.618.2	55	84
GSYİH (İthalat vergileri dışında)	69.833.2	148.717.3	242.070.6	112	64

Kaynak: Ekonomi ve Kalkınma Bakanlığı İkinci Kalkınma Planı verilerinden düzenlenmiştir. www.mep.gov.sa,(13.01.2011)

Yukarıdaki **Tablo 13'de** Birinci ve İkinci kalkınma Planına göre 1974-1975 sabit fiyatlarıyla Gayri Safi Yurt İçi Hâsıladaki ve sektörlerdeki değişim gösterilmektedir. Birinci plana göre, en fazla artış yaşayan sektörler ham petrol ve doğalgaz, inşaat, taşçılık ve madencilik sektörleri olmuştur. 1974 yılındaki petrol krizine bağlı olarak petrol gelirleri artmış, artan gelirler sonucunda, gerekli altyapı projelerini sağlayabilmek amacıyla inşaat sektöründe aynı şekilde %134 bir büyüme gerçekleşmiştir. Ayrıca birinci plan döneminde inşaat sektörüne bağlı olarak diğer minerallerin (alçı, kil, kum, kireçtaşı, çimento) payında da %160'ler seviyesinde bir artış görülmüştür. Artan inşaat ve tarımsal projeler diğer sektörleri de etkileyerek 1974-1975 yılında elektrik, gaz ve su hizmetlerinin payını %88 arttırmış, 1979-1980 yılında devam eden projeler nedeniyle bu sektörlerdeki tüketim artışı devam ederek, bir önceki plana göre %101 büyümüştür. Ülkenin gelirlerinin artışına bağlı olarak toplumun ihtiyaçlarını karşılamaya yönelik (eğitim, sağlık, kişisel hizmetler) hizmetlerde artış yaşanmıştır. Özellikle doktor ve diğer sağlık görevlilerini arttırmaya yönelik çabalar ile sanayiye nitelikli işgücü kazandırmak için yapılan çalışmalar hem eğitim hem de sağlık sektöründe sırasıyla %94 ve %101 oranlarında artış sağlamıştır.

Gelirdeki artışa bağlı olarak parayı biriktirme aracı olarak, bankacılık ve finansal hizmetlerde ikinci plana göre %100 üzerinde bir büyüme olmuş, aynı zamanda ticari faaliyetlerdeki gelişmeler sonucunda (yeni mağazaların ve şubelerin açılması) toptan ve perakende ticarette de bir önceki döneme göre aynı oranda bir büyüme gerçekleşmiştir. Tarım sektöründeki gelişmeler, diğer sektörlere göre daha sınırlı düzeyde kalarak birinci planda %19 ikinci planda ise %22'lik bir artış meydana gelmiştir. Gayri Safi Yurt İçi Hâsıla (gümrük vergileri hariç) 1974-1975 yıllarında %112 bir artış meydana gelirken, ham petrol ve doğalgaz gelirlerindeki yaklaşık %50'ye yakın bir düşme ile beraber %64'e indiği söylenebilir.

3.2.3. Üçüncü Beş Yıllık Kalkınma Planı (1980-1985)

Üçüncü beş yıllık kalkınma planında, ekonomide yapışal değişimi sağlamak, (yapısal değişim olarak, petrol ve gaz üretimi ile diğer tarım, madencilik, endüstri ve diğer altyapı alanlarını geliştirmek) ekonomik ve yönetimsel olarak, (dört alana ayrılmış olan; (i) yönetimsel gelişim, (ii) işgücünün gelişimi (eğitim), (iii) bütçe yönetimi, (iv) ulusal sermayenin korunmasına yöneliktir.) verimliliği arttırmak, gelişim sürecinde sosyal hizmetleri ülkenin bütününe yaymayı amaçlamaktır. Ayrıca, Suudi Arabistan hükümeti enflasyonu kontrol etmek ve teşvik seviyesini minimize etmeyi de hedeflemektedir.[168] **Aşağıdaki Tablo 14'de** Üçüncü Plan süresince yıllara göre Suudi Arabistan'ın elde ettiği gelir ve harcamalar görülmektedir.

Tablo 14
Üçüncü Plan Süresince Suudi Arabistan'ın Gelir ve Harcamaları (Milyar Suudi Riyali)

	1980-1981	**1981-1982**	**1982-1983**	**1983-1984**	**1984-1985**	**Üçüncü Plan Toplam**
Gelir						
Petrol	319.3	328.6	186	128	118	1079.9
Diğerleri	28,9	39.4	60.2	62.8	57	248.3
Toplam	348.2	368	246.2	190.8	175	1.328.2
Harcamalar						
Proje	123.1	140.7	125.7	112.7	100	602.2
Diğerleri	113.5	144	119.2	110.5	120	607.2
Toplam	236.6	284.7	244.9	223.2	220	1.209.4

Kaynak: Ekonomi ve Kalkınma Bakanlığı/Dördüncü Kalkınma Planı,www.mep.gov.sa.(13.01.2011)

Yukarıdaki **Tablo 14'de** görüldüğü üzere Suudi Arabistan'ın petrolden elde ettiği gelir üçüncü plan boyunca azalma göstermiş, petrol dışı sektörlerde ise artış yaşanmıştır. Harcamaların gelirdeki artışa bağlı olarak 1981-1982 yılında en yüksek düzeye çıktığı, 1982 yılından sonra petrol gelirlerindeki azalmaya bağlı olarak proje ve diğerleri için düşünülen harcamaların azaldığı görülmektedir.

[168] **Dördüncü Kalkınma Planı**, www.mep.gov.sa, s.11,(14.01.2011)

Tablo 15
Üçüncü Planda Sektörler Aracılığıyla Gayri Safi Yurt İçi Hâsıla

	Geçerli Fiyatlarla Değeri (SR milyon)		Ortalama Yıllık Büyüme (1979-1980 fiyatlarıyla)	
	1979-1980	**1984-1985**	**Planlı**	**Gerçekleşen**
Üretim Sektörleri				
Tarım	4.648.3	10.575.3	5,4	8,7
Madencilik	1.360.7	1.594.5	9,8	5,7
İmalatçılık	6.466.5	13.533.6	18,8	14,1
Altyapı Hizmetleri	270.8	(-1.486.9)*	29,5	24
İnşaat	43.107.6	45.541.4	(-2,5)	(-1,4)
Hizmet Sektörleri				
Ticaret	17.759.7	27.591.5	8,4	8,8
Ulaşım	15.748.6	23.430.6	12,9	7,1
Emlak	10.962.3	12.394.9	7,3**	2,1
Finans***	4.574.5	16.695.6	-	13,1
Diğer Hizmetler	5.260.4	11.057.1	3	7,9
Hükümet	23.383.8	54.700.1	7,2	5,8
Ara Toplam	133.543.2	215.627.7	6,2	5,1
Petrol Sektörleri	250.046.4	142.488.5	1,4	(-14,6)
Gayri Safi Yurt İçi Hasıla	383,589.6	358,116.2	3,2	(-5,8)

Kaynak: Ekonomi ve Kalkınma Bakanlığı/Dördüncü Kalkınma Planı/www. mep.gov.sa.(14.01.2011)

* Sübvanse edilmiş üretici fiyatlarını yansıtmak için 1984-1985 yılına negatif değerler ekledi

** Birleşmiş Finans Hizmetleri ve Emlak için Planlı Büyüme

*** (-) İzafi Banka Hizmetleri

Üçüncü kalkınma planında Gayri Safi Yurt İçi Hâsılada sektörler itibariyle bazı değişiklikler yaşanmıştır. Suudi Arabistan hükümet, Üçüncü Plan çerçevesinde, ekonomide yapısal değişikliği sağlamak amacıyla tarım sektörünü, faizsiz borç para vererek, tarımsal girdilere ve tarımla ilgili projelere teşvikler sağlayarak, buğday ve hurma gibi ürünleri satın alarak desteklemiştir. Özellikle, **aşağıdaki Tablo 16'da** görüldüğü üzere, tarım sektörüne verilen toplam borçların yaklaşık olarak %87'si tarım bankası tarafından sağlanmıştır. Ticari bankaların payı ise 1980'de %13 iken, 1984'de %21'lere çıkmıştır. Ayrıca 1980-1981 ile 1983-1984 döneminde 435.000 hektar toprak dağıtılmıştır. Dağıtılan toprakların %35'i 10 büyük tarımsal şirkete, %40'ı 1456 tarım projesine kalan yaklaşık %25'lik kısım ise bireysel çiftçilere pay edilmiştir. Ortalama çiftliklerin sayısının artması, yüksek ürün elde edilen tohum kullanılması, sulama tekniklerinde meydana gelen değişiklikler tarımda verimliliği arttırarak hedeflenin üzerinde (%5,4'den %8,7'e) bir büyüme gerçekleşmesine neden olmuştur.[169]

İnşaat sektöründeki düşüşe bağlı olarak, inşaat malzemeleri üreten firmalara verilen lisanslar ile yiyecek ve içecek sektörüne verilen lisansların azalması ve Suudi Arabistan Yatırımı Geliştirme Fonunun her iki sektörde de borçlanma oranlarını düşürmesi, imalat sektörünü olumsuz etkilemiştir. Böylelikle imalat sektörünün payı planlanın altında %14,1 olarak gerçekleşmiştir. Diğer bir üretim sektörü olan inşaat sektöründe ise altyapı ve iskân projelerinin tamamlanmış olması sektörün payını azaltmış, yıllık büyüme oranı üçüncü plan çerçevesinde -1,4 olmuştur.

Hizmet sektörleri içerisinde ticari yatırımlarda meydana gelen artışlar sonucunda ticaretin payı planlananın üzerinde %8,8 olarak gerçekleşmiş, ekonomik faaliyetlerdeki genişlemeye bağlı olarak sermaye ihtiyacı artmış, artan sermaye ihtiyacı da finansal hizmetlerinin payını Üçüncü Plan döneminde %13'ler seviyesine çıkarmıştır. Ancak hem üretim hem de hizmet sektörlerinde plana göre daha az bir düşme yaşanmakla beraber, petrol sektörlerindeki %14,6 küçülme sonucunda bu dönemde Gayri Safi Milli Hâsıla planda %3,2 büyüme öngörülmesine karşın, %5,8 daralmıştır. **Yukarıdaki Tablo 15'de** sektörlerin GSMH'daki payı ve ortalama yıllık büyüme oranları ayrıntılı olarak görülmektedir.

Tablo 16
Üçüncü Plandaki 1979-1984 Yılları Arasında
Tarımsal Borçlar (SR milyon)

	1979-1980	**1980-1981**	**1981-1982**	**1982-1983**	**1983-1984**
Tarım Bankası (SAAB)	1.129	2.531	2.933	4.166	3.496
Ticari Bank	169	232	408	495	931
Toplam	1.298	2.763	3.341	4.661	4.427

Kaynak: www.mep.gov.sa(14.01.2011)

[169] **The Producing Sectors**, www.mep.gov.sa, s.184, (14.01.2011)

3.2.4. Dördüncü Beş Yıllık Kalkınma Planı (1985-1990)

Dördüncü Beş yıllık Kalkınma Planında, kaynakların etkili bir şekilde kullanılması, üretim sektörleri ile insan kaynakların gelişimi vurgulanmakla beraber, diğer yapısal değişiklerde ayrıntılı olarak ele alınmıştır. Dördüncü Kalkınma Planında yer alan maddeler aşağıda belirtilmektedir.[170]

- İslami değerleri gerektiği şekilde korumak, yaymak ve Allah'ın ilahi kanunlarını kabul etmek (Şeriat)
- İnanç ve millet kavramını savunmak, sosyal güvenliği ve sosyal istikrarı yükseltmek
- Eğitim, sağlık ve iskân sağlayarak ve işçilere çalışmaları karşılığında ödüller vererek onların daha verimli hale getirmek
- İnsan kaynaklarını geliştirmek, sabit bir işgücü sağlamak ve işçilerin sektörlerdeki verimliliğini arttırmak
- Kraliyetin gelişimine paralel olarak kültürel standartları yükseltmek
- Ulusal gelirin ana kaynağını oluşturan petrole olan bağımlılığı azaltmak
- Ekonomiyi çeşitlendirmek için ekonomideki yapısal değişikliklere devam etmek, özel sektörün hızla gelişimini teşvik etmek
- Genel olarak kalkınmayı sağlamak gerekli alt yapı yatırımlarını tamamlamak
- Arap Körfez İşbirliği Ülkeleri arasında ekonomik ve sosyal entegrasyonu başarmak
- Hükümet sektörünün ekonomik verimliliğini geliştirmek,

---

[170] Beşinci Ekonomi Kalkınma Planı, **Progress During Fourth Development Plan**, www.mep.gov.sa, s.17, (14.01.2011)

➢ Mineral kaynakları geliştirmek, keşiflerini ve kullanım oranlarını teşvik etmek

Yukarıdaki belirtilen maddeler için, Suudi Arabistan hükümeti, 1000 milyar Suudi Riyali ayrılmıştır. Üçüncü Plana göre gerçekleşen harcamaların yaklaşık olarak %23'den daha az bir pay ayrılmıştır. Dünya petrol piyasalarının kötüleşmesi; Suudi Arabistan Hükümetinin Dördüncü Ekonomik Kalkınma Planını gerçekleştirme hedeflerini etkilemiş, hükümetin harcamalarını %20 azaltarak uzun vadeli ekonomik kaynakları çeşitlendirmeye yönelik politikaların tekrar gözden geçirilmesine neden olmuştur. Ayrıca bu döneme hükümet uluslararası petrol piyasalarına bağlı olarak, ödemeler dengesi açığı ve bütçe açıkları ile karşılaşmıştır.

Tablo 17
Dördüncü Kalkınma Planında Ayrılan Harcama Miktarları*

	Dağıtım		Gerçekleşen Harcamalar	
	Plan (%)	Gerçekleşen (%)**	Değeri (SR milyar)	Planın Yüzdesi
Ekonomik gelişme	26,1	19,9	64,5	49,3
İnsan Kaynakları	27,1	35,3	114,2	84,4
Sağlık ve sosyal gelişim	17,9	18,2	59,1	65,9
Ulaşım ve İletişim	15,4	15,6	50,6	65,8
Belediye ve Konaklama	13,5	11	35,7	53
Toplam	100.0	100.0	324,1	64,8

Kaynak: Beşinci Ekonomik Kalkınma Planı, www.mep.gov.sa, s.25 (14.01.2011)

* Hükümetin sahip olduğu uzman kredi enstitüleri hariç tutulmaktadır. (REDF, PIF, SIDF, SAAB, Suudi Kredi Bankası ve diğer kredi kuruluşları)

** Planının son iki yıllık tahminleridir.

Yukarıdaki **Tablo 17'de** görüldüğü üzere harcamaların en fazla arttığı alan insan kaynakları olup, planın yaklaşık %85'ini oluşturmaktadır. İkinci sırada sağlık ve sosyal gelişim, üçüncü sırada ulaşım ve iletişim yer almaktadır. Uluslararası petrol fiyatlarında meydana gelen azalmalar, belediye ve konaklama hizmetlerinin payını %13,5'dan %11'e düşürerek, harcamaların 35 milyar Riyal civarında gerçekleşmesine neden olmuştur. Hükümet harcamalarındaki azalma nedeniyle ekonomik çeşitlilik sağlanamamış, sadece petro-kimya ile tarım sektöründe ilerleme kaydedilmiştir. Dolayısıyla ekonomik gelişme için ayrılan pay planda %26 olarak düşünülmesine karşın, gerçekleşen yaklaşık %20 civarında olmuştur. Ekonomik gelişmeye yapılması planlanan harcamalar, insan kaynaklarına yapılandan sonra ikinci sırada olmasına rağmen, gerçekleşen harcamalar olarak yüzdelik oranda aldığı pay ile en son sırada yer almaktadır.

Tablo 18

Dördüncü Planda Sektörler İtibariyle Gayri Safi Yurt İçi Hâsıla

	Katma değer (geçerli fiyatlarla)		**Ortalama Yıllık Büyüme (1984-1985 Fiyatlarıyla)**	
	1984-1985	**1989-1990**	**Amaç**	**Gerçekleşen**
	SR milyar		**Yüzde**	
Üretim Sektörleri	85,3	84,5	3,7	0,7
Tarım	11,6	22,8	6	13,8
Diğer Madencilik	1,9	1,8	3	(1,4)
İmalat	27,4	25	10,9	3,9
Petrol Rafinericiliği[1]	13,8	9,9	5,6	5,3
Petro- Kimya	0,5	5,7	64,1	55,5
Diğer İmalatçılık	13,1	9,4	10,5	(4,6)
Kamu Hizmetleri[2]	(0,6)	0,8	5.0	5,7
İnşaat	45	34,2	(2,8)	(6,7)
Hizmet Sektörleri	94,4	78,6	3,8	(2,6)
Ticaret	30,4	27,4	2,5	(1,5)
Ulaşım, İletişim	23,8	21,4	5.0	(1,9)
Emlak	13,1	6,1	0	(6,5)
Finansal ve Ticari Hizmetleri	17,4	13,7	9	(4,8)
Toplum ve Kişisel Hizmetler	9,7	10	3,5	0,5
Hükümet Hizmetleri	52,1	56,8	0	1,5
Ara Toplam (Petrol Dışı Sektörler)	231,8	220	-	-
Ham Petrol ve Doğalgaz Sektörü	120,3	60,2	5,6	1
Gayri Safi Yurt İçi Hâsıla (Gümrük vergileri hariç)	352,1	280,2	4	0,1

Kaynak: Beşinci Ekonomik Kalkınma Planı,www.mep.gov.sa, s.26 (14.01.2011)

1) Ham petrol, doğalgaz sektörü ve petrol rafinericiliği için her yıl için %5,6 büyüme hedeflenmiştir.

2) 1984-1985 yılları için katma değer negatiftir(Elde edilen gelir teçhizat maliyetlerini kapsamamaktadır.

Yukarıdaki **Tablo 18'de** sektörler itibariyle Gayri Safi Yurt İçi Hâsılada meydana gelen değişmeler görülmektedir. Dünya petrol piyasalarındaki hareketlilik nedeniyle sektörde %5,6 büyüme öngörülmesine rağmen, büyüme %1 olarak gerçekleşmiştir. Üretim sektörleri içerisinde en fazla artışın olduğu sektörler Petro-kimya ve tarım sektörleridir. Tarım sektöründe, üretim maliyetlerinin düşmesi ile beraber, buğday, tahıl ve arpa üretiminde %3'lük artış meydana gelmiş ve buğday üretimi iç talebi aşmıştır. Tohum siloları ve un değirmenleri organizasyonu ile Suudi Arabistan Su ve Tarım bakanlığı birlikte, 3267 projeye lisans vermiş ve 1,2 milyonun üzerinde fide ise dağıtılmıştır. Bunların dışında, plan boyunca 1,1 milyon hektar toprak dağıtılmış ve plan sonunda üçte biri ekili olmak üzere, toplam tarımsal alanın miktarı 3,1 milyon hektara ulaşmıştır. Suudi Arabistan Hükümeti'nin tarım ürünlerinde fiyat desteğinde bulunması (buğday, arpa), tarımsal alanlara makine ve teçhizat sağlanması gibi etkenler (SAAB tarafından verilen borçlarla) tarım sektöründe planlanan hedefi aşarak %13,8'lik bir büyüme gerçekleşmesine neden olmuştur.[171]

Endüstri sektörüne yapılan harcamalar **aşağıdaki Tablo 19**'da görüldüğü üzere SABİC kredileri ile beraber 4.241 milyon Suudi Riyali olarak gerçekleşmiş, aynı dönemde tarım sektörüne yapılan harcamalar ise 10 milyon Suudi Riyali'ni aşmıştır. Endüstri sektörü içerisinde petrokimya alanında yapılan yeni yatırımlarla birlikte petrokimya alanında büyüme sağlanmış ancak, hedeflenen büyüme oranına (%64,1) ulaşılamamıştır. Dolayısıyla Dördüncü Plan döneminde tarım sektörüne göre, daha az gerçekleşen harcamalar endüstri sektöründeki büyüme hedeflerini yakalanmasını güçleştirdiği söylenebilir.

[171] **Fifth Development Plan/Producing Sectors**, www.mep.gov.sa, s.195, (14.01.2011)

Tablo 19
Endüstri Sektörüne Yapılan Harcamalar (Milyon Suudi Riyali)

Endüstri Sektörü Harcamaları	Dördüncü Plan Toplamı
Endüstri Bakanlığı	
İnşaat	600
Genel Merkez	294,5
Endüstriyel Eğitim	230
Operasyon ve Sürdürme	250
Endüstriyel Gelişim	100
İhracat Teşviki	82
Yatırım Öncesi Hizmetler	95
Halkla İlişkiler ve Promosyon	50
Çalışmalar ve Tetkikler	177,5
Ara Toplam	1,879
SABİC Kredileri	2,362

Kaynak: www.mep.gov.sa(14.01.2011)

Hükümetin inşaat projeleri ile ilgili harcamaları azaltması ve imalat ile madencilik sektöründe meydana gelen gelişmeler inşaat sektörünü olumsuz etkilemiş ve dördüncü plan döneminde **Tablo 19'da** görüldüğü üzere %6,7 bir daralma yaşanmıştır. Ekonomik durgunluğa bağlı olarak hizmet sektörlerinde %3,8'lik bir büyüme yerine %2,6 oranında küçülmüş, en fazla düşüş yaşayan sektörler ise emlak ve finans sektörleri olmuştur. Bu gelişmeler doğrultusunda Gayri Safi Yurt Içi Hasıla %0,1 azalarak 280.2 milyar Suudi Riyali olarak gerçekleşmiştir.

3.2.5. Beşinci Beş Yıllık Kalkınma Planı (1990-1995)

Dördüncü planda olduğu gibi beşinci planda amaçlanan bir takım hedefler bulunmaktadır. Bunlar aşağıdaki şekilde sıralanabilmektedir;[172]

- İnsan kaynaklarını geliştirmek, sabit bir işgücü arzı sağlamak, ulusal ekonominin ihtiyaçlarını karşılamak için verimliliği arttırmak ve kaliteyi yükseltmek

- Ulusal gelirin ana kaynağı olan ham petrol ihracatı ve üretimi üzerinde olan bağımlılığı azaltmak

---

[172] **Altıncı Beş Yıllık Kalkınma Planı/Progress During Fifth Development** Plan, www.mep.gov.sa, s.58, (14.01.2011)

- Suudi Arabistan ekonomisini çeşitlendirmeye devam etmek(tarım ve endüstride vurgulanmakla beraber)

- Mevcut hizmet ve faaliyetlerin performans seviyesini arttırarak kaliteli bir şekilde gelişimlerine odaklanmak

- Sosyo-ekonomik kalkınmada özel sektörün katılımını daha fazla sağlamak

3.2.6. Altıncı Beş Yıllık Kalkınma Planı (1995-2000)

Altıncı Beş Yıllık Kalkınma Planında, diğer kalkınma planlarında alınan kararlar aynı şekilde kabul edilmekle beraber, hazırlanmasında bazı durumlardan etkilenilmiştir. Bunlar; dünya petrol ve gaz piyasasında artan rekabet, büyük ekonomilerin resesyondan çıkmak için ticarette koruma politikalarına gitmeleri, yeni ticaret bloklarının oluşması, uluslararası ticarette bilimsel ve teknolojik gelişmelerin daha fazla üstünlük sağlaması ve doğal kaynakların öneminin göreceli olarak azalması, yabancı sermaye yatırımlarını çekmek için ülkeler arasında meydana gelen rekabet, (Doğu Asya, Doğu Avrupa ve Sovyetler Birliği'nden ayrılan yeni bağımsız devletler) gelişme süreçlerinde çevreye olan ilginin dünya kamuoyu tarafından artması, çevreyi korumak adına endüstriyel ülkelerin ham petrol ve doğal üzerine yeni tüketim vergileri koymayı amaçlamaları ve GATT'ın Uruguay Raundu'nun sonucu olarak belirtilebilmektedir.[173] (Suudi Arabistan hükümeti de katılmak için başvurmuştur.)

Suudi Arabistan hükümeti altıncı kalkınma planında önem verdiği konular; gelişim sürecinde Suudi işgücünün arttırılması, daha fazla ekonomik verimlilik ihtiyacı ve özel sektörün rolünün genişletilmesi şeklindedir. Altıncı Kalkınma Planında ekonomideki verimliliği ve rekabeti azaltmadan yabancı işgücünün azaltılarak yerine yerli işçilerin istihdam edilmesi planlanmaktadır. Bu amaçla da mesleki ve teknik eğitimleri arttırmak, ulusal ekonominin ihtiyaçlarını karşılamak için üniversitelerde uzmanlaşmış alanların kapasitesini arttırmak, özel sektör için gereken uzman işgücünü sağlayabilmek amacıyla eğitim çabalarını

---

[173] **Altıncı Beş Yıllık Kalkınma Planı/Main Objectives, Central Themes, Key Issues,** www.mep.gov.sa,ss.90-91, (14.01.2011)

desteklemek, Suudi kökenli olmayanların yerine Suudi vatandaşların istihdamı için özel sektöre istihdam fırsatları yaratması konusunda teşvik etmek gibi politikalar belirlemişlerdir.

Altıncı Beş Yıllık Kalkınma Planında odaklanılan bir başka konu da hem özel sektörde hem kamu sektöründe doğru bir şekilde fayda ve maliyet analizleri yapılarak ekonomik verimliliğe önem vermektir. Ekonominin uzun süreli devamlılığı sağlamak için özel sektörün rolünü arttırmak, kamu projelerinin finansmanı için özel yatırımların hareketliliğini hızlandırmak, anonim şirketlerin katılımını arttırmak ve imtiyazlı ortaklıklar aracılığıyla ileri teknoloji kullanımı sağlayacak yabancı sermaye yatırımlarını veya büyük ölçekli projeleri çekmek, Suudi Arabistan hükümetinin planda dikkat çektiği diğer konular arasında yer almaktadır. Böylelikle devletin payı azaltılarak özel sektörün rolü arttırılmaya çalışılmaktadır.[174]

Tablo 20
Beş ve Altıncı Kalkınma Planında Gerçekleşen Harcamalar

	Beşinci Plan (Planlanan ve Gerçekleşen)			**Altıncı Plan (Gerçekleşen)**	
	SR (milyar)	Gerçekleşen %	Planlanan %	SR(milyar)	Yüzde %
Ekonomik Kaynaklar	34,1	10	15,8	48,2	11,5
İnsan Kaynakları	164,6	48	39,1	216,6	51,5
Sosyal ve Sağlık Hizmetleri	68	20	17,9	87,5	20,8
Altyapı Hizmetleri	74,2	22	27,2	68,1	16,2
Toplam	340,9	100.0	100.0	420,4	100

Kaynak: Beş ve Altıncı Kalkınma Planlarından düzenlenmiştir.www.mep.gov.sa (14.01.2011)

Yukarıdaki Tablo 20'de beşinci ve altıncı kalkınma planlarında ekonomik, insan kaynakları, sosyal ve sağlık hizmetler ile altyapı hizmetlerine ayrılan harcamalar gösterilmektedir. Kuveyt savaşı ve Körfez krizi beşinci kalkınma planında hükümetin harcamalarını olumsuz etkilemiş, ekonomik kaynaklar için planlanan harcama %15,8 iken %10 olmuş, altyapı hizmetlerine ayrılan pay ise yaklaşık olarak %27 hedeflenmesine karşın, ancak planlanın

[174] **Altıncı Beş Yıllık Kalkınma Planı**,www.mep.gov.sa,ss.93-96, (14.01.2011)

%22'si gerçekleşmiştir. 1995-2000 yılları arasında uluslararası petrol fiyatlarında meydana gelen gelişmeler sonucunda gelir azalmış, harcamalar ise artmıştır. Dolayısıyla altyapı hizmetlerinde beşinci kalkınma planına göre yaklaşık %6'lık bir düşüş olmasına karşın, sosyal ve sağlık hizmetleri %20'ler civarında kalmıştır. Ekonomik kaynaklar için ayrılan harcamalar da %1,5 artarken, insan kaynaklarına ayrılan harcamalar %3,5 oranında artış göstermiştir. Beşinci Kalkınma Planında yaklaşık 341 milyar Suudi Riyal iken, altıncı kalkınma planında %24'lük artışla 420 milyar Suudi riyale ulaşmıştır.

3.2.7. Yedinci Beş Yıllık Kalkınma Planı (2000-2004)

Yedinci beş yıllık kalkınma planında, genel amaçlara ve stratejik hedeflere yönelik bir takım kararlar alınmıştır. Bunlar aşağıda şu şekilde belirtilebilmektedir;[175]

- Eğitim, yetiştirme, sağlık ve sosyal hizmetleri sağlayarak iş fırsatları yaratmak, ulusal işgücünün kapasitesini ve verimliliğini arttırmak, hızlı teknolojik gelişmeye karşın işgücü bilgi ve teknolojik niteliklerle donatmak

- Verimli varlıklara sahip olması konusunda vatandaşların geniş katılımını sağlamak, hem ulusal hem yabancı sermaye yatırımları aracılığıyla verimliliği ve ulusal ekonomideki rekabeti sağlamak amacıyla iç yatırımları desteklemek, böylelikle ulusal işgücünü arttırmak ve özelleştirme politikalarını tamamlamak

- Hükümetin organizasyonel verimliliğini arttırmak, yönetim ve finansal düzenlemeleri geliştirerek kamu hizmetleri ilerletmek

- Kamu ve özel sektör arasında işbirliğini güçlendirmek amacıyla yeniliğe ve yaratıcılığa dayalı ulusal bir bilim ve teknoloji oluşturarak teknolojik ilerlemeleri birleştirmek

- Uygun kaynakların dağıtımını ve faydasını sağlamak için verimliliği arttırmak

---

[175] **Sekizinci Kalkınma Planı**, www.mep.gov.sa, ss.2-3,(14.01.2011)

• Global ekonomik gelişmeleri dikkate alarak Suudi Arabistan'daki sosyo-ekonomik gelişimleri gözden geçirmek, buna uygun politikaları ve önlemleri almak ve dünyadaki ekonomik değişikliklere bağlı kalarak kalkınma politikalarının esnek olmasını sağlamak.

Tablo 21
Altıncı ve Yedinci Kalkınma Planına Göre İstihdam Oranları (Bin)

	1994	1999	2004	Ortalama Yıllık İstihdamda Büyüme Oranı 1994-1999 %	Ortalama Yıllık İstihdamın Büyüme Oranı 1999-2004 %
Üretim Sektörleri	2107.0	2442,1	2.927,6	1,5	3,69
Tarım	500,9	567,1	596,7	2,2	1,02
İmalat	530,9	638,5	650,6	2,1	0,38
Diğer Üretim Sektörleri	1075,2	1236,5	1680,3	0,9	6,3
Hizmet Sektörleri	4289,8	4704,4	5253,7	2,3	2,23
Özel	3429,5	3703,2	4148,3	2,5	2,29
Hükümet	860,3	1001,2	1105,4	1,3	1,99
Toplam Petrol Dışı Sektör	6396,8	7146,5	8181,3	2	2,74
Ham Petrol ve Gaz	93,1	83.8	100,5	1,2	3,7
Toplam	6489,4	7230,3	8281,8	2	2,75
Suudi	2544,8	2712,03	3536,3	4,5	5,45
Suudi Olmayan	3945,1	4518,27	4745,5	3	0,99

Kaynak: Altıncı ve Yedinci Kalkınma Planlarından derlenmiştir.www.mep.gov.sa (14.01.2011)

Yukarıdaki **Tablo 21'de** 1994-2004 yılları arasında sektörler itibariyle istihdam oranlarında meydana gelen değişiklikler gösterilmektedir. İstihdam yapısı içerisinde 1994-1999 yılları üretim sektörlerinin payında ortalama %1,5 artış sağlanırken, 1999-2004 yılları arasında bu oran %3,69'a çıkmıştır. Hizmet sektörlerinin payı ise bireysel ve toplumsal hizmetlerdeki artış sonucunda (hizmetçi ve şoför sayısındaki artış) önce %2,3'e yükselmiş, sonra 2,23'e düşmüştür. Petrol dışı sektörlerin istihdam payında başlangıçta ham petrol ve gaz sektörüne göre daha fazla büyüme olmasına karşın, 1999-2004 yılları arasında ham petrol ve doğalgaz sektörünün istihdam payında daha fazla artış olmuştur. Suudi Arabistan hükümetinin yabancı işgücü yerine yerli işgücünü arttırmaya yönelik politikalarına istinaden 10 yıllık süreç sonucunda başarılı olduğu söylenebilir. Suudi olmayan vatandaşların istihdam oranı yıllar itibariyle düşerken, işgücünde çalışan Suudi vatandaşların oranının %5,45 arttığı görülmektedir.

Tablo 22
Yedinci Kalkınma Planında Sektörler İtibariyle Gayri Safi Yurt İçi Hâsıla (SR Milyar)

Aktivite	Yıllar		Gayri Safi Yurtiçi Hâsıladaki Payı		GSYİH'nın Yıllık Büyüme
	1999	2004	1999	2004	Oranı %
Petrol Dışı Sektörler	433.193	525.267	71,7	73,5	3,9
Üretim Sektörleri	147.318	178.250	24,4	24,9	3,9
Tarım, Ormancılık ve Balıkçılık	34.443	38.005	5,7	5,3	2
Petrol Dışı Madencilik ve Taşçılık	2.464	2.723	0,4	0,4	2
İmalat Endüstrileri	62.8	79.476	10,4	11,1	4,8
Petrol Rafinericiliği	18.021	20.508	3	2,9	2,6
Petro-Kimya	6.000	7.352	1	1	4,1
Diğer İmalatçılık	38.779	51.616	6,4	7,2	5,9
Elektrik, Gaz ve Su	8.174	11.085	1,4	1,6	6,3
İnşaat	39.437	46.961	6,5	6,6	3,6
Hükümet Dışı Hizmet Sektörleri	169.086	211.953	28	29,6	4,6
Ticaret, Restaurantlar ve Hoteller	45.992	57.299	7,6	8	4,5
Ulaşım ve İletişim	27.893	36.674	4,6	5,1	5,6
Finans, Sigorta, Emlak ve Ticari Hizmetler	73.824	90.721	12,2	12,7	4,2
Emlak	42.221	48.822	7	6,8	2,9
Finans, Sigorta ve Ticari Hizmetler	31.603	41.902	5,2	5,9	5,8
Toplumsal ve Kişisel Hizmetler	21.377	27.256	3,5	3,8	5
Hükümet Hizmetleri	116.789	135.064	19,3	18,9	3
Ham Petrol ve Doğalgaz Sektörü	173.102	196.696	28,7	27,5	2,6
Diğer Konular	-2.706	-7.063	-0,4	-1	21,2
Gayri Safi Yurt İçi Hasıla	603.589	714.900	100	100	3,4

Kaynak: Sekizinci Kalkınma Planı, www.mep.gov.sa, (14.01.2011)

* Gümrük vergileri ve izafi banka hizmetleri , ** Sayılar ondalık sayıya yuvarlanmıştır.

Yukarıdaki Tablo 22'de Yedinci Kalkınma Planında sektörler itibariyle Gayri Safi Yurt İçi Hâsıladaki değişimler gösterilmektedir. Tarım sektöründe hükümet, su yoğunluklu ürünler yerine (yem ve tahıllar) suyu etkin kullanan ürünlere (sebze ve meyve) yönelik çalışmalar yapmıştır. Özellikle yem ve tahıl ekimi yedinci plan döneminde azaltılmış, sebze, meyve ekimi ise arttırılmıştır. Ayrıca, Suudi Arabistan hükümeti buğdayla ilgili fiyat desteğini azaltmış, (üretilen buğdayda 1,5 kilogramdan,1 kilograma indirerek) her yıl tarımsal şirketlerin sadece 300.000 ton ile 600.000 arasında buğday üretmesine izin vermiş, yeni toprak dağıtımı yapılmayarak, mevcut topraklardan en iyi şekilde verim elde edilmesi amaçlanmıştır. Bu gelişmelerin dışında, tarıma verilen teşvikler ve krediler de arttırılmıştır. (Tarım ve Kredi Bankası'nın verdiği borçlar yıllık 1.16 milyara, teşvikler ise 229 milyar Suudi Riyali olarak gerçekleşmiştir. Dolayısıyla, yedinci plan döneminde tarım sektörünün, Gayri Safi Yurt İçi Hasıladaki payı azalmasına rağmen % 2'lik bir büyüme oranına ulaşılmıştır.[176]

Tablo 22'ye göre, endüstri sektörüne baktığımızda, iptal edilen projeler sebebiyle petrokimya sektöründe %4,1'lik bir büyüme gerçekleşirken, petrol rafinericiliği alanında yüksek oranda kapasite kullanımına bağlı olarak yıllık büyüme oranı %2,6'ya ulaşmıştır. 489 yeni fabrikanın açılması ile beraber toplam çalışan fabrika sayısı 2004 yılında 3.652'ye ulaşmış ve toplam varlıkların değeri yaklaşık 256 milyar Suudi Riyaline çıkmıştır. Bu bağlamda sırasıyla, imalat endüstrilerinde yıllık %4,8 ve diğer imalatçılıkta da yıllık %5,9 oranında olmak üzere bir büyüme gerçekleşmiştir. Ekonomi ve nüfusun büyümesi elektrik tüketimini arttırarak, 2004 yılında elektrik sektörünün %6,3 genişleyerek 11.085 milyar Suudi Riyaline ulaşmasına neden olmuştur.[177] Böylelikle petrol dışı sektörlerde **Tablo 22'de** görüldüğü üzere yıllık %3,9 oranında bir artış gerçekleşmiş ve 2004 yılı itibariyle Gayri Safi Yurt İçi Hâsıladaki payı %73,5'e yükselmiştir.

Hükümet dışı hizmetlerin payı ise, 2004 yılında yaklaşık %30 seviyelerindedir. Bankacılık hizmetindeki gelişmeler, yeni sermaye kanunu ve borsadaki ilerlemeler sonucunda, finansal hizmetler, sigorta ve ticari hizmetlerin

---

[176] **Sekizinci Kalkınma Planı/ Agriculture**,www.mep.gov.sa, ss.533-534,(15.01.2011)
[177] **Sekizinci Kalkınma Planı/ Industry**,www.mep.gov.sa,ss.548-549,(15.01.2011)

Gayri Safi Yurt İçi Hâsıladaki payı 2004 yılında artarak %12,7'ye yükselmiş, aynı dönemde sektörün büyüme oranı da %5,8 olarak gerçekleşmiştir. Yedinci plan döneminde endüstriyel faaliyetleri arttırmak, şehir ve köyler arasındaki bağlantıyı sağlamak ve rekabeti güçlendirmek amacıyla ulaşım alanında yatırımlar devam etmiş ve sektörün büyüme oranı %5,6'ya ulaşmıştır. Ayrıca hac ve umre faaliyetleri ile yatırım için gelenlerin konaklama ve diğer ihtiyaçlarına bağlı olarak hotel, restaurant hizmetlerinde %4,6'lık bir büyüme yaşanmıştır. Hotel, restaurant hizmetlerindeki artış, turizm sektörüneverilen önemin arttığını göstermektedir. Dolayısıyla görünmez ticaret kapsamında değerlendirilen turizm faaliyetlerinin Gayri Safi Yurt İçi Hâsıla'daki payının finans sektöründen sonra ikinci sırada yer alması bu durumun en canlı kanıtı olduğu söylenebilir.

3.2.8. Sekizinci Kalkınma Planı (2005-2009)

Sekizinci Kalkınma Planında da diğer planlarda olduğu bir takım genel kararlar ve stratejik unsurlar belirlenmiştir. Bu unsurlar şunlardır;[178]

- İslami öğretileri ve değerleri korumak, ulusal birliği ve güvenliği arttırmak, Arap ve İslami kimliğini derinleştirmek

- Hac ve umre ziyaretçilerinin dini yerleri ziyaretleri kolaylaştırmak için gerekli hizmetleri geliştirmeye devam etmek, dolayısıyla tarihi mirası ve çevreyi koruyarak turizm sektörünü desteklemek

- Ekonomiyi imalat endüstrisi enerji yoğunluklu endüstrileri, madencilik, turizm ve bilgi teknolojileri temelinde çeşitlendirmek

- Özel sektörün ekonomik ve sosyal gelişime katkıda bulunmasını sağlamak, kamunun elindeki tesisleri hizmetleri özelleştirmek

- Kraliyetin tamamında dengeli bir büyüme sağlamak ve bölgeler arasındaki gelişmişlik farkları ortadan kaldırmak

[178] **Sekizinci Kalkınma Planı, www.mep.gov.sa**, ss.27-28,(15.01.2011)

- Su kaynaklarını muhafaza etmek ve geliştirmek ve rasyonel fayda sağlamak, sürdürülebilir kalkınmaya bağlı olarak çevreyi korumak ve ona uygun sistemler geliştirmek

- Arap, İslami ve dost ülkelerle ilişkileri geliştirmek ve devam ettirmek, Körfez Ekonomik İşbirliği ülkeleri arasındaki entegrasyonu yükseltmek

- Suudi işgücünün payını arttırmak, çeşitli eğitimlerle Suudi kökenli olmayanların yerine Suudi vatandaşları ikame etmeye devam etmek

- Kadınların sosyo-ekonomik refah payını arttırmak, onların kabiliyetlerini yükseltmek ve gelişim süreçlerini engelleyen sınırlamaları İslami kurallar çerçevesinde kaldırmak

- Kamu hizmetlerini geliştirmek, artan nüfusun ihtiyaçlarını karşılayacak yönde kamu teşkilatlarının performanslarını geliştirmek

- Ekonomik büyümeye hız kazandıracak mali ve para politikaları uygulamak, yüksek istihdam ve ekonomik istikrarı sağlamak

- Kamu borçlarını belli bir seviyeye düşürmek, uzun dönemde finansal istikrarı sağlamak için uygun mekanizmalar geliştirmek

- Yenilikçi ve icat yapmaya yönelik güçlü bir bilim ve teknoloji kuruluşu oluşturmak, bilgi ve bilgisayar teknolojilerindeki uygulamaları genişletmek, ulusal ekonominin desteklenmesi amacıyla veri tabanlarını geliştirmek.

3.2.9. Dokuzuncu Kalkınma Planı (2010-2014)

Suudi Arabistan hükümeti, dokuzuncu kalkınma planını dünya ekonomik krizi ve onun etkileri çerçevesinde hazırlamıştır. Özellikle gelişmiş ülkelerdeki resesyon nedeniyle enerji talebinin ve petrol fiyatlarının azalması Suudi Arabistan hükümetinin gelirlerini olumsuz yönde etkilemiştir. Dolayısıyla planda global ekonomik gerçekler etrafında dengeli büyümeyi sağlamak amaçlanmaktadır. Aşağıda maddeler halinde planın stratejik amaçları yer almaktadır.[179]

- Ekonomik büyüme oranlarının arttırmak
- Enflasyonla mücadele etmek ve fiyat istikrarı sağlamak
- Suudi Riyalinin kur istikrarını devam ettirmek, ödemeler dengesini geliştirmek
- Bütün bölgelerde dengeli kalkınmayı başarmak
- Piyasaların özellikle Suudi Arabistan borsasının verimliliğini arttırmak
- İstihdam piyasasında Suudi işgücünün payını arttırmak
- Ulusal ekonomiyi çeşitlendirmek, özel sektörün ekonomik gelişmeye katkısını arttırmak
- İhtiyaçlı durumdaki sosyal gruplara bakmak

Tablo 23
2000 ile 2014 Yılları Arasında Ekonomik Kalkınma İçin Ayrılan Harcamalar (SR milyar)

	Yedinci Kalkınma Planı (Ödenekleri)	Sekizinci Kalkınma Planı (Ödenekleri)	Dokuzuncu Kalkınma Planı (Planlanan)
İnsan Kaynakları Gelişimi	276,9	480	731,5
Sosyal ve Sağlık Hizmetleri	92,6	155,9	273,9
Altyapı	61,4	122,2	211,6
Ekonomik Kaynaklar	54,4	105,8	227,6
Toplam	485,3	863,9	1444,6

Kaynak: Yedi, sekiz ve dokuzuncu kalkınma planı verilerinden düzenlenmiştir. www.mep.gov.sa.(15.01.2011)

Yukarıdaki **Tabloda 23'de** görüldüğü üzere, ekonomik kalkınmayı gerçekleştirmeye yönelik harcamaların büyük bir kısmı her üç planda da insan

[179] **Dokuzuncu Kalkınma Planı**,www.mep.gov.sa, ss.63-64,(15.01.2011)

kaynaklarına, yani eğitime ayrılmıştır. Suudi Arabistan hükümeti hem kendi vatandaşlarının istihdamını arttırmak, hem de bilimsel ve teknolojik gelişmelere hız kazandırmak amacıyla insan kaynaklarına önem vermektedir. İnsan kaynaklarından sonra 15 yıllık süreç içerisinde en fazla pay ayrılan harcama kalemi sosyal ve sağlık hizmetleri olduğu görülmektedir. Hükümet vatandaşlarının hayatlarını daha iyi bir şekilde yaşamaları ve geliştirebilmeleri için sağlık hizmetlerine ayrılan payı %70'lerin üzerinde gerçekleşmiştir. Ekonomik kaynaklara ayrılan harcama oranı da %100'leri aşan seviyelerde artış göstererek dokuzuncu kalkınma planında 227,6 milyar Suudi Riyali'ne ulaşmıştır.

Tablo 24
2000-2014 Yılları Arasındaki Makro Ekonomik Göstergeler

Göstergeler %	**Yedinci Plan**	**Sekizinci Plan**	**Dokuzuncu Plan (Planlanan)**
Büyüme Oranları (Yıllık ortalama)	**2000-2004**	**2005-2009**	**2010-2014**
Reel GSMH[1]	3,44	3,5	5,2
Petrol Sektörü[2]	2,59	-0,2	1,2
Petrol Dışı Sektör	3,93	4,7	6,3
Özel Sektör	4,28	5,5	6,6
Hükümet Sektörü	2,95	2,7	4,8
Gayri Safi Sabit Sermaye Oluşumu	4,4	11,2	10,4
Petrol Sektörü	16,92	24,4	7,9
Hükümet Sektörü	10,33	12,8	5,2
Özel Sektör	2,32	10,2	11,8
Mal ve Hizmet İhracatı	3,72	3,5	4,5
Mal ve Hizmet İthalatı	7,32	17,5	7,7
Cari Fiyatlarla GSMH'nın Payı Olarak[3]			
Brüt Tasarruflar	39,8	40,2	34,9
Kamu Bütçe Dengesi (Açık veya Fazla)	9,4	-4,3	-6,6
Cari İşlemler Dengesi	21,8	15,4	1,03
Enflasyon Oranı_[4]	-0,7	3,9	2,4
İşsizlik Oranı[5]	7,04	9,6	5,5

Kaynak: Yedi, Sekiz ve Dokuzuncu Kalkınma Planlarından derlenmiştir.www.mep.gov.sa(15.01.2011)

1)1999 sabit fiyatlarıyla, 2) Ham petrol ve doğalgaz, 3) planın sonu ile 4) Tüketici fiyatlarının yıllık ortalama büyüme oranı, 5) Her üç planın sonunda toplam yüzde olarak Suudi işgücü sınırlıdır.

Yukarıdaki **Tablo 24'de** yaklaşık 15 yıllık süre içerisindeki makroekonomik değerler gösterilmektedir. Reel Gayri Safi Milli Hâsıladaki büyüme yedi ve sekizinci planda %3,5 civarında olmakla beraber, dokuzuncu planda %5,2 olarak gerçekleşeceği öngörülmektedir. Sekizinci plana göre, petrol dışı sektörler ile özel sektörde artış yaşanmasına rağmen petrol sektöründe %0,2'lik düşüş yaşanmaktadır. 2000-2014 yılları arasında petrol sektörünün %1,2 büyüyeceği tahmin edilmektedir. Mal ve hizmet ihracatı 2005-2009 yılları arasında bir önceki yıllara göre %3,5 azalma gösterirken ithalatın payı %17,5'lara yükselmiştir. Cari işlemler dengesi ise Gayri Safi Milli Hâsıladaki payı 2000-2005 yılları arasında %21,8 iken, artan ithalat nedeniyle, 2005-2009 yılları arasında %15,4'lere düşmüştür. 2010-2014 yılları arasında bu oranın %1,03'e ineceği düşünülmektedir. Yedinci planda bütçe fazlası verilirken, 2005 yılı sonrasında artan harcamalar sonucunda sırasıyla -%4,3 ve -%6,6 olmak üzere kamunun açık vereceği tahmin edilmektedir. Yedinci planda enflasyon negatif olmasına karşın işsizlik oranı %7 olarak gerçekleşmiştir. Sekizinci planda ise enflasyon oranın arttığı, ancak işsizliğin düşürülemediği görülmektedir.

3.3. Sektörler İtibariyle Suudi Arabistan'ın Ekonomik ve Sosyal Gelişimi

3.3.1. Tarım Sektörü

Suudi Arabistan hükümeti, kendi iç talebini karşılayabilmek amacıyla tarım ve hayvancılığa önem vermektedir. Sebze, meyve, tahıl üretiminin yanı sıra, canlı hayvan, kümes hayvancılığı, balık ve karides ile ilgilenmekte, süt et ve yumurta üretiminin arttırılması amaçlanmaktadır. Tarımsal ürün miktarı arttırılmak istenmesine karşın, hükümetin son zamanlarda su yoğunluklu ürünleri azaltmak için aldığı kararlar (yem ve tahıl olmak üzere) ekim alanlarını daraltarak elde edilen ürün miktarının azalmasına neden olmaktadır. Suudi Arabistan'da en fazla su kullanılan alan, tarım sektörüdür. Tarım sektörü, 18.500 milyon metre/kübik ile toplam su tüketiminin %88'ini oluşturmaktadır. Su tüketimin tarım sektöründe yıllık artış oranı ise %19,2 seviyelerindedir. Dolayısıyla su üretiminin azalması, tarım sektörünün olumsuz yönde etkilenmesine neden olmaktadır.[180]

---

[180] **Forty Sixth Annual Report**, www.sama.gov.sa, s.177, (12.01.2011)

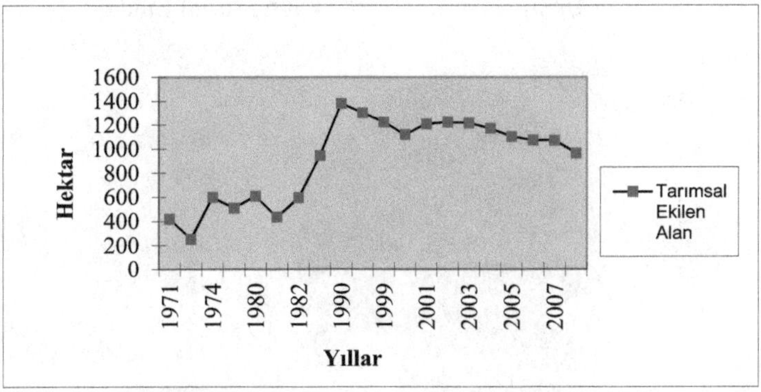

Şekil 3: 1971-2008 Yılları Arasında Suudi Arabistan'da Toplam Ekilen Alanlar (bin hektar)

Kaynak: SAMA Forty Six Annual Report verilerinden düzenlenmiştir. www.sama.gov.sa.(12.01.2011)

Şekil 3'de yıllara göre, Suudi Arabistan'da toplam ekilen alanın miktarı (hektar) gösterilmektedir. Ekilen alan miktarı 1971-1982 yılları arasında dalgalı bir seyir izlemekte olup; 1972 yılında 250 bin hektar civarında iken, 1974 yılında bir önceki yıla göre, iki katından daha fazla bir artışla 600 bin hektara ulaştığı görülmektedir. 1980-1982 yılları arasında aynı ekim miktarına, bir önceki yılda düşüş olmasına rağmen devam edilmiş, 1985 yılından itibaren ise yükselme trendine girerek 1990 yılında 1.380 bin hektar alan ile en yüksek seviyesine ulaşmıştır. 2000'li yıllar itibariyle ekim yapılacak alan azaltılırken, 2008 yılına gelindiğinde tekrar 26 yıl önceki seviyesine geri döndüğü görülmektedir. Dolayısıyla suyla ilgili gelişmelere bağlı olarak Suudi Arabistan'da ekilen alan miktarının ve üretimin etkilendiği söylenebilir. Ekilen alanlara en fazla buğday ekilmekte olup onu sırasıyla meyve, sebze, yem ve darı izlemektedir.

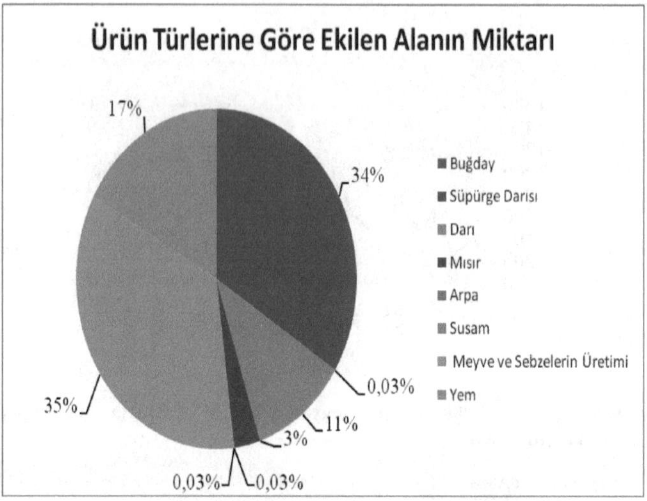

Şekil 4:Ürün Türlerine Göre Ekili Alanın Oranı 2008 (%)

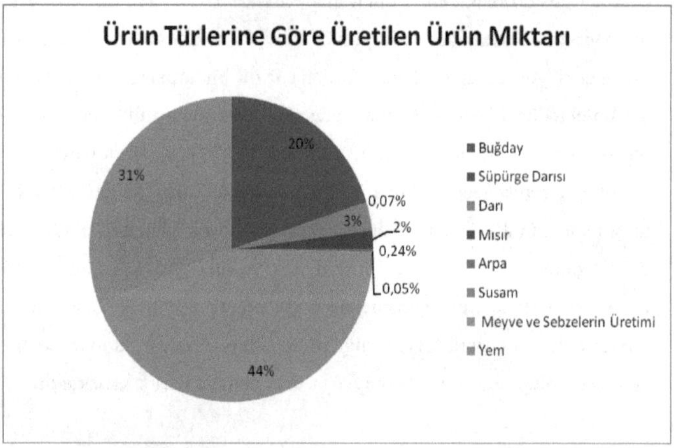

Şekil 5: Ekili Alana Göre Üretilen Ürün Miktarı 2008 (%)

Kaynak: SAMA, Annual Report verilerinden düzenlenmiştir. www.sama.gov.sa (12.01.2011)

Yukarıdaki **Şekil 4 ve 5'te** Suudi Arabistan'da 2008 yılı itibariyle ürün türlerine göre, ekilen alan ve üretim miktarları gösterilmektedir. **Şekil 4'de** görüldüğü üzere %1'lik bir fazla ile en fazla ekim yapılan alan sebze ve meyve olup onu sırasıyla; buğday, yem ve darı ekimi izlemektedir. **Şekil 5'te** gerçekleşen tarımsal üretim miktarına baktığımızda, yem ekim alanı, buğdaydan daha az olmasına karşın buğday üretimini geçtiği ve %31'lere ulaştığı görülmektedir. Her ne kadar buğday ile meyve ve sebzenin ekim alanı miktarı (yüzdelik olarak) birbirine yakın olsa da meyve üretimi toplam üretimin %44'ünü karşılarken, buğday üretimi %20'ler seviyesinde kalmıştır. Ayrıca darı ekimi %11'ler seviyesinde olmakla beraber elde edilen ürün miktarı %3 olarak gerçekleşmiş, diğer tahıl grubunda ise (arpa, susam ve süpürge darısı) ise ekim alanı az olduğundan ürün miktarları diğer ürünlere göre daha düşük seviyelerdedir.

Tablo 25
Tarım Sektörünün Yıllar İtibariyle Gayri Safi Yurt İçi Hâsılaya Katkısı (Cari Fiyatlarla Milyon Suudi Riyali)

Yıllar	Gayri Safi Yurtiçi Hasıla	Tarımsal Aktivite	GSYİH'daki Payı %
1970	24.198	1.025	4,24
1975	164.530	1.528	0,92
1980	547.381	5.379	0,98
1985	376.318	13.789	3,66
1990	437.334	25.142	5,75
1995	533.504	31.598	5,92
2000	706.657	34.973	4,94
2001	686.296	35.708	5,2
2002	707.067	36.101	5,1
2003	804.648	36.454	4,53
2004	938.771	37.187	3,96
2005	1.182.514	38.280	3,23
2006	1.335.581	39.373	2,95
2007	1.442.572	40.154	2,78
2008	1.786.143	41.136	2,3
2009	1.409.124	41.419	2,93

Kaynak: www.cdsi.gov.sa.(16.01.2011)

Yukarıdaki **Tablo 25'de** yıllar itibariyle tarım sektörünün Gayri Safi Yurt İçi Hâsıladaki payı gösterilmektedir. Tarım sektörünün Gayri Safi Yurt İçi Hâsıladaki payının en yüksek olduğu dönem, ekilen alanla doğru orantılı olarak 1995 yılı olarak gerçekleşmiştir. Bu dönemde ekilen alanın dışında, tarıma girdi sağlayan sektörlerdeki gelişmeler, emek verimliliğinde meydana gelen (%2) artışlar ve tarım sektörüne ilişkin altyapı çalışmaların hızlandırılması tarım sektörünün payını %5,92'ye yükselmesine neden olmuştur. 1995 yılından sonra tarımın, Gayri Safi Milli Hâsıladaki payı dalgalı bir seyir izlemesine karşın, 2003 yılından itibaren azalmaya başlamış; 2009 yılında %2,93 olmuştur. 2000'li yıllar itibariyle suyu etkin kullanan ürünlere yönelik üretim yapılması ve ekili alan miktarının azalması, (sulama ilgili rasyonelleşmeye gidilmesi) ve iklim şartları nedeniyle tarım sektörünün payı düşmüştür.

3.3.2. Sanayi Sektörü

Suudi Arabistan'da sanayi sektörü üç bileşenden oluşmaktadır. Bunlardan birincisi; Suudi Arabistan Temel Endüstriler Şirketi (ağır metal endüstrileri, hidrokarbon endüstrileri) çoğunlukla sermaye ve enerji yoğunluklu, hammaddesi petrol ve doğalgaz olan endüstrilerdir. Üretim çıktıları genellikle ihracata yöneliktir. İkincisi, Elektrik ve Endüstri Bakanlığı tarafından lisans verilen bir grup büyük şirketlerin oluşturduğu imalat sektörü, son olarak da emek yoğun, küçük ölçekli firmaların bulunduğu diğer üretim aktiviteleridir.

Ağır metal endüstrileri ile hidrokarbon endüstrileri ileri teknoloji kullanan sektörler olup çoğunlukla firmalar imtiyazlı ortaklıklar şeklindedir. İkinci tür imalat sektöründe, iç piyasaya yönelik üretim yapılmakta, şirketler Suudi Arabistan Yatırım ve Geliştirme Fonundan uygun bir şekilde kredi elde edebilmektedir. Üçüncü türdeki şirketlerde Sanayi Bakanlığı'ndan lisan alınması ya da bir tarama sürecine tabi olma durumları yoktur. Ancak belediyeden izin alıp Ticaret Bakanlığı'ndan kayıt ettirmeleri gerekmektedir. Finansman, üçüncü türdeki diğer bir deyişle küçük ölçekli şirketlerde şirket sahipleri tarafından sağlanmakta, şirket sahipleri mesleki eğitim programlarını tamamladıkları takdirde Suudi Kredi Bankası'ndan yardım alabilmektedirler.[181]

---

[181] **Dördüncü Kalkınma Planı/Producing Sectors**/ www.mep.gov.sa,s.184,(14.01.2011)

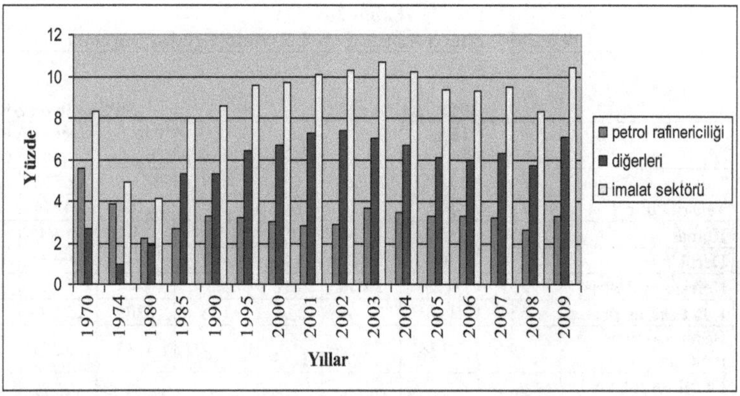

Şekil 6: Sanayi Sektörünün 1970-2009 Yılları Arasında Gayri Safi Yurt İçi Hâsıladaki Payı (cari fiyatlarla SR %)

Kaynak: www.cdsi.gov.sa verilerinden düzenlenmiştir.(16.01.2011)

Yukarıdaki **Şekil 6'da** yıllar itibariyle Suudi Arabistan'daki imalat sektörü ile imalat sektörünü oluşturan bileşenlerin Gayri Safi Yurtiçi Hâsıladaki payı gösterilmektedir. **Şekil 6'da** görüldüğü üzere, 1990'lı yıllara kadar petrol fiyatlarındaki değişmelere bağlı olarak petrol rafinericiliği sektörünün payı diğer sektörlere göre daha fazla olmuştur. Ancak 1990 yılından itibaren durum değişmiş, diğer (yiyecek, içecek, tekstil, kimyasal materyaller, kauçuk, elektrik makineleri) ürünlerin payı 2009 yılına geldiğimizde %7 civarında gerçekleşmiş, petrol rafinericiliğinin ise aynı dönemde payı %3 olmuş, toplam imalat sektörünün payı ise %10'u aşmıştır. Dolayısıyla petrol rafinericiliğine göre diğer sektörlerin büyümesi, ekonomik çeşitlilik sağlanmasına yönelik olumlu gelişmelerin olduğunu göstermektedir.

Tablo 26

1991- 2008 Yılları Arasında Sektörlerin Üretim Yapıları

	1991 (milyon SR)				**2008 (milyon SR)**			
	Fabrika	**Top. Finans**	**İşçi Sayısı**	**Fin. Oranı**	**Fabrika**	**Top. Finans**	**İşçi Sayısı**	**Fin. Oranı**
Yiyecek ve İçecek	381	17.255	48.467	6,6	668	35117	86515	9,77
Tekstil Ürün.	32	2002	7.534	0,8	84	4164	14244	1,16
Kumaş	27	430	4.184	0,2	71	716	7994	0,2
Deri Ürün.	26	501	2.526	0,19	45	618	3801	0,17
Kereste Endüstrisi	25	418	2.656	0,16	52	784	3932	0,22
Kâğıt Endüstrisi	63	2490	6.488	0,95	138	6209	15.894	1,73
Baskı, yayın ve multimedya	79	2178	7.072	0,83	117	3733	10.381	1,04
Petrol Rafine ve Nükleer Yak.	49	126.046	19.674	48,2	75	145.174	23.316	40,4
Kimyasal Materyaller ve Ürün.	177	18.443	19.678	7,05	422	37.927	36.540	10,55
Kauçuk ve Plastik Ürün.	204	6.631	25.653	2,54	444	11.532	39.740	3,21
Diğer Metal Dışı Ürün.	431	37.367	47.903	14,29	679	48.170	69.478	13,4
Temel Metal Ürün.	178	27.656	26.676	10,6	296	35.349	42.377	9,8
İnşaat Metal Ürün.	161	4.843	15.849	1,85	288	7247	26.230	2,01
Makine ve Ekipman End.	114	3412	14.731	1,3	217	5026	22.411	1,4
Ofis ve muhasebe birimi	3	409	1907	0,15	5	660	2704	0,18
Elektrik Makineleri	50	5061	10.773	1,9	99	8261	18.031	2,3
Medikal birimler, optik araç.	8	33	144	0,01	12	54	332	0,01
Makine ve Römork Mot.	61	1428	7156	0,56	125	2294	11.952	0,64
Diğer Ulaşım Ekipmanları	5	85	254	0,03	14	273	1330	0,08
Mobilya, Diğer ürün.	157	3812	18.568	1,45	293	5221	27.394	1,45
Geri dönüşüm	3	40	123	0,01	3	40	123	0,01
Radyo, Televizyon Ekipmanları	14	864	1.507	0,33	20	963	1942	0,27
Toplam	2248	261.404	289.523	100	4167	359533	466.661	100

Kaynak: www.sama.gov.sa verilerinden düzenlenmiştir.(12.01.2011)

Yukarıdaki **Tablo 26'da** 2000-2008 yılları arasında sektörlerin üretim yapıları belirtilmektedir. Her ne kadar Gayri Safi Milli Hâsıladaki payı azalmasına karşın, toplam finansman oranın en fazla olduğu sektör, hem 1991 hem de 2008 yıllarında %40'ın üzerinde bir oran ile petrol rafinericiliği ve nükleer yakıtlardır. Onu sırasıyla diğer metal dışı ürünler, temel metal ürünleri, kimyasal materyaller, yiyecek ve sektörü izlemektedir. Tabloya göre; ülkedeki endüstriyel gelişim, kendi hammadde ürünü olan petrole bağlı olarak gelişmiş, makine endüstrisi ve elektrik gibi ileri teknoloji gerektiren ürünlerde istenen üretim seviyesine ulaşılamamıştır. Dolayısıyla, bu ürünleri, ithal etmek durumunda kaldığı için ülke ekonomisi ithalata bağımlı bir seyir izlemektedir. İşçi sayılarına baktığımızda, en yüksek yiyecek içecek sektöründe iken, onu sırasıyla diğer metal ürünleri ve temel meta ürünleri izlemektedir. Genellikle daha az sermaye yoğunluğunun olduğu sektörlerde işgücü sayısında artış yaşanırken, sermaye yoğun sektörlerde işgücünün miktarının azaldığı görülmektedir. Hammaddeye dayalı (petrol) veya emek yoğun ürünlerdeki yükselme ise ülkenin sermaye yoğunluklu mallara olan ihtiyacı arttırdığından ithalata olan bağımlılığın daha da fazla genişlemesine neden olmaktadır. Bu nedenle son sekiz yıllık süre içerisinde hammaddeye bağımlı ve emek yoğunluklu üretimin arttığı söylenebilir.

3.3.3. Dış Ticaret Sektörü ve Ödemeler Dengesi

3.3.3.1. Dış Ticaret Sektörü

Suudi Arabistan'ın dış ticaretini belirleyen en önemli unsur, petrol ve petrol fiyatlarıdır. Petrol fiyatlarına bağlı olarak ülkenin dış ticaretten elde etmiş olduğu gelir artmakta ve ödemeler dengesi olumlu bir şekilde etkilenmektedir. Aynı zamanda Suudi Arabistan'da sabit kur politikası uygulanmakta olup, 1 Suudi Riyali, 3,67 $'a karşılık gelmektedir. Suudi Arabistan'ın kanıtlanmış petrol rezervi 2009 yılı verilerine göre yaklaşık 265 milyar varildir. Buna göre petrol ve petrol ürünleri ihracatı 84 milyar varil olarak gerçekleşmiştir. Bunun yanında Suudi Arabistan'da kanıtlanmış doğalgaz rezervi 8 trilyon m^3'dür. İhracattan çok iç piyasada tüketilmektedir.[182]

[182] www.opec.org/Annual Statical Bulltein 2009,s.55,(05.05.2011)

Tablo 27
1970-2009 Yılları Arasında Suudi Arabistan'da İhracat ve İthalatın Payı (Milyon Riyal)

Yıllar	İhracat(1)	Değişim %	İthalat(2)	%Değişim	Ham Petrol üretimi Bin b/d*
1970	10.907	14,85	3,197	-5,4	3,8
1974	126.223	279	10.149	38,8	8,48
1975	104.412	-17,3	14.823	46,05	7,08
1980	362.885	70,2	100.350	22,04	9,9
1985	99.536	-24,7	85.564	-27,9	3,17
1990	166.339	56,5	90.282	13,9	6,41
1995	187.403	17,4	105.187	20,6	8,02
2000	290.553	52,9	113.240	7,9	8,09
2001	254.998	-12,3	116.931	3,3	7,89
2002	271.741	6,6	121.088	3,6	7,09
2003	349.664	28,7	156.391	29,2	8,41
2004	472.491	35,1	177.659	13,6	8,9
2005	677.144	43,3	222.985	25,5	9,35
2006	791.339	16,9	261.402	17,2	9,21
2007	874.403	10,5	338.088	29,3	8,82
2008(3)	1.175.482	34.4	431.753	27,7	9,2
2009(4)	721.109	-38,6	358.290	-17	8,18

Kaynak: Annual Fourty Five Report, www.sama.gov.sa verilerinden düzenlenmiştir.(12.01.2011)

* b/d : günlük varil petrol üretimi

1) Reeksportu da içermektedir. (2) CIF, 3) Revize edilmiştir. (4) Geçici

Yukarıdaki **Tablo 27'de** Suudi Arabistan'da yıllar itibariyle ithalat ve ihracatın payı gösterilmektedir. 1974 yılında OPEC petrol krizi nedeniyle hızla yükselen petrol fiyatları (varil başına 11.70 dolar) ihracatı bir önceki yıla göre

%279 arttırmıştır. Aynı dönemde ekonomik aktiviteleri hızlandırabilmek amacıyla ithalatın payı artmış ve %40'lar seviyesinde gerçekleşmiştir. 1975 yılında ihracatın payı üretimdeki azalmaya bağlı olarak %17,3'e gerilemiştir. 1980 yılında ham petrol üretimi bir önceki yıla göre tekrar artmaya başlamış ve bir önceki yıla göre değişim yaklaşık %70 olmuştur. 1980 yılında, ithalat ithal ikameci politikalar sonucunda(tarım, imalat ve finans sektörlerinde) ithalatın payı azalarak 100.350 milyon Suudi Riyali olarak gerçekleşmiştir. 1985 yılında daralan üretime bağlı olarak ithalat ve ihracatta %25'leri aşan bir küçülme gerçekleşmiş; 1990 yılında Kuveyt'in işgali sonrasında artan fiyatlar ve üretim ihracatın payını %56'ya ulaşmasına, ithalatın da %14 seviyelerinde gerçekleşmesine neden olmuştur. 2000'li yıllara gelindiğinde, petrol ihracatı 2001 yılı hariç artmaya devam etmiş, 2005 yılında Dünya Ticaret Örgütü'ne üyelikle beraber, ülke ekonomisinin dünyaya açılması ve dünya ticaretine entegre olması hız kazanmıştır. Bu amaçla da 2008 yılında ülkenin ihracat geliri 1.175.482 milyon Suudi Riyali olurken, dünya ekonomisindeki durgunluğa bağlı olarak %38,6 oranında daralarak yaklaşık 722 milyon Suudi Riyaline düşmüştür. Tabloya göre; 2004-2008 yılları arasında ekonomik büyümeyi gerçekleştirebilmek için makine, ekipman ve temel mallara olan ihtiyaç, ithalatın payını arttırarak 2008 yılı sonunda 431.753 milyon Suudi Riyali olarak gerçekleşmesine neden olmuştur. Ancak ihracattaki azalış sonucunda ithalatta da 2009 yılında azalma meydana gelmiştir.

Suudi Arabistan'ın ihracat yapısına baktığımızda; büyük oranda mineral ürünler (petrol ürünleri) yer almaktadır. Mineral ürünlerin payı, 2000 yılında toplam ihracatın %91'ini oluştururken, 2009 yılında petrol ürünleri ihracatındaki azalmaya bağlı olarak %85'ini meydana getirmektedir. Petrol ürünleri, ihracatını kimyasal ürünler, plastik ürünler ile reeksport ürünleri izlemektedir. Her ne kadar dalgalı bir seyir izlese de 2009 yılında kimyasal ürünler toplam ihracatın %4,1'ini, plastik ve reeksport ürünler ise %3,3'ünü oluşturmaktadır. Gıda, sebze ve hayvan ürünlerinin ihracat payı toplamı %2'lerin altında olup, ülke kendi vatandaşlarının tüketimine yönelik bir üretim gerçekleştirebilmektedir. İleri teknoloji gerektiren ürünlerde ise (elektrik, elektrikli makine) ihracatın payı % 0,7 seviyelerindedir. Dolayısıyla bu durum Suudi Arabistan'ın sermaye yoğun ürünleri üretme bakımından istenen seviyeye ulaşılamadığı ve yoğun teknoloji gerektiren ürünlerde dışa bağımlılığın devam ettiğini göstermektedir. Suudi Arabistan ihracat yapısını stratejik bir ürün olan petrol ve petrol ürünleri oluşturmaktadır. Petrol fiyatlarında uluslararası piyasalarda meydana gelen değişiklikler ülkenin dış ticaret hacmini de önemli oranda etkilemektedir. **Aşağıdaki Tablo 28'de** 2004-2007 yılları arasında dış ticareti oluşturan ürünlerin ihracat payları ve ihracat miktarları belirtilmektedir.

Tablo 28
2000-2009 Yılları Arasında Suudi Arabistan'da İhracatın Sektörlere Göre Dağılımı (%)

	2000	2005	2006	2007	2008(1)	2009(2)
Mineral Ürünler	91	90	89	88	90	85
Gıda Maddeleri	0,6	0,6	0,7	0,9	0,8	1,4
Kimyasal Ürünler	4,2	3,6	3,3	3,6	3,1	4,1
Plastik Ürünler	1,3	2,6	2,5	2,6	2,3	3,3
Temel Metal ve Metal Ürünleri	0,7	0,7	0,9	1	0,9	1
Elektrikli Makine ve Ekipman Araçları	0,3	0,4	0,5	0,6	0,5	0,7
Diğer İhracat	0,8	0,9	1	0,9	0,9	1,4
Reeksport	0,7	1,6	1,9	2,3	1,8	3,3
Toplam	100	100	100	100	100	100

Kaynak: Annual Report Fourty Six, www.sama. gov. sa verilerinden düzenlenmiştir. (12.01.2011)

(1) Revize edilmiştir. (2) Geçici

İthalatın yapısına baktığımızda, çoğunlukla ara mallarına ve tüketim mallarına yönelik olduğu, sanayide kullanılan yatırım malları ithalatının bu ürünlere göre sınırlı düzeyde yapıldığı söylenebilir. **Aşağıdaki Tablo 29'da** görüldüğü üzere, Suudi Arabistan'ın ithal ettiği ürünlerin büyük bir kısmı elektrikli makine araç ve gereçler (nükleer reaktörler, buhar kazanı) ile ulaşım (uçak, tramvay ve gemi gibi) ekipmanlarıdır. Bu ürünleri sırasıyla; temel maddeler, kimyasal ürünler ile sebze ürünleri ve gıda maddeleri oluşturmaktadır. 2000-2009 yılları arasında elektrikli makine, araç ve gereçlerin payı %22'den yaklaşık olarak %29'a yükselirken, altyapı projelerindeki artışa bağlı olarak, ulaşım ekipmanlarının toplam ithalattaki payı da 2005 yılında %21'e yükselmiş, diğer yıllar itibariyle payı azalmakla beraber 2008 yılında toplam ihracatın %18'ini 2009 yılında ise %17,4'ünü meydana getirmiştir. Temel maddelerde, (demir çelik, çinko ve diğer materyallerde) inşaat sektöründeki gelişmelerle ilişkin olarak payı 2008 yılına kadar artış göstermiş, 2008 yılından sonra payı %11'lere düşmüştür.

Tablo 29
2000-2009 Yılları Arasında Suudi Arabistan'da İthalatın Sektörlere Göre Dağılımı (1)(%)

	2000	2005	2006	2007	2008(2)	2009(3)
Mineral Ürünler	0,9	1,6	1,3	1,2	1,6	1,3
Gıda Maddeleri ve Sigara	4,9	4,3	4,4	3,8	3,7	4,5
Sebze Ürünleri	7,3	5	4,6	5,3	6,5	5,9
Canlı Hayvan ve Hayvan Ürünleri	5	4,8	4	3,5	3,6	3,8
Tekstil ve Elbise	5,9	4,3	4	3,4	3,2	3,5
Kimyasal Ürünler	8,4	8,2	8	7,5	7,6	8,7
Plastik	3,7	3,8	3,4	3,1	3,1	3,4
Temel Maddeler	7,9	10,7	14,8	15,1	15,3	11
Elektrikli Makine, Araç ve Gereçler	22	24,3	25,7	29,5	27,1	28,8
Ulaşım Ekipmanları	17,7	20,9	19,3	17,6	18	17,4
Kâğıt Ürünleri	2	1,8	1,6	1,5	1,5	1,5
Diğerleri*	14,3	10,3	8,9	8,5	8,8	10,2
Toplam	100	100	100	100	100	100

Kaynak: Annual Report Fourty Six, www.sama.gov.sa, verilerinden düzenlenmiştir.(12.01.2011)

* Mobilya, mücevher, enstrüman, saat, askeri ürünler ile diğer imalat ürünlerini kapsamaktadır.

(1) CIF (2) Revize edilmiştir. (3) Geçici

3.3.3.2. Ödemeler Dengesi

Suudi Arabistan'ın ödemeler dengesine baktığımızda, mal ticaretinin payı petrol fiyatlarındaki değişmeye bağlı olarak artmaktadır. 2005 yılında mal ticareti 472.571 milyon Riyal iken, 2008 yılında 795.101 milyon Riyale ulaşmıştır. 2009 yılına gelindiğinde ise dünyadaki ekonomik krizi nedeniyle 394.523 milyon Suudi Riyali'ne düştüğü görülmektedir. Hizmetler sektöründe, sigorta ödemeleri, inşaat ve ulaşım hizmetlerindeki ödemeler nedeniyle azalmış ve 2009 yılında -239.557 milyon Suudi Riyali olarak gerçekleşmiştir. Yabancı işçilerin elde ettikleri gelirleri kendi ülkelerine göndermeleri sonucunda cari transferlerde yaklaşık %85'lik bir artış meydana gelerek 2009 yılı itibariyle -101.896 milyon Suudi Riyali'ne ulaşmıştır. Doğrudan yabancı sermaye yatırımları da istikrarlı bir şekilde artış devam etmiş, 2009 yılı itibariyle ise dünya finans piyasalarındaki gerileme nedeniyle azalmış, aynı dönemde Portfolyo yatırımları da -75.334 milyon Suudi Riyali olarak gerçekleşmiştir. **Aşağıdaki Tablo 30'da** 2005-2009 yılları arasında ödemeler dengesi ile ödemeler dengesini oluşturan kalemlerin miktarları gösterilmektedir.

Tablo 30
2005–2009 Yılları Arasında Suudi Arabistan'ın Ödemeler Dengesi (Milyon SR)

	2005	2006	2007	2008	2009
Cari İşlemler Dengesi	337.463	371.003	349.985	496.208	85.368
Mal ve Hizmetler	391.220	419.484	389.885	548.134	154.936
Mallar	472.571	551.979	564.869	795.101	394.523
Hizmetler	-81.351	-132.494	-174.984	-246.967	-239.557
Gelir	1.618	14.362	23.970	34.368	32.298
Cari Transferler	-55.374	-62.844	-63.870	-86.294	-101.896
Sermaye ve Finansal Hesap	-207.250	-294.003	-291.446	-383.611	50.896
Doğrudan Yatırımlar	46.677	68.744	91.700	134.843	31.317
Portfolyo Yatırımları	1.313	-44.748	-20.541	-6.115	-75.334
Diğer Yatırımlar	-16.659	-52.072	-63.231	1.503	-27.171
Rezerv Varlıklar	-238.581	-265.927	-299.395	-513.843	122.084
Net hata ve Noksan Kalemi	-130.214	-77.000	-58.539	-112.597	-136.265

Kaynak: Annual Report Forty Six, www.sama.gov.sa verilerinden düzenlenmiştir.(12.01.2011)

Cari işlemler dengesinin Gayri Safi Yurt İçi Hâsılaya oranı, ekonominin büyüklüğünü ölçme açısından diğer önemli bir göstergedir. Suudi Arabistan'ın petrol fiyatı ve gelirlerine bağlı olarak ödemeler dengesinin fazla ya da açık verdiği söylenebilmektedir. Özellikle 1974 yılında petrol fiyatında meydana gelen muazzam artışın sonucunda, ödemeler dengesinin Gayri Safi Yurt İçi Hâsılaya oranı %50'ler seviyelerinde gerçekleşerek cari işlemler fazlası verilmiştir. Ancak 1980 yıllardan itibaren petrol ihracatındaki düşüşe bağlı olarak ödemeler dengesi açık vermeye başlamış, 1985 yılında cari açık %12,45'e ulaşmıştır. 1990–1995 yılları arasında Kuveyt savaşının etkisi ile beraber, petrol ihracatında artış yaşanmasına rağmen, hem kamunun yapmış olduğu ödemeler, hem de işçi havaleleri, hizmet ve transferleri yükselterek ödemeler dengesi açığının yaklaşık olarak %4 seviyelerinde gerçekleşmesine neden olmuştur. 2000'li yıllar itibariyle Suudi Arabistan ekonomisi, her ne kadar transfer ödemeleri artışı devam etse de petrol ihracatında meydana gelen artışlar sonucunda cari işlemler fazlası vermeye başlamış, 2008 yılında ise bu fazlalık %28'ler seviyelerinde gerçekleşmiştir. Ancak 2008 yılından sonra dünyadaki ekonomik kriz sebebiyle petrol ihracatındaki azalmaya bağlı olarak cari işlemler fazlası %6'a düşmüştür. **Aşağıdaki Şekil 7'de** 1970–2009 yılları arasında cari işlemler dengesinin Gayri Safi Yurt İçi Hâsılaya oranı gösterilmektedir.

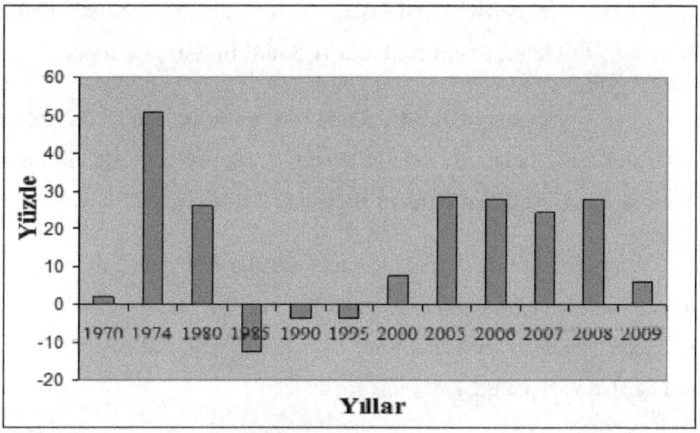

Şekil 7: Suudi Arabistan'ın Cari İşlemler Açığı/Fazlasının Gayri Safi Yurt İçi Hâsılaya Oranı(%)

Kaynak: SAMA www.sama.gov.sa ve CDSİ www.cdsi.gov.sa verilerinden düzenlenmiştir. (17.02.2011)

3.3.4. Finans Sektörü

Suudi Arabistan'da finans sektörünü, ticari bankalar, kredi enstitüleri, sigorta ve borsa olmak üzere dört şekilde değerlendirilebilmektedir.

3.3.4.1. Bankacılık Sektörü

Ticari banka olarak Suudilerin sahip olduğu ve sözde Suudileşmiş imtiyazlı ortaklık bankaları olmak üzere ülkede faaliyet gösteren 20 adet banka bulunmaktadır. Bankaların niteliklerine baktığımızda;[183]

- Suudi özel sektörün tamamıyla sahip olduğu, **Al Rajhi ve Al Bilad,**

- Suudi özel sektör ve hükümetin sahip olduğu, **Riyad Bank, NCB, SAMBA, Al Inma**

- İmtiyazlı Ortaklıklar, **Saudi Fransi, Saudi British, Arap National, Al Jazira, Saudi Hollandi ve Saudi İnvestment Bank**

- Yabancı Bankalar, **Gulf International Bank, Bahrain, Emirates International Bank, Dubai, National Bank of Kuwait, Deutsche Bank, Muscat Bank, National Bank of Bahrain, J. P Morgan Chase, BNP Paribas**

Yukarıda belirtmiş olduğumuz bankalar faaliyette bulunan bankalar olup, bazı bankalar ise lisansı olmasına karşın henüz faaliyet aşamasına geçememişlerdir. Bu bankalar ise; HSBC, UK, T.C Ziraat Bankası, National Bank of Pakistan ve State Bank of İndia şeklindedir.

Suudi Arabistan'da ilk bankacılık faaliyetleri, Cidde'deki ihracat ve ithalat işlemlerini sağlayabilmek amacıyla gerçekleşmiştir. Bu sebeple, ilk yabancı banka 1927 yılında Netherlands Trading Society (Suudi Hollanda Bankası) olarak kurulmuştur. İlk yıllarda güçlü bir muhafazakâr yapı nedeniyle, (faiz alınıp verilmesi ile ilgili) 1970'li yıllara kadar bankacılık işlemleri sadece nakit para alıp verme üzerine gerçekleşmiştir. 1950'li yıllardan sonra yeni petrol gelirlerinin elde edilmesi sonucunda Cidde'de yabancı bankalar çeşitli şubeler açmaya başlamışlardır. Aynı dönemde Suudi Arabistan'ın ilk yerel bankaları olan sırasıyla NCB ve Riyad Bank kurulmuştur. İlk yıllarda ticari bankalar İslami duyarlılığa bağlı kalarak borçlanma imkânları da sağlayabilmiştir. Ancak güçlü borçlanma yönetimi ve doğru bir borçlandırma sürecinin olmaması bankacılık

---

[183] Mohammed A. Ramedy, a.g.e.,s.113

sektörünü olumsuz etkilemiş ve 1966 yılında Bankacılığı Kontrol Kanunun düzenlenmesi gerekmiştir.[184]

1970'li yıllarda planlı dönemle birlikte, orta ve uzun vadeli borçlanmayı sağlamak için altı tane hükümetin borç verdiği kredi enstitüleri kurulmuştur. Bunlar; Saudi Arabian Agricultural Bank, Saudi Credit Bank, Kamu Yatırım Fonu, Müteahhit Fonu, Suudi Endüstriyel Gelişim Fonu, Emlak Geliştirme Fonu'dur. Aynı dönemde özellikle yabancı bankaların yerel politikalarla uyumlu bir süreç içerisinde olmamaları çoğunlukla kısa dönemli dış ticarete odaklanmaları ve kârlarını yurtdışına çıkarmaları ve kontrol altında bulunmamaları sebebiyle Suudileştirme faaliyetlerine hız verilmiştir. 1980'li yıllarda ilk büyük yabancı banka olan Citibank N. A. Suudileştirme süreci tamamlanmış, sermaye ve şube arttırım sürecinde, Suudi bankaları büyük bir gelişme göstermişlerdir. Ancak 1980 yılından sonra petrol fiyatlarında meydana gelen azalma ile birlikte, hükümet gelirleri azalmış, azalan hükümet gelirleri de hem bankaların varlıklarını hem de sabit borçları etkilemiştir.[185]

1990'lı yıllarda Suudi Arabistan'da Körfez Krizi nedeniyle bankacılık sektöründe sermaye çıkışı yaşanmıştır. Ancak Suudi Arabistan Merkez Bankası'nın bankalara sağlamış olduğu likidite sonucunda piyasalarda tekrar güven tazelenmiştir. Irak-Kuveyt savaşı sonucu olarak da Suudi Arabistan ekonomisinde büyük bir ilerleme sağlanmış aynı dönemde, bankacılık sektörü de hızla yükselmiştir. 1990'lı yıllarda Suudi Arabistan bankacılık sektörü yeterli elemanı olmamasına rağmen, hesap transferleri, ödeme hizmetleri ve diğer bankacılık hizmetleri ile ilgili yapmış olduğu teknolojik yatırımlar sektöre önemli bir ivme kazandırmıştır. Dolayısıyla 1990'lı yıllar bankacılık sektörü açısından, teknolojideki gelişmeler sonucunda maliyetlerin azaldığı, tüketici hizmetlerinin seviyesinin arttığı, verimlilik artışlarının sağlandığı bir dönem olarak belirtilebilmektedir.[186]

2000'li yıllara baktığımızda; Suudi Arabistan bankacılık sektörü açısından hem bölgesel hem de uluslararası rekabet baskısının arttığı ve 2005

---

[184] Mohammed A. Ramady, a.g.e.s. 115
[185] Mohammed A. Ramady, a.g.e.,s.116
[186] Mohammed A. Ramady, a.g.e.,ss.118-119

yılında Dünya Ticaret Örgütü'ne girme sürecine bağlı olarak yabancı bankaların yeni şubelerini açtığı bir dönem olmuştur. Bu dönemde, özellikle düşük faiz oranları nedeniyle fon maliyetleri ve borç verme oranları da düşmüştür. Aynı zamanda yerli bankalar, etkili bir şekilde rekabet edebilmek için daha fazla uzmanlaşmaları ve ürün sunmaları gerektiğini düşünmüşlerdir. Bu amaçla da tüketicilerin ihtiyaçlarını karşılayabilmek amacıyla İslami bankacılık ön plana çıkmış, iki İslami Şeriat kökenli banka Al İnma ve Al Bilal işlem yapmaya başlamıştır.[187]

Tablo 31
2005-2010 Yılları Arasında Ticari Bankaların Konsolide Dengesi (Milyon SR)

Varlıklar	2005	2006	2007	2008	2009	2010*
Rezervler	32.646	52.061	108.614	97.171	160.118	131.575
Yabancı Varlıklar	91.430	129.796	147.712	153.986	210.918	206.976
Kamu ve Finans Dışı Kamu Şirketleri Üzerindeki Alacaklar	159.478	158.218	181.613	241.986	182.324	212.677
Özel Sektör Üzerindeki Alacaklar	435.926	476.020	577.882	734.557	734.237	745.758
Para Dışındaki Finansal Enstitüler Üzerindeki Alacaklar	538	837	1.429	911	1.365	1.452
Diğer Varlıklar	39.058	44.158	57.971	73.659	81.296	78.980
Toplam Varlıklar/Toplam Yükümlülükler	759.075	861.088	1.075.221	1.302.271	1.370.258	1.377.418
Banka Mevduatları	489.387	591.259	717.564	846.118	940.548	920.688
Yabancı Yükümlülükler	65.040	59.199	105.213	112.466	99.683	105.434
Sermaye ve Rezervler	66.608	79.947	106.026	131.822	163.642	182.787
Kârlar	25.611	34.665	30.264	29.928	26.830	6.933
Diğer Yükümlülükler	112.429	96.019	116.154	181.937	139.555	161.575

Kaynak: Forty Six Annual Report, www.sama.gov.sa, (12.01.2011) * 1. Çeyreğin Sonunda

Yukarıdaki **Tablo 31'de** 2005 ile 2010 yılları arasında ticari bankaların varlıkları ve yükümlülükleri gösterilmektedir. Tabloya göre; ticari bankaların toplam varlıklarında yıllar itibariyle yükselme görülmüş, 2005-2010 yılı arasında %55'lik artış göstererek miktarı 1.377.418 Milyon Suudi Riyali'ne ulaşmıştır. Bu varlıkların %55'den fazlasını özel sektör üzerindeki alacaklar oluştururken, kamu üzerindeki alacaklar bu dönem içerisinde düşerek %15'den fazlasını meydana

[187] Mohammed A. Ramady, a.g.e., s.120

getirmektedir. Banka mevduatları da 2005-2010 yılı arasında petrol gelirlerindeki artışa bağlı olarak %53 oranında bir büyüme gerçekleştirerek, 2010 yılında 920.688 milyon dirheme ulaşmıştır. Yine Tabloya göre, uluslararası finansal kriz nedeniyle ticari bankaların kâr payları düşerek 2010 yılı ilk çeyreğin sonunda 6.933 milyon Suudi Riyali olduğu görülmektedir.

Suudi Arabistan'da özel- kamu sektörü borç yapısı incelediğimizde, özel sektör üzerindeki alacakların %97'sini krediler oluştururken, kalan %3'lük kısmı özel kesim hisse senetlerine yapılan yatırımlar meydana getirmektedir. Kamu sektöründeki alacaklar da kamunun kullanmış olduğu kredi miktarı sınırlı düzeyde iken, hükümetin çıkarmış olduğu hisse senetlerine yapılan yatırımlar daha yüksek seviyelerdedir. 2005 yılında kamu kesimindeki alacakların %80'ini hükümeti çıkarmış olduğu hazine bonosu ve devlet tahvilleri, geri kalanı ise kamu kredileri ve diğer kuruluşların alacakları oluşturmaktadır. 2010 yılında bu oran %85'e çıkmış ve diğer alacakların payı da %15'ler seviyesinde kalmıştır. Kamunun borçlanma ihtiyacını karşılamak amacıyla çıkarmış olduğu kâğıtlar arasında 2008 yılına kadar uzun vadeli olan borçlanma türü olan devlet tahviline yatırım yapıldığı 2008 yılından sonra ise yatırımların hazine bonolarına yani kısa vadeli borçlanmaya yöneldiği söylenebilmektedir. **Aşağıdaki Tablo 32'de** kamu-özel kesim 2005-2010 borçlanma yapısı gösterilmektedir.

Tablo 32
2005-2010 Yılları Arasında Suudi Arabistan'da Kamu-Özel Borçlanma Yapısı (Milyon Riyal)

	2005	2006	2007	2008	2009	2010
Özel Sektör Üzerindeki Alacaklar	435.926	476.020	577.882	734.552	734.237	745.758
Banka Kredileri	420.828	462.103	557.405	712.737	708.769	716.987
Borç ve Avanslar	409.733	451.875	549.884	703.617	701.706	709.802
İskonto Edilen Senetler	11.096	10.228	7.521	9.119	7.063	7.184
Özel Hisse Senetlerine Yatırımlar	15.097	13.917	20.476	21.820	25.468	28.772
Kamu Sektöründeki Alacaklar	159.478	158.218	181.613	241.986	182.324	212.677
Kamu Şirketlerine Verilen Krediler	31.672	34.965	37.434	32.065	28.136	29.890
Hükümetin Hisse Senetlerine Yatırımlar	127.806	123.253	144.179	209.920	154.188	182.787
Hazine Bonosu	715	9.131	16.748	119.224	78.497	112.883
Devlet Tahvili	127.091	114.122	127.341	90.696	75.691	69.905
Parasal Olmayan Finansal Kuruluşlardan Alacaklar	538	837	1.429	911	1.365	1.452
Toplam	595.942	635.075	760.924	977.454	917.926	959.887

Kaynak: Forty Sixth ve Forty Fourth, www.sama.gov.sa, (12.01.2011) verilerinden düzenlenmiştir.

Suudi Arabistan'da 2006-2010 yılları arasında özel sektöre verilen kredilerin miktarı %64 artmış, aynı dönemde kredilerin büyük bir kısmı ticaret sektörüne aktarılırken, onu sırasıyla imalat sanayi ve hizmetler izlemiştir. Tarım sektörü ile elektrik, su, hizmetlerine verilen kredilerin oranı, diğer kredilere oranla daha düşük seviyelerde kalırken, madencilik sektörüne verilen kredilerin oranı, 2010 yılı itibariyle %0,7 seviyelerinde meydana gelmiştir. Özellikle 2007 yılından sonra dünya ekonomisini etkileyen finansal kriz nedeniyle, finans sektörüne verilen kredilerin miktarı düşmüş, 2010 yılında %3 olarak gerçekleşmiştir. Bina ve inşaat sektöründe ise özel sektöre verilen kredilerin miktarı azalmış ve 2010 yılına gelindiğinde payı %6,7'e ulaşmıştır. Dolayısıyla kredilerin niteliğine baktığımızda kısa dönemli kârlar elde etmeye yönelik olarak hizmetler sektörlerine verildiği söylenebilir. **Aşağıdaki Tablo 33'de** 2006-2010 yılları arasında sektörlere verilen kredilerin miktarı ve oranları gösterilmektedir.

Tablo 33
2006-2010 Yılları Arasında Özel Sektöre Verilen Krediler (Milyon Riyal)

	2006		2007		2008		2009		2010	
	Miktarı	Payı %	Miktarı	Payı %	Miktarı	Payı %	Miktarı	Payı %	Miktarı	Payı %
Tarım ve Balıkçılık	6.802	1,5	8.636	1,5	10.980	1,5	8.731	1,2	8.745	1,2
İmalat ve Süreçleri	37.566	8,1	54.339	9,7	79.333	11,1	75044	10,6	76.666	10,7
Madencilik ve Taşçılık	1.802	0,4	3.897	0,7	4.265	0,6	5.337	0,8	4.685	0,7
Elektrik, Su*	3.598	0,8	5.878	1,1	10.629	1,5	13.365	1,9	15.450	2,1
Bina ve İnşaat	37.845	8,2	43.421	7,8	54.371	7,7	44.741	6,3	48.248	6,7
Ticaret	111.511	24,1	127.473	22,9	176.858	24,8	169.220	23,9	182.101	25,4
Ulaşım ve İletişim	6.875	1,5	20.989	3,8	37.814	5,3	38.415	5,4	37.336	5,2
Finans	61.828	13,4	62.632	11,2	16.812	2,4	21.258	3	20.914	2,9
Hizmetler	16.735	3,6	28.286	5,1	32.324	4,5	46.123	6,5	32.092	4,5
Diğerleri	177.539	38,4	201.854	36,2	289.351	40,6	286.536	40,4	290.749	40,6
Toplam	462.101	100	557.405	100	712.737	100	708.770	100	716.986	100

Kaynak: Annual Forty Five ve Forty Six verilerinden düzenlenmiştir. www.sama.gov.sa(12.01.2011)

* Su ve diğer hizmetleri kapsamaktadır.

1990'lı yıllarla birlikte Suudi Arabistan'da teknolojik gelişmelere bağlı olarak, tüketici kredileri ve kredi kartı borçlarında artış yaşanmış, nakit para çekme dışında bankacılık sektörü, diğer işlemlere yönelik olarak da kullanılmaya başlanmıştır. Borçların nitelikleri itibariyle baktığımızda, Suudi Arabistan'da uzun ve orta vadeli kredilerde kısa vadeli kredilere göre daha fazla artış gerçekleşmiştir. 1998 yılında uzun vadeli krediler toplam kredilerin yaklaşık %29'unu oluştururken, 2009 yılında %54'ini meydana getirmektedir. Aynı dönemde orta vadeli kredilerin payı da %21'den %30'a yükselmiş, kısa vadeli kredilerin payı da %49'dan %15'e düşmüştür. Tüketici borçları açısından baktığımızda ise emlak ve araç kredilerine göre, diğer kredilerde daha fazla artış olmuştur. Kredi kartı borçlarının yükselmesi, nakit para dışında diğer bankacılık işlemlerinin de kullanılmaya başlandığını ve para talebinin azalmaya başladığını göstermektedir. **Aşağıdaki Tablo 34'de** bankaların vermiş oldukları tüketici kredileri, kredi kartı borçları ile dönemlerine göre borç miktarları gösterilmektedir.

Tablo 34
1998-2009 Yılları Arasında Tüketici ve Kredi Kartı Borçları (Milyon Riyal)

	Tüketici Borçları					Kişisel Borçların Vadeleri **			
Yıllar	Emlak Finansmanı	Araçlar ve Ekipman	Diğerleri	Toplam	Kredi Kartı Borçları Toplamı*	Kısa	Orta	Uzun	Toplam
1998	1.778	2001	5246	9.025	2.145	5556	2383	3230	11169
1999	2.081	2500	7711	12292	2316	5695	3530	5384	14609
2000	2.724	7719	14.312	24755	2112	8325	4993	13550	26868
2001	3.295	13.893	21.259	38.447	2.222	5526	10574	24569	40669
2002	4.506	25.568	22800	52.874	2.857	10533	14044	31153	55730
2003	5.191	28.859	39.255	73.305	2.579	10643	20347	44894	75884
2004	8.790	27.926	78.590	115.306	3.295	11075	21740	85786	118601
2005	13.656	29.025	138.173	180.854	4.259	16063	29914	139138	185115
2006	13.690	34.261	132.726	180.677	7.349	21753	29938	136336	188027
2007	14.136	37.588	126.682	178.406	9.251	24387	49492	113780	187659
2008	14.906	37.261	121.817	173.984	9.451	25249	54590	103508	183347
2009	17.860	38.134	123.907	179.901	8.621	28310	58067	102046	188423

Kaynak: www.cdsi.gov.sa/Finance/(12.01.2011)
* Visa, Master Card, American Express ve Diğerleri

** Ticari Olmayan ve tüketici amaçlıdır

3.3.4.2. Kamu Kredi Enstitüleri

Kamunun sahip olduğu kredi enstitülerini, Suudi Arabistan Tarım Bankası, Suudi Arabistan Tasarruf ve Kredi Bankası, Suudi Endüstri Geliştirme Fonu, Emlak Sektörünü Geliştirme Fonu ve Kamu Yatırımları Fonudur. Suudi Arabistan Tarım Bankası 1962 yılında kurulan kamu kredi enstitüsüdür. Suudi Tarım Bankası, tarımsal aktivitelerle ilgili olarak çiftçilere, bilimsel ve teknik metotlar sağlamayı amaçlamaktadır. (makine, su pompaları, tarımsal ekipmanlar ve hayvancılık ilgili olarak) Toplam 10.838,6 milyon sermayesi bulunmaktadır. Suudi Arabistan Tarım Bankası kredileri kısa ve orta vadeli olarak vermektedir. Kısa vadeli krediler bir yıllık olup geri ödemesi ise sözleşme imzalandıktan 2 yıl sonrasınadır. Orta vadeli kredilerde 1 yıllık süre içerisinde olmasına karşın, ilk taksit ödemesi sözleşme imzalandıktan sonra iki yıllık bir süre sonrasında olmaktadır.[188]

Suudi Arabistan Kredi ve Tasarruf Bankası, sınırlı gelir gruplarına ve küçük işletmecilere kredi sağlayan bir kamu kredi enstitüsüdür. Bu kredi enstitüsünün 26 adet şubesi olup, evlilik yardımı, küçük işletmeciler için mesleki eğitim, aile yardımı gibi sosyal alanlarda faizsiz borç para vermektedir.[189]

Suudi Endüstrisi Geliştirme Fonu 1974 yılında kurulmuş olan bir kamu kredi enstitüsüdür. Fon aracılığıyla, özel sektörün endüstri ile ilgili projelerinin desteklenmesinin yanı sıra, danışmanlık, pazarlama, finansal ve teknik hizmetler verilmektedir. Suudi Endüstrisi Geliştirme Fonu'na Suudi Arabistan'da endüstriyel faaliyetlerle ilgili lisanslarıyla birlikte, ülkedeki bütün kayıtlı şirketler başvurabilmektedir. Krediler maksimum 15 yıllık süreler içerisinde olup, geri ödeme takvimi, ödünç para verilen projelerin tahmini nakit akışlarına göre belirlenmektedir. Suudi Endüstrisi Geliştirme Fonu sabit varlıkların (kuruluş sermeyesi ve operasyon öncesi harcamalar) %50'sini finanse etmekle beraber, kullanılan makine ve ekipmanın finansmanını sağlamamaktadır. Ayrıca şirket sahiplerinin özkaynaklarından proje maliyetinin en az %25'ini karşılanması istenmektedir.

Suudi Arabistan Emlak Sektörünü Geliştirme Fonu 1974 yılında kurulmuş olup 1975 yılında faaliyete başlamıştır. Emlak sektörünü Geliştirme Fonunun amacı yatırım amaçlı veya kendi evlerine sahip olmalarını hedefleyen bir kuruluştur. Başlangıçta 250 milyon Suudi Riyali iken, sonrasında sermaye miktarı 82.769 milyon Suudi Riyali'nde ulaşmıştır. Suudi Arabistan Emlak Geliştirme Fonu, şu şartlar altında verilmektedir.[190]

- Borç için başvuran kişi Suudi vatandaşı olmalı
- Erkek evlenmemişse ve yetim değilse, en az 24 yaşında olmalı

---

[188] www.mof.gov.sa (16.02.2011)
[189] www.scb.gov. sa (16.02.2011)
[190] www.mof.gov.sa.(16.02.2011)

- Kadınlar için birinci kriter, başvuran kişi evlenmemiş olmalı; ayrıca 40 yaş ve üzerinde olmalı, ikinci kriter ise; başvuran kişi dul ya da boşanmış olmalı

- Başvuruda bulunan kişinin daha önce Emlak Geliştirme Fonundan borç almamış olması

- Başvuru sahibinin kendi evi olmamalı, ancak eski evlerin onarımı ve yeniden inşa edilmesi kapsam dışındadır.

Kamu Yatırım Fonu da özel sektörün yapmış olduğu ülke ekonomisi açısından önemli projelere finansal destek sağlamak için 1971 yılında kurulmuş bir kamu borç enstitüsüdür. Petrol rafinerileri, boru hatları, depolama, denizcilik, havalimanları, enerji sektörü, suyun tuzdan arındırılması gibi önemli projelerde destek sağlanmaya çalışılmaktadır. Ayrıca, kamu yatırım fonunun kendisinin sahip olduğu; Suudi Demiryolu Şirketi, Ulusal İlaç Tedarik Şirketi, Alm-elm bilgi ve veri güvenliği şirketi, Hisse senetleri değişim şirketi **(TADAWL)** ve elektronik verileri değişim için Suudi şirketleri (TABADL) kurulmuştur.[191]

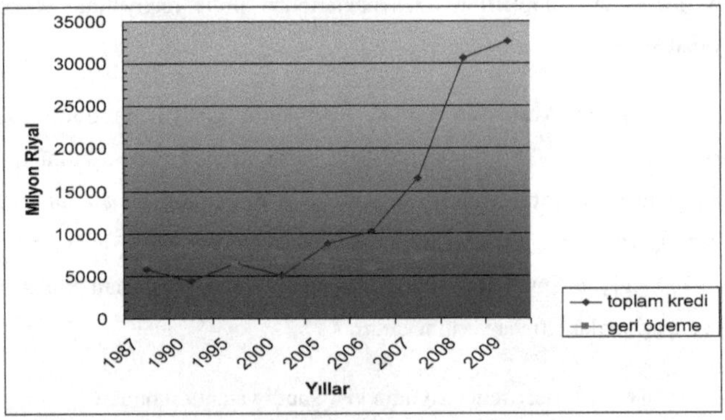

Şekil 8: 1987-2009 Yılları Arasında Toplam Verilen Kredi ve Kredi Ödemeleri

Kaynak: www.cdsi.gov.sa (16.01.2011)

[191] www.mof.gov.sa.(16.02.2011)

Yukarıdaki **Şekil 8'de** Suudi Arabistan'da kamu kredi enstitülerinin yıllar itibariyle vermiş oldukları toplam kredi ve geri ödeme miktarları gösterilmektedir. 2005 yılına kadar kredi geri ödeme miktarları, toplam kredi miktarının üzerinde gerçekleşmesine karşın, aynı yıldan sonra toplam krediye göre geri ödeme miktarları azalmıştır. Dolayısıyla, yıllar itibariyle kredi özel sektör ve bireyler tarafından kredi talebi artmasına rağmen, geri ödeme miktarları istenen seviyede olmadığından; yeni kredi verme durumları da olumsuz etkilenmektedir. Suudi Arabistan'da kamu tarafından verilen kredilerin büyük kısmını emlak geliştirme fonu, Suudi endüstrisi geliştirme fonu ve kamu yatırım fonu oluşturmaktadır. Bu kredilerin uzun vadeli kredi olması sebebiyle geri ödemelerin düşük seviyelerde söylenebilir. Dolayısıyla geri ödeme planına bağlı olarak ödenmemiş kredi miktarları azalmış, 2005 yılından sonra tekrar artışa geçerek 2009 yılında 1987 yılındaki eski seviyesine geri döndüğü **aşağıdaki Şekil 9'da** gösterilmektedir.

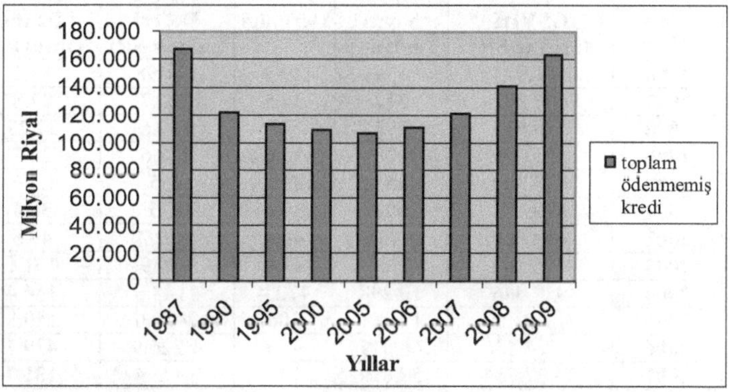

Şekil 9: 1987-2009 Yılları Arasında Suudi Arabistan'da Ödenmemiş Krediler

Kaynak: www.cdsi.gov.sa (16.01.2011)

3.3.4.3. Borsa

Finans sektörü açısından, ekonomik gelişimin sağlanmasında ve özelleştirme işlemlerinin tamamlanmasında borsa önemli bir rol oynamaktadır. 2003 yılında Sermaye piyasası kanunu ile borsanın yapısı ve kuralları belirlenmiş, 2007 yılında ise hükümet Suudi borsasını, Tadawul adı altında bir anonim şirket olarak değiştirmiştir. Başlangıçta Suudi borsası, Suudi Arabistan'daki vatandaşlar ve şirketler ile Körfez İşbirliği Konseyi vatandaşları yararlanırken, yabancı iştirakler bankaların yatırım fonu ile sınırlandırılmıştır. İlk olarak 1997 yılında, örtülü olarak Suudi Arabistan yatırım fonları (SAIF) Suudi Amerikan Bankası tarafından sunulmuştur. 1999 yılında, Suudi Bankalarının yatırım fonları daha da genişletilerek yabancıların yatırım imkânları arttırılmış, 2006 yılında önemli bir gelişme olarak Suudi Arabistan'da yaşayan yabancıların doğrudan borsada yatırım yapması sağlanmıştır. 2008 yılında Sermaye Piyasası Birimi, Arap olmayan yabancı yatırımcıların katılımını sağlamak için swap sözleşmelerine ve lisanslı aracılara izin vermiştir.[192]

Tablo 35
1996-2009 Yılları Arasında Suudi Arabistan Hisse Senedi Piyasasının Durumu

	GSYİH (Milyar SR)	Hisse Senedi Sayısı (milyon)	Piyasa Derinliği %	Hisse Senetlerinin Toplam Piyasa Değeri (milyar SR)	Piyasa Dönüş Oranı (%)
1996	581.873	138	29,5	171,98	14,7
1997	608.802	312	36,5	222,7	27,8
1998	536.635	293	29,3	159,6	22,27
1999	593.955	528	37,9	228,6	24,7
2000	697.007	555	36,1	255	25,6
2001	679.163	691	39,4	275	30,4
2002	699.680	1.736	40,4	280,7	47,6
2003	796.561	5566	48,9	589,9	101,1
2004	929.946	10.298	122,4	1148.0	154,4
2005	1.172.399	12.281	206	2438.0	169,8
2006	1.324.556	68.515	91,7	1.225.9	429,2
2007	1.427.714	57.829	135	1946.4	131,4
2008	1.746.001	58.727	53	924	212,3
2009	1.385.625	56.685	86,3	1195.5	105,7

Kaynak: Suudi Arabistan Sermaye Piyasası Birimi(CMA), SAMA verilerinden düzenlenmiştir. www.cma.org.sa (17.02. 2011)

Piyasa Dönüş Oranı= Alınıp Satılan Toplam Hisse Senedi Değeri / Kayıtlı Toplam Hisse Senetlerinin Değeri

Piyasa Derinliği= Toplam Hisse Senetleri Değeri/GSYİH

Yukarıdaki **Tablo 35'de** Suudi Arabistan'ın yıllar itibariyle hisse senedi ticareti görülmektedir. Suudi Arabistan'da işlem gören hisse senedi sayısı yatırım

[192] Mohammed A. Ramady, a.g.e.,s.148

fonlarının arttırılmasıyla birlikte, 1999 yılında 528 milyon Suudi Riyal'e 2002 yılında ise 1.736 milyar Suudi Riyali'ne yükselmiştir. 2003 yılında sermaye piyasası kanunu ile birlikte 2005 yılına gelindiğinde hisse senedi sayısı yaklaşık 2 kat artarak 2005 yılına gelindiğinde 12.281 milyar Suudi Riyali'ne yükselmiştir. Aynı dönemde hisse senedi işlem hacmi %101 olarak gerçekleşmiştir. Ancak en önemli değişiklik, 2006 yılında yabancıların doğrudan borsada işlem yapması ile meydana gelmiş ve yaklaşık hisse senedi sayısında 4 katlık bir artış yaşanırken, işlem hacminde %429 artış sağlanmıştır. Tabloya göre, 2007 ve 2008 yıllarında dünyadaki finansal krizin etkisiyle hisse senedi sayısında azalma olduğu görülmektedir. Finansal açıdan piyasa derinliği; tasarrufların artması ve iktisadi faaliyetlere aktarılması açısından önem taşımaktadır. Ayrıca piyasalar derinleştikçe, aracılık maliyetleri azaldığından yatırım için gereken finansmanın girmesi kolaylaşmakta, ekonominin rekabet edilebilir düzeyi artmaktadır. Suudi Arabistan'ın piyasa derinliğine baktığımızda ise 2008 yılı itibariyle %53 olarak gerçekleşmiştir. Her ne kadar işlem hacmi yüksek olsa da piyasa derinliği, diğer bölgedeki ülkeler kadar yüksek değildir. (Bahreyn; %107,1 Ürdün; %178,4 Katar; %80'dir.[193]) Dolayısıyla, 2008 yılı itibariyle Suudi Arabistan'da borsanın likidite düzeyi yüksek olmasına rağmen, sermayenin tabana yayılamadığı ve sınırlı sayıda firmanın işlem yaptığı, sermaye piyasalarına istenen tasarrufun gerçekleştirilemediği söylenebilir. Ancak 2009 döneminde hem hisse senedi işlem hacmi hem de piyasa derinliği oranı artmış sırasıyla, %105,7 ve %86,3 olarak gerçekleştiği görülmektedir. Aynı dönemde Arap Borsası da ekonomik krizin etkilerinin azalmasıyla beraber, ortalama hisse senedi devir hızı %54 olarak gerçekleşmiş, en yüksek işlem hacmi de %206,1 ile Cezayir'de ikinci sırada %110,6 ile Kuveyt'de meydana gelmiştir.[194]

[193] Mohammed A. Ramady, a.g.e., s.159

[194] **Annual Report Forty Six**, www.sama.gov.sa, s.95,(17.02.2011)

Tablo 36

Sektörlere Göre Suudi Arabistan'da Borsanın Yapısı

2009	Hisse Senedi	Toplama	Hisse Senedi	Toplama	İşlem	Toplama
	Sayısı Milyon	Oranı %	Değeri (Milyar)	Oranı %	Sayısı (bin)	Oranı %
Bankacılık ve Finansal Hizmetler	8,897.0	15,6	149.4	11,8	2,930.6	6,7
Petro-kimya Endüstrileri	10,949.1	19,3	299.9	23,7	5,934.4	16,3
Çimento	259.5	0,5	12,5	1	348.6	1
Enerji ve Hizmetler	680.1	1,2	8,2	0,7	197.2	0,5
Tarım ve Yiyecek Endüstrileri	3,761.1	6,6	94.2	7,5	3,468.6	9,5
Telekomünikasyon ve Bilgi Teknolojisi	4,736	8,4	74.9	5,9	1,852.4	5,1
Sigorta	5,424.2	9,6	201.1	15,9	8,584.5	23,5
Endüstriyel Yatırım	4,597.4	8,1	99.9	7,9	2,963	8,1
Emlak Gelişimi	5,034.7	8,9	66.1	5,2	1,656	4,5
Çoklu Yatırım	4,286.4	7,6	56.6	4,5	2,129.8	5,8
Perakende	2.154.4	3,8	55.3	4,4	2,225.2	6,1
Bina ve İnşaat	2,936.2	5,2	86.3	6,8	2,796.2	7,7
Ulaşım	1,930.2	3,4	30,3	2,4	900.7	2,5
Medya ve Basın	454.8	0,8	11,4	0,9	381.9	1
Hotel ve Turizm	584.5	1	18	1,4	629.2	1,7
Toplam	56,685.6	100	1.264	100	36,458.3	100

Kaynak: www.sama.gov.sa(12.01.2011)

Yukarıdaki **Tablo 36'da** sektörler itibariyle hisse senedi oranları gösterilmektedir. Tablo 35'e göre, en fazla hisse senedi sayısının olduğu sektör, petrokimya sektörü olup, onu sırasıyla bankacılık hizmetleri ve sigortacılık hizmetleri izlemektedir. En az hisse senedinin olduğu sektörler ise çimento ve basın yayın sektörleridir. Hisse senedi değeri, hisse senedi sayısında olduğu gibi en yüksek petrokimya endüstrilerinde olup, onu sigortacılık ve bankacılık hizmetleri izlemektedir. İşlem sayısı olarak da sigortacılık hizmetleri %23,5 ile birinci sırada iken, petro-kimya sektörleri %16,3 ile ikinci, tarım ve endüstri yiyecekleri üçüncü sırada yer almaktadır. İşlem sayısının en az olduğu sektörler, çimento, medya, basın, hotel ve turizm ve enerji sektörleridir. Sektörlere göre sermayeleşme oranlarına (Hisse senedinin fiyatı ile ihraç edilen hisse senetlerini çarpılması) baktığımızda sigorta sektörü işlem sayısı yüksek olmasına rağmen, piyasa sermaye oranı %2 seviyelerindedir. Petrokimya endüstrileri ile bankacılık sektörleri sırasıyla %34,1 ve %27,7 ile en fazla sermayeleşmenin olduğu sektörlerdir. Dolayısıyla bu sektörler için sermayeleşme oranının yüksek olması hisse senetlerinin yoğun bir şekilde ticaretinin yapıldığını göstermektedir.[195]

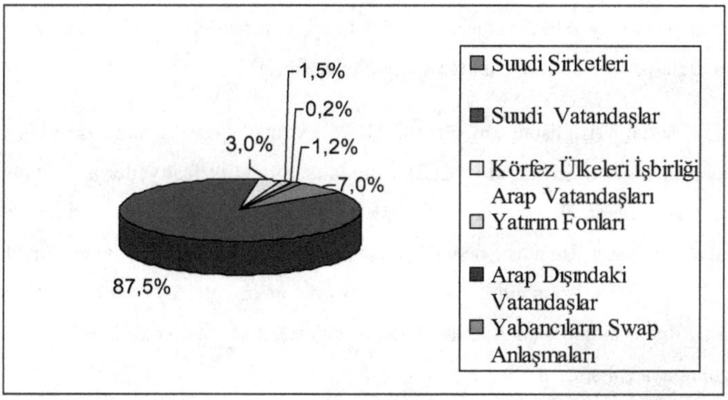

Şekil 10: 2009 Yılında Yatırımcılara Göre Hisse Senedinin Yapısı (%)

Kaynak: Tadawul, www.tadawul.com.sa,(16.02.2011)

Yukarıdaki **Şekil 10'da** yatırımcıların niteliğine ve hisse senedinin değerine göre, Suudi Arabistan borsasına yapılan aylık ortalama katkılar gösterilmektedir. Şekle göre, Suudi Arabistan'da borsa sektörüne yatırım yapan kişilerin büyük bir kısmını yaklaşık %88'ini Suudi vatandaşları oluşturmaktadır. Suudi şirketlerin payı ise %7 civarında iken, Körfez ülkelerinde bulunan vatandaşların payı %3'dür. Aynı zamanda Arap dışındaki vatandaşların payı %0,2'lerde iken, yabancıların swap anlaşmaları sonucunda yapmış oldukları yatırım payı %1,2 seviyelerindedir. Dolayısıyla Şekil 9'da da görüldüğü gibi, yabancıların payının çok sınırlı düzeyde kaldığı, daha çok Suudi vatandaşların yatırımına izin verildiği görülmektedir.

3.3.4.4 Sigorta Sektörü

Suudi Arabistan'da sigorta sektörünün faaliyetleri hem kültürel hem de dini etkenlerden dolayı yabancı şirketler ve onların acenteleri tarafından gerçekleştirilmiştir. Ancak 1983 yılı itibariyle İslami anlamda kabul edilen kooperatif sigortacılık kavramı geliştirilmiştir. Kooperatif sigortacılık, herhangi

[195] www.sama.gov.sa(17.02.2011)

bir şekilde bireysel olarak sigorta bedelini ödemeye katılan kişiler arasındaki katılım ve çeşitli yükümlülükler içermektedir. Kooperatif sigortacılıkta kişiler sigorta şirketlerin ya katılımcısı ya da sahibi durumundadır. Kişiler, rezerv için gereken paylar ayrıldıktan sonra, normal ticari sigortacılıktan farklı olarak geri kalan fazlalıkları alabilme hakkına sahip olmaktadırlar.

Suudi Arabistan hükümeti, 1996 yılına gelindiğinde ise Ulusal Kooperatif Sigorta Şirketi'ni (NCCI) kurarak, sigortacılık faaliyetlerini kurumsal bir hale getirmiştir. Faizsiz sigorta işlemleri gerçekleştirebilmek amacıyla da 2001 yılında Al Jazira Bankası önderliğinde İslami sigorta faaliyeti olan Takaful kurulmuştur. Aynı zamanda, Suudi Arabistan hükümeti, 2003 yılında İslami sigortacılık Kanunu çıkartarak İslami sigortacılık faaliyetlerinin önemini vurgulamaya çalışmıştır.[196]

Son yıllarda, sigorta sektörünün Gayri Safi Yurt İçi Hâsıladaki payı artmaktadır. 2005 yılında %0,42 iken 2009 yılında %1,06'ya yükselmiştir. Aynı dönem içerisinde toplam kişi başına toplam prim ödemeleri de artmış, 2005 yılında 223 Suudi Riyali (59,6$) iken, 2009 gelindiğinde, 576 Suudi Riyaline (153 $) yükselmiştir. Gelişmiş ülkelerde ise sigorta sektörünün Gayri Safi Yurt İçi Hâsıladaki payı 2008 yılında %7 ile %12 arasında gerçekleşmiştir. Örneğin; aynı dönemde, Almanya ve Japonya'da sektörün Gayri Safi Milli Hâsıladaki payı %12'ye yaklaşırken, Kanada'da %7,37, Amerika Birleşik Devletleri ve İtalya'da yaklaşık olarak %8,5, Fransa'da ise %10 seviyelerindedir. Gelişmiş ülkelerde kişi başına toplam prim ödemeleri 2008 yılında 1.750 ile 2500 $ aralığında gerçekleşmiştir.[197]

---

[196] Mohammed A. Ramady, a.g.e.,ss.138-139
[197] www.swissre.com (17.02.2011)

Tablo 37
2005-2009 Yılları Arasında Suudi Arabistan'da Sigorta Sektörünün Durumu(Milyon SR)

	Koruma ve Tasarruf	Oranı %	Sağlık Sigortası	Oranı %	Genel Sigorta	Oranı %	Toplam
2005	193	4	1.370	27	3.590	70	5061
2006	218	3	2.222	32	4.497	65	6819
2007	327	4	3.065	36	5.191	60	8.356
2008	594	5	4.805	44	5.520	51	10425
2009	1.003	7	7.292	50	6.315	43	13.707

Kaynak: www.sama.gov.sa/The Saudi Insurance Report, (17.02.2011)

Yukarıdaki **Tablo 37'de** 2005-2009 yılları arasında Suudi Arabistan'da sigorta sektörüne yapılan brüt prim ödemeleri gösterilmektedir. Tabloda yıllar itibariyle sağlık sigortasının payı %27'den %50'ye yükselirken, genel sigortanın payının %70'den %43'lere düşmüştür. Sağlık sigortasının payının artmasının en önemli nedeni ise Suudi Arabistan hükümetinin çıkardığı kanuna göre, özel sektörde çalışan işçiler için zorunlu sağlık sigortası yapma gereğinden kaynaklanmaktadır. Buna göre, işverenler, çalışanların yaşlarına bağlı olarak iş görememe veya ölüm gibi etkenlerden dolayı, verilen maaşların %9'nu sağlık sigortası için ayırmaları gerekmekte, diğer %9 ise işçi tarafından karşılanmaktadır. Koruma ve tasarruf amaçlı sigorta prim ödemelerinin payı ise sınırlı olup 2009 yılında toplam prim ödemelerinin %7'sini oluşturmaktadır.

Genel sağlık sigortası içerisinde yıllar itibariyle ödenen prim miktarı düşmesine rağmen; beş milyondan fazla araç kayıtlı olması nedeniyle araç sigortasına olan talep de diğer sigorta türlerine göre daha fazla artış göstermektedir. Mal ve yangın sigortası prim ödemeleri içerisinde ikinci sırada yer alırken, denizcilik, kaza ve diğer yükümlülükler ise prim ödemelerinin yüksek olduğu diğer genel sigortası bileşenlerindendir. **Aşağıdaki Tablo 38'de** genel sağlık sigortası içerisinde yer alan sigorta türlerinin üç yıllık dönemde ödenen prim ödemeleri ve payları gösterilmektedir.

Tablo 38
2007-2009 Yılları Arasında Genel Sigorta Kapsamı İçerisinde Sigorta Tiplerine Göre Prim Ödemeleri (Milyon Riyal)

	2007		2008		2009	
	Brüt Prim Ödemeleri	Oranı %	Brüt Prim Ödemeleri	Oranı %	Brüt Prim Ödemeleri	Oranı %
Kaza, Yükümlülük ve Diğerleri	577.3	6,7	531.3	4,9	543.7	3,7
Otomobil	2440.2	28,4	2542.1	23,3	3055.4	20,9
Mal ve Yangın	742.2	8,6	798.4	7,3	904.9	6,2
Denizcilik	531.6	6,2	619.6	5,7	525	3,6
Havacılık	114.5	1,3	138.5	1,3	174.1	1,2
Enerji	305.3	3,6	208.2	1,9	301.7	2,1
Mühendislik	479.7	5,6	682.1	6,2	810.3	5,5

Kaynak: www.sama.gov.sa (17.02.2011)verilerinden düzenlenmiştir.

3.4. Kamu Finansmanı

Suudi Arabistan'da kamunun gelirlerinin büyük bir kısmını petrol gelirleri oluştururken, geri kalan kısmı diğer gelirlerden oluşmaktadır. Kamu finansmanının önemli bir ayağı olan vergi politikalarına baktığımızda, Suudi Arabistan'da gelir vergisi ve kurumlar vergisi dışında çok kapsamlı bir vergi politikası bulunmamaktadır. Gelir vergisi, olarak Suudi vatandaşlar ile Körfez Ülkeleri İşbirliği vatandaşları kendi şirketlerinde sahip oldukları pay oranında malın zekâtını vermekle yükümlüdürler. Zekât oranı ise %2,5 ile sınırlandırılmaktadır. Dolayısıyla kendi vatandaşları zekât dışında herhangi bir vergi ödemesi yapmamaktadır. Suudi Arabistan ve Körfez ülkeleri dışındaki iş yapan vatandaşlar ile ülkede iş yapan yabancı şirketler kurumlar vergisi ödemekle yükümlü olup, vergi oranı %20 olarak belirlenmiştir. Aynı zamanda Suudi Arabistan'da tüketim üzerinden alınan bir vergi türü de bulunmamaktadır. Dolayısıyla etkin bir vergi politikası olmaması nedeniyle, dünyadaki gelişmiş ülkelere göre vergiden elde edilen gelirlerin istenen seviyeye ulaşmadığı söylenebilir.[198]

[198] http://www.dzit.gov.sa(17.02.2011)

Suudi Arabistan'da petrol gelirleri ile beraber, harcamalarda da yıllar itibariyle artış gerçekleşmiştir. Ülkenin ekonomik gelişimine yönelik olarak eğitim, sağlık gibi alanlara ciddi anlamda harcamalar yapılmakta, aynı zamanda ülkenin savunma harcamaları da kamu harcamalarının önemli bir kısmını oluşturmaktadır. Bu nedenle artan harcamalara bağlı olarak bütçe açıklarının artmış olduğu söylenebilmektedir.

Tablo 39
1994–2009 Yılları Arasında Suudi Arabistan'ın Bütçe Gelir ve Harcamaları (SR Milyar)

	1994	1998	2002	2003	2007	2008	2009
Toplam Gelir	129	141.6	213	293	642.8	1,100.9	505
Petrol	95.5	80	166	231	562.1	983.3	410[e]
Petrol Dışı	33.5	61.6	47	62	80.6	117.6	95[e]
Yatırım Gelirleri	15,1	21,7	13,9	11,1	26,1	39,6	28
Ücret ve Masraflar	10,1	21,2	23	24	26,8	27	27,5[e]
Vergi Gelirleri	1,6	2,2	2,4	3,1	5,6[e]	6,8[e]	5,5[e]
Gümrük Vergileri	2,7	4,5	4	5,5	6,4[e]	9,7[e]	7,3[e]
Diğerleri(Zekât içeren)	4	12	3,7	18,3	15,7[e]	34.5[e]	26,7[e]
Toplam Harcama	163.7	189	233	257	466.2	520	550
Maaşlar	87.4	99.8	117	120.5	126.5[e]	140[e]	155[e]
Teçhizat/Hizmetler	22,1	19,4	22,9	27	31,5	38,4[e]	45,6[e]
Teşvikler	4,4	5,4	5,5	6	12,8	14,3	17,6
Faiz	15,3	25,4	34,5	35,5	23,5[e]	18,6[e]	12,5[e]
Operasyon ve Bakım	17,4	18,3	23,6	26	31,5[e]	45.6[e]	47.6[e]
Diğer	14,7	-	-	8,6	121.4[e]	131.9[e]	47.3[e]
Sermaye Projeleri	2,3	20,7	30	33,4	119	131.2	225
Bütçe Dengesi	-34,7	-46	-20	36	176.5	580.9	-45
Bütçe Dengesi/GSYİH	-6,9	-10	-2,9	4,5	12,3	33	-3,3

Kaynak: Mohammed A. Ramady, a.g.e, s.52

e: Tahminler

Yukarıdaki **Tablo 39'da** görüldüğü üzere, Suudi Arabistan bütçe gelirlerine karşılık bütçe harcamaları da yıllar itibariyle artış göstermiştir. Kamunun gelirlerinin büyük bir bölümünü, petrol gelirleri yani hidrokarbon gelirleri oluşturmaktadır. Petrol gelirleri dışında yatırım gelirleri ve diğer gelirlerin payı daha yüksek iken, vergi gelirlerinin payı da Suudi Arabistan'ın vergi politikası nedeniyle düşük seviyelerde kalmaktadır. Gümrük vergilerinden elde edilen gelirler ise düşük koruma politikalarına bağlı olarak vergi gelirleri ile aynı seviyelerde gerçekleşmiştir. Toplam harcamaların payına baktığımızda, birinci sırada sermaye projeleri yer alırken, onu ikinci sırada maaşlar, operasyon, bakım ve diğer hizmetler izlemektedir. Maaş ödemelerinin diğer ödemelere göre yüksek olması kamuda çalışan kişi sayısının arttığını göstermektedir. Bütçe dengesinin Gayri Safi Yurt İçi Hâsılaya oranı ise 1990'lı yıllar itibariyle açık verirken, 2000'li yıllarda Suudi Arabistan ekonomisi bütçe fazlası vermeye başlamış, 2008 yılında bütçe fazlalığının oranı %33'lere ulaşmıştır. Ancak ekonomik kriz sebebiyle 2009 yılında itibaren kamu tekrar bütçe açığı vermeye başlamıştır.

Suudi Arabistan'da sektörler itibariyle harcama dağılımına baktığımızda ise daha önce de belirttiğimiz gibi savunma harcamaları ilk sıralarda yer almakta olup, onu sırasıyla eğitim, kamu yönetimi ve sağlık harcamaları izlemektedir. Bölgedeki siyasal istikrarsızlık savunma harcamalarını arttırmaktadır. Dolayısıyla 2010 yılı tahmini verilerine göre Suudi Arabistan'ın savunma harcamalarının 150.400 milyon Suudi Riyali (SR) olacağı tahmin edilmektedir. Ülkenin ekonomik gelişimini hızlandırabilmek amacıyla eğitim alanında ciddi yatırımlar yapılmakta, bilgi teknolojilerine yönelik altyapı çalışmalarına önem verilmektedir. Bu kapsam da savunmadan sonra en fazla yatırım yapılan alan insan kaynakları gelişimi yani eğitim sektörü olmaktadır. Sağlık alanında hükümetin yapmış olduğu harcamalar artan nüfusun ihtiyaçlarına bağlı olarak artış göstermesine rağmen eğitim ve savunma harcamaları kadar yüksek olmadığı söylenebilir. Kamu yönetimi harcamaları ise kamuda çalışan kişi sayısının artmasına bağlı olarak artmış ve 2010 yılında 80.000 milyon Suudi Riyali'ne ulaşmıştır. **Aşağıdaki Şekil 11'de** kamu harcamalarının 1982-2010 yılları arasındaki bileşenleri gösterilmektedir.

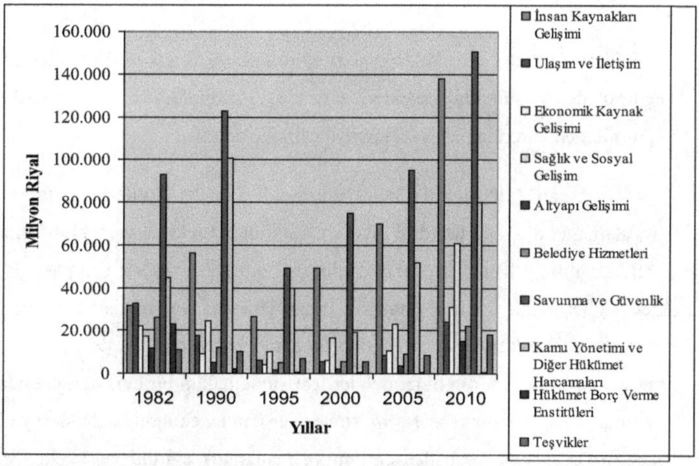

Şekil 11: 1982-2010 Yılları Arasında Suudi Arabistan'da Sektörlere Göre Kamu Harcamaları

Kaynak: SAMA verilerinden düzenlenmiştir. www.sama.gov.sa. (17.02.2011), * 2010 verileri tahminidir.

3.5. Suudi Arabistan'ın Sosyal Gelişimi

3.5.1. Eğitim

Suudi Arabistan'da modern eğitim, 1953 yılında Eğitim Bakanlığı'nın kurulmasıyla birlikte başlamaktadır. Bu tarihte çok sayıda okulun açılmasının yanı sıra, kamunun eğitim faaliyetleri de ülke genelinde arttırılmaya çalışılmıştır. 1958 yılında Suudi Arabistan'da 6 yıl zorunlu ilkokul eğitimi 3 yıl ortaokul ve 3 yıl lise ve yüksek eğitim olmak üzere birleşik bir eğitim yapısı benimsenmiştir. 1961 yılında ise kadınların da eğitim alması amaçlanarak kadınlara yönelik 16 ilkokul açılmış ve 148 kişi eğitim sürecinde görevlendirilmiştir. Bunların dışında Suudi Arabistan'da verimliliğin arttırılması ve dünyadaki teknolojik gelişmelere hızla ayak uydurabilmek amacıyla mesleki ve teknik eğitime de önem verilmektedir. Teknik eğitimler, ticari, endüstriyel ve tarım olmak üzere üç dalda olup ortaokul sonrası üçer yıllık bir eğitim dönemini kapsamaktadır. Lise çağına gelmiş erkek çocukları için, teknik ve dini eğitimler düzenlenirken, öğretmen okulları, hemşirelik okulları diğer okul türleri arasında yer almaktadır.[199] Eğitimin bütün

[199] http://www.sacm.org/Publications/58285_Edu_complete.pdf (20.02.2011)

aşamalarında kadın ve erkeklerin ayrı eğitim aldığı Suudi Arabistan'da üniversite eğitimi de çoğunlukla erkekler için olup, kadınlarında bazı branşlarda bu eğitimlerden yararlanması sağlanmaya çalışılmaktadır.

Suudi Arabistan'da, hem özel hem de devlet okullarında aynı müfredat uygulamakta olup, eğitim dini olgulara bağımlı bir şekilde gerçekleştirilmektedir. Dini eğitim, Kuran'ın ezberlenmesi, Kuran'ın yorumlanması **(Tefsir)**, Peygamber'in söylemleri **(Hadis)**, İslam Hukuku ve Tektanrıcılık ve Vahabi kültürü üzerine kurulmuştur. 1930 yıllardan itibaren din dışı derslerin de eğitimi verilmesine rağmen, din diğer dersler içerisinde hâkim bir ders konumundadır. İlk ve ortaokulda diğer derslerin yanı sıra kızlar için ev ekonomisi dersleri verilmekte iken, erkekler için ise beden eğitimi ve matematik eğitimi verilmektedir. Genel lise eğitiminde ise ilk yıl ortak dersler alınmakta diğer yıllar ise not ortalaması 60'ın altında olanlar edebiyata yönlendirilirken, diğer üzerinde olanlar fen bilimlerini seçebilmektedir. İlk yıl alınan ortak dersler ise, Arapça, biyoloji, kimya, İngilizce, coğrafya, tarih ve ev ekonomileri (bayanlar için), beden eğitimi, matematik (erkekler için), bilgisayar bilimleri ve dini çalışmalardan oluşmaktadır.[200]

Suudi Arabistan'da yüksek eğitime baktığımızda; 24 devlet üniversitesi, ilkokul için 18 tane bayanların girebildiği öğretmen okulu, 80 tane erkeklerin okuyabildiği öğretmen okulu, 37 tane sağlık koleji, 12 tane teknik kolej ve 24 tane özel kolej ve üniversite bulunmaktadır.[201] Suudi Arabistan'da kadınlar, Kral Fahd Petrol ve Mineral Üniversitesi dışında, üniversitelerin belli fakültelerine başvurabilmektedirler. Kadınlar, mühendislik, hukuk, eczacılık, medya, jeoloji, petrol ve politik bilimlere kabul edilmemekte, bazı kütüphane ve rekreasyon merkezlerine tamamıyla girememektedirler. Ayrıca önemli bir değişiklik de 2008 yılında ilk defa kadınlar için hukuk eğitim programının düzenlenmiş olmasıdır. Ancak hukuk eğitimi alan kadınlar çalışma hayatına katılamamaktadır. Ülkedeki okulların içinde bulunan 200 kütüphaneden kadınlar yararlanamamakta, 70 kütüphaneden ise erkek akraba aracılığıyla veya sınırlı zamanlarda

---

[200] http://www.impact-se.org/docs/reports/SA/SA2003_ch1.pdf (20.02.2011)

[201] http://www.mohe.gov.sa(20.02.2011)

kullanılabilmektedir. Sadece kadınlar için olan kütüphaneler ise küçük ve yeterli ekipmandan yoksun olarak faaliyet göstermektedir.[202]

Tablo 40
2000-2008 Yılları Arasında Suudi Arabistan'da Eğitim Türlerine Göre Kayıtlı Öğrenci Sayısı

	2000/2001				2007/2008			
	Erkek	Toplama Oranı %	Bayan	Toplama Oranı %	Erkek	Toplama Oranı %	Bayan	Toplama Oranı %
İlkokul	1.189.364	51,03	1.095.964	50,87	1.626.252	48,64	1.547.555	48,10
Ortaokul	582.490	25	491.311	22,8	730.548	21,85	702.060	21,82
Lise	390.418	16,75	365.559	16,97	697.391	20,85	616.451	19,16
Ortaokul Diploması	19.783	0,85	18.469	0,86	82.597	2,47	13.836	0,43
Üniversite	143.925	6,18	180.498	8,38	198.178	5,92	331.322	10,29
Yüksek Lisans	3.586	0,15	2.188	0,1	6.530	0,19	4.643	0,14
Doktora	977	0,04	462	0,02	1.907	0,05	894	0,02
Toplam	2.330.543	100	2.154.451	100	3.343.403	100	3.216.761	100

Kaynak: SAMA Forty Six Report verilerinden düzenlenmiştir. www.sama.gov.sa (12.01.2011)

Yukarıdaki **Tablo 40'da** 2000-2007 yılları arasında Suudi Arabistan'da eğitim türlerine göre, kadın ve erkeklerin dağılımı gösterilmektedir. Tabloya göre, 2000/2001 döneminde erkeklerin %51,03 kadınların da yaklaşık %50,87'si ilkokula kayıtlı görünürken, 2007/2008 döneminde ilkokula giden erkek sayısı %48,64'e, kadın sayısı ise aynı şekilde %48,1'e düşmüştür. Ortaokula giden kişi sayısında her iki grup içerisinde 2000-2007 yılı arasında azalma olurken, liseye giden kişi sayısı artmıştır. Ancak ilkokul ya da ortaokuldan sonra devam eden kadın ve erkek oranlarında azalma olduğu görülmektedir. Kadınların okula devam edememesinin en önemli nedeni, erken yaşta evlendirilmeleri ve aile sorumluluğu verilmeye çalışılmasından kaynaklanmaktadır.

Üniversiteye gidebilen kadın sayısını incelediğimizde, erkeklerden daha fazla olurken yüksek lisans ve doktora programlarına devam eden kişi sayısı ise her iki grupta da düşük seviyelerdedir. Yüksek lisans ve doktora çalışmalarında, erkeklerin her türlü çalışma alanları bulunurken, kadınlar sadece eğitim alanında çalışmalarını sürdürebilmektedir. Aile hayatında kadının üstlendiği rol ve çocuğu yetiştirecek pozisyonda olması kadınlara verilen eğitimin, Suudi Arabistan'da sınırlı olsa da artmasına neden olmuştur. Suudi Arabistan'da 2000-2008 yılları

---

[202] Amani Hamdan, **Women and Education in Saudi Arabia**, International Education Journal Canada,2005,6(1),42-64,ss.51-54

arasında ortaokul diplomasının payına baktığımızda erkeklerin oranı kadınlardan daha fazla olup, erkeklerin oranı %2,47 kadınların ise %0,43 olarak gerçekleşmiştir. Erkeklerin evin geçimi nedeniyle daha fazla okumak yerine kısa sürede iş sağlamak amacıyla mesleki eğitimlere yönelmesi ortaokul diplomasının payının artmasında önemli bir etken olduğu söylenebilir. **Aşağıdaki Şekil 12'de** 2000-2008 yılları arasındaki mezun öğrenci sayıları gösterilmektedir.

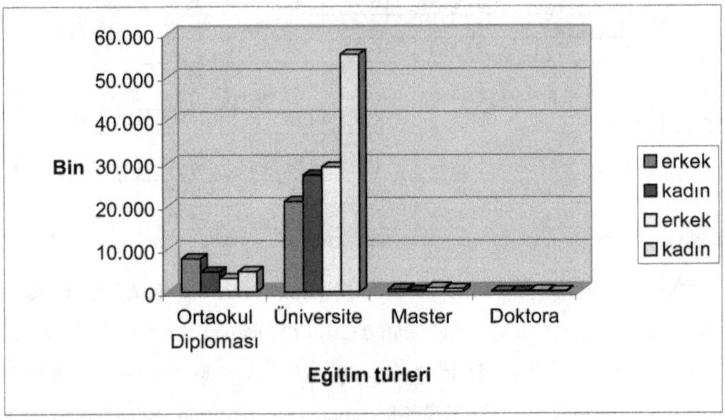

Şekil 12: 2000-2008 Yılları Arasında Eğitim Türlerine Göre Suudi Arabistan'da Mezun Öğrenci Sayısı

Kaynak: SAMA Annual Fıfty Five Report verilerinden düzenlenmiştir. www.sama.gov.sa (12.01.2011)

Tablo 41
Eğitim Türlerine Göre 1970-2007 Yılları Arasında Okul Sayısı

	İlkokul		Ortaokul		Lise		
	Kadın	Erkek	Kadın	Erkek	Kadın	Erkek	Toplam
1970	4716	12.719	348	3017	21	636	21.457
1974	8364	21.392	1771	5668	449	1683	39.327
1980	19.645	30.365	5718	11.050	2.329	3.633	72.740
1985	39.563	48.037	12244	17.704	5.938	6.186	129.672
1990	53.587	59.228	16.884	23.031	9.048	9.305	171.083
1995	80.734	80.198	30.112	35.165	16.970	14.598	257.777
2000	100.770	89.800	43.565	43.184	30.516	24.803	332.638
2005	109.629	103.726	52.784	51.891	42.365	37.389	397.784
2007	113.828	107.227	57.531	54.034	46.715	41.108	420.443

Kaynak: SAMA verilerinden düzenlenmiştir. www.sama.gov.sa (12.01.2011)

Yukarıdaki **Tablo 41'de** görüldüğü gibi, Suudi Arabistan'da eğitime yapılan harcamalar ile doğru orantılı olarak okul sayısında da artış gerçekleşmiştir. 1970 yılında 21.457 okul varken, 1990'lı yıllarda 171.083'e çıkmış, 2007 yılına gelindiğinde ise toplam okul sayısı 420.443'lere ulaşmıştır. Okul türlerine göre de en fazla ilkokul, olmakla beraber, onu sırasıyla orta ve lise izlemektedir. Cinsiyete göre okul yapısına baktığımızda 1970'li yıllarda kadınların gidebildiği okul sayısı, erkeklerinkinin yaklaşık 3'de biri iken, 1990'lardan sonra bu fark kapanmaya başlamış, 2000'li yıllardan sonra kadınların okuyabildiği okul sayısı ilkokul, ortaokul ve lise seviyelerinde artarak erkeklerin okul sayısını geçmiştir. 2007 yılında ise kadınlara yönelik okul sayısında artış devam etmiş ve toplam okul sayısının % 51'ini oluşturmuştur.

Suudi Arabistan'da eğitim konusunda bir diğer önemli konu da özellikle istihdam sağlayabilmek amacıyla mesleki ve teknik eğitim okullarına önem verilmesi ve mesleki teknik eğitim veren okulların sayısının arttırılmaya çalışılmasıdır. Özellikle işsizlik oranındaki artışlar, Suudi Arabistan hükümetinin eğitim politikasını mesleki ve teknik eğitime yönlendirmesine neden olmuştur. Mesleki ve teknik eğitimle ilgili okullara baktığımızda, büyük bir bölümünü, teknik kolejler ve mesleki eğitim enstitüleri oluşturmaktadır. Yıllar itibariyle, mesleki eğitimle ilgili okul sayısı, 1984-2005 yılı arasında %100 artış gösterek 2005 yılında 96'ya 2007 yılında ise 117'e ulaşmıştır. Öğrenci sayısı ise 1984-2007 yılları arasında yaklaşık dört kat artarak 76.462 öğrenci sayısı ulaşmasına rağmen, mezun öğrenci sayısının toplam öğrenci sayısının üçte biri seviyelerinde gerçekleştiği **aşağıdaki Tablo 42'de** görülmektedir. Aynı zamanda mesleki ve teknik eğitim açısından, piyasanın aramış olduğu nitelikleri karşılayamaması işsizlik için olumsuz etkenlerden biri olarak kabul edilmektedir.

Tablo 42
1984-2007 Çeşitli Yıllarındaki Suudi Arabistan'da Mesleki ve Teknik Eğitimin Yapısı

	Okul Sayısı	Öğrenci Sayısı	Mezun Sayısı
1984	48	20.143	9.382
1990	56	27.079	11.013
1995	68	38.083	13.118
2000	77	50.004	12.135
2005	96	74.101	24.519
2006	113	67.399	25.400
2007	117	76.462	23.133

Kaynak: SAMA Forty Five Report verilerinden düzenlenmiştir. www.sama.gov.sa (12.01.2011)

3.5.2. İstihdam

Suudi Arabistan'da işgücünün büyük bir bölümünü erkekler oluşturmakta olup, istihdam edilen erkeklerin oranı ortalama olarak yaklaşık %86 seviyelerinde iken kadınların oranı %14 seviyelerinde kalmaktadır. Kadınların çeşitli okullarda eğitim almalarına karşın, iş hayatında aktif bir şekilde katılımları çok düşük seviyelerdedir. Kadınların iyi eğitim alması, aile hayatının geleceği ve çocuk gelişimi açısından düşünülmekte, çalışma hayatına katılmak isteyen kadınlar ise belirli alanlarla (öğretmenlik, hemşire) sınırlandırılmaktadır. Ayrıca, kadınların, temel eğitimde dini ve ev işleri ile ilgili eğitime yönlendirilmeleri, üniversite eğitiminde belirli alanlarla kısıtlanmaları da kadınların istihdamını olumsuz yönde etkileyen diğer bir unsur olarak söylenebilir. İşsizlik oranlarına baktığımızda, işsiz olan erkeklerin oranı, yıllar itibariyle düşüş gösterirken, kadınların oranında artış olduğu görülmektedir. 1999 yılında erkek işsiz oranı % 72 iken, kadın işsiz oranı %28 seviyelerindedir. Ancak 2009 yılına gelindiğinde kadın ve erkek işsiz oranları arasındaki fark kapanmış, sırasıyla kadınlarda %44, erkeklerde %56 seviyelerinde gerçekleşmiştir. Dolayısıyla daha fazla kadın çalışma hayatından çekilirken, erkeklerin ise, teknik ve mesleki eğitimler ve çeşitli istihdam olanakları iş hayatına katılımları sağlanmıştır. **Aşağıdaki Tablo 43'de** yıllara göre

Suudi Arabistan'da kadın ve erkeklerin istihdamı ile işsizlik oranları yer almaktadır.

Tablo 43
1999-2009 Yılları Arasında Cinsiyete Göre İstihdamın Yapısı

	İstihdam				İşsizlik Oranı			
	Kadın	Toplama Oranı %	Erkek	Toplama Oranı %	Kadın	Toplama Oranı %	Erkek	Toplama Oranı %
1999	792.233	14,1	4.800.621	85,9	70.274	27,6	183.780	72,4
2000	769.827	13,4	4.943.518	86,6	79.316	28,9	194.327	71,1
2001	780.892	13,4	5.027.723	86,6	78.586	27,9	202.566	72,1
2002	797.183	13,4	5.115.824	86,6	103.662	31,5	224.983	68,5
2003	863.262	13,6	5.452.240	86,4	123.457	33,1	248.502	66,9
2004	929.340	13,8	5.788.657	86,2	143.252	34,4	272.022	65,6
2005	995.419	13,9	6.125.073	86,1	163.046	35,5	295.541	64,5
2006	1.061.497	14,1	6.461.489	85,9	182.841	36,4	319.060	63,6
2007-1	1.102.324	14,1	6.664.017	85,9	167.840	36,2	295.473	63,8
2007-2	1.048.881	13,5	6.695.570	86,5	188.807	39,3	291.271	60,7
2008-1	1.119.592	14	6.837.240	86	167.660	40,1	250.402	59,9
2008-2	1.065.462	13,2	6.951.838	86,8	181.417	41,4	256.231	58,6
2009	1.078.554	13,2	7.069.438	86,8	204.467	44,1	258.542	55,9

Kaynak: www.cdsi.gov.sa(16.01.2011)

Suudi Arabistan'da özel sektörde istihdam edilen işgücünün büyük bir kısmını yabancı işçiler oluştururken, kamu sektöründe Suudi vatandaşlara daha fazla istihdam sağlanmaktadır. 1970 yılında, kamuda çalışan kişi sayısı 100.000 kişi iken, 2008 yılına gelindiğinde, yaklaşık olarak 900.000'e çıkmıştır. Yabancıların sayısına baktığımızda ise, 1990 yılında 100.000'in üzerine çıkmasına rağmen, 2000'li yıllarda azalma göstererek, 2008 yılında 72.865 bin yabancı işçinin kamu sektöründe çalıştığı söylenebilmektedir. Kamuda yoğun Suudi işgücünün olmasının en önemli sebebi, hem ücretlerin hem de çalışma saatlerinin özel sektöre daha uygun olmasından kaynaklanmaktadır. Özel sektörde çalışanların oranlarına baktığımızda, kamu sektörünün aksine Suudi Arabistan'da yabancı işgücünün oranı 2009 yılında %90'lara ulaşırken, Suudi işgücünün %10'larda kaldığı görülmektedir. Suudi işgücünün özel sektörde az olmasının en önemli nedeni ise Suudi vatandaşların çok fazla çalışmak istememesi, yüksek ücret talep etmeleri, işe uygun nitelikte olmamaları, çoğunlukla yönetim pozisyonundan başlamak istemeleridir. **Aşağıdaki Şekil 13 ve 14'de** çalışan işgücünün yıllara göre kamu ve özel sektördeki yapısı görülmektedir.

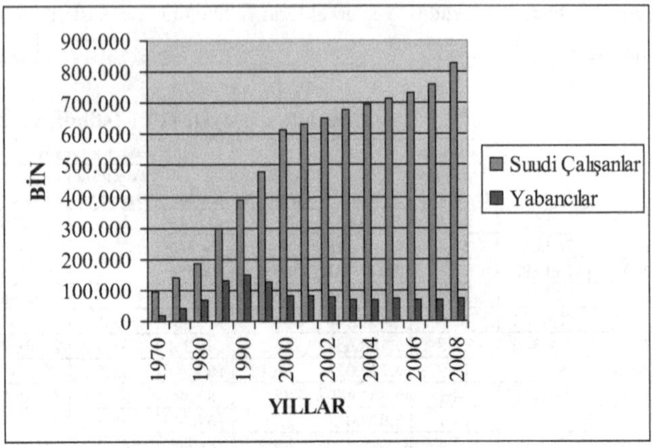

Şekil 13: Çeşitli Yıllarda Kamuda Çalışanların Vatandaşlık Durumlarına Göre Miktarı

Kaynak: www.cdsi.gov.sa verilerinden düzenlenmiştir. (16.01.2011)

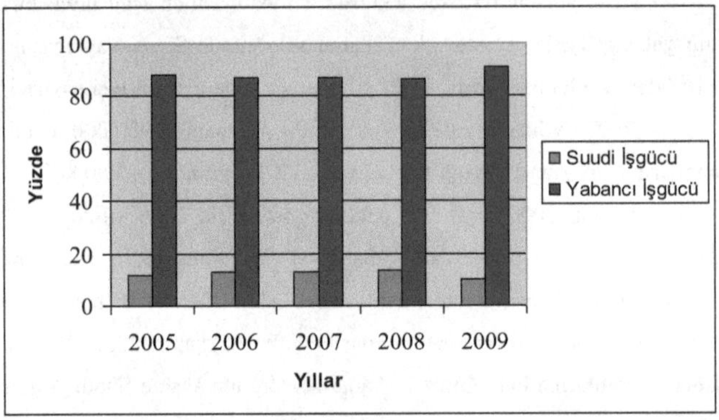

Şekil 14: Çeşitli Yıllarda Özel Sektörde Çalışanların Vatandaşlık Durumlarına Göre Miktarı

Kaynak: Annual 45 ve Annual 46 Report verilerinden düzenlenmiştir. www.sama.gov.sa (12.01.2011)

İşgücünün sektörlere göre dağılımına baktığımızda, yıllar itibariyle tarım sektörünün payının azaldığı görülmektedir. 1975 yılında toplam istihdamın yaklaşık olarak %40'ını oluştururken, sınırlı tarım alanları ve iklim şartları nedeniyle, 1990 yılında bu oran %9,9'a düşmüş, 2009 yılında ise payı %4 olarak gerçekleşmiştir.

İmalat sanayisinde çalışan kişi sayısı da 1975 yılında %4,2 iken, 1985 yılında payı %8,1'lere çıkmış ve inşaat sektöründeki daralmaya bağlı olarak 1990 yılında çalışan sayısı %6,4'e düşmüştür. 1990 yılından sonra, ise imalat sanayisinde çalışan kişi sayısında 1995 yılı hariç azalma gerçekleşmiş ve 2009 yılı itibariyle toplam istihdamın %6,5'unu meydana getirmiştir. 1975-1985 yılları arasında inşaat sektöründeki istihdam oranı imalat sektörüyle paralellik göstermektedir. İmalat sektöründeki gelişmeler inşaat sektörünü de olumlu etkilemiş, 1985 yılında işgücü oranı %28'lere ulaşmıştır. Ancak inşaat sektöründeki daralmaya bağlı olarak istihdam oranları 2000 yılına kadar düşmüş, 2000 yılından itibaren ekonomik büyümeyle beraber inşaat sektöründeki istihdam oranları artarak %11,8'e yükselmiştir.

Suudi Arabistan'da istihdamın en yoğun alanlardan biri de ticaret olup, 1975 yılında payı %8,8 iken, 2009 yılında bu oran %17,2 olmuştur. Finans sektöründe çalışan işgücü oranı da emlak, sigortacılık ve bankacılık hizmetlerindeki gelişmeye bağlı olarak artış göstermiş, 1975 yılında işgücündeki payı %0,8 iken, 2009 yılında payı %5'e ulaşmıştır. Ulaşım, iletişim sektörlerinin de işgücü oranları dalgalı bir seyir izlemekle beraber, 2009 yılı itibariyle mevcut işgücünün %4,6'sını oluşturmaktadır. **Aşağıdaki Şekil 15'te** işgücünün 1975-2009 yılları arasında sektörlere göre dağılımı gösterilmektedir.

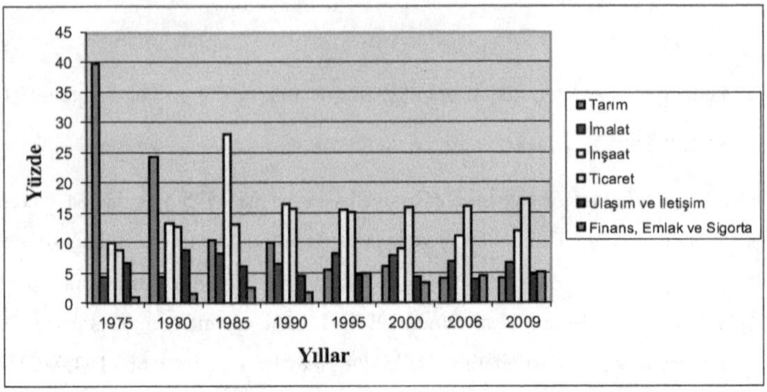

Şekil 15: Suudi Arabistan'da 1975- 2009 Yılları Arasında İşgücünün Seçilmiş Sektörlere Göre Dağılımı (%)

Kaynak: www.mep.gov.sa verileri ile www.cdsi.gov.sa verilerinden düzenlenmiştir. (28.04.2011)

3.5.3. Sağlık

Suudi Arabistan'da sağlık sektörü ile ilgili olarak, yıllar itibariyle önemli gelişmeler kaydedilmiştir. Sağlık hizmetlerinde hastane, doktor ve hemşire ve yatak sayısı ekonomideki ilerlemelere paralel bir şekilde artış göstermiştir.

Tablo 44
Suudi Arabistan'da 1979-2009 Yılları Arasında Sağlık Sektörünün Yapısı

	Hastane Sayısı	Doktor Sayısı	Hemşire Sayısı	Yatak Sayısı	Yardımcı Personel Sayısı	Sağlık Bakım Merkezleri	Özel dispanserler
1979	67	-	-	10.978	-	824	-
1980	69	3793	6789	14.451	2.644	889	-
1985	145	15.072	29.761	30.959	13.219	1.306	224
1990	227	23.077	48.066	39.452	25.729	1.668	392
1995	175	30.306	60.736	41.916	33.047	1.725	591
2000	318	31.222	66.948	45.919	40.422	1.766	708
2005	364	40.265	78.587	51.130	44.853	1.848	1.043
2006	374	43.348	79.994	53.020	45.973	1.905	1.055
2007	384	45.589	83.868	53.464	49.139	1.925	1.057
2008	387	47.919	93.735	53.519	51.288	1.925	1.152
2009	393	52.838	101.298	53.888	55.926	1.986	1.871

Kaynak: SAMA Annual 45 ve 46 Reportlarından düzenlenmiştir. www.sama.gov.sa, (12.01.2011)

Yukarıdaki **Tablo 44'de** yıllara göre hastane, doktor, hemşire, yatak, yardımcı personel ve sağlık merkezlerinin sayıları gösterilmektedir. Sağlık sektöründeki gelişmelerde tablo 42'ye göre sağlık merkezlerinin ve özel dispanserlerin sayısı sırasıyla 2009 yılında 1986 ve 1871 olurken, hastane sayısının 393 ile sınırlı kaldığı görülmektedir. Hemşire sayısına baktığımızda, hem doktor hem de yardımcı personel sayısının yaklaşık olarak iki katı olduğu görülmektedir. Başlangıçta hiç doktor ve hemşire olmamasına rağmen, ekonomi alanında sağlanan gelişmeler sağlık alanına yansımış, her ne kadar sağlık hizmetlerine ayrılan pay savunma ve eğitime göre daha az olsa da 21 yıllık süreç içerisinde sağlık sektöründeki tüm unsurlarda muazzam artışlar yaşanmıştır.

Sağlık sektöründe, bir diğer önemli konu ise doğan bir kişinin yaşam süresi, bir yaş bebek ölüm oranı ile beş yaş altındaki bebek ölüm oranları da ülkenin sağlık hizmetleri hakkında önemli göstergelerdir.

Tablo 45
1990-2008 Yılları Arasında Suudi Arabistan'da Hayat Süreleri ve Ölüm Oranları

	1990	2000	2008
Hayat Süresi (yıl)			
Erkek	66	69	69
Kadın	71	75	75
Bebek Ölüm Oranı (Her doğan canlı 1000 kişide)			
Erkek	37	21	19
Kız	33	19	18
Beş Yaş Altı Bebek Ölüm Oranı (Her doğan canlı 1000 kişide)			
Kız	39	21	19
Erkek	47	25	23
Yetişkin Ölüm Oranı (15-60 yaş arasında) Nüfusun her 1000 kişide			
Erkek	217	191	186
Kadın	139	106	103

Kaynak: http:// www.who.int/whosis(12.01.2011)

Yukarıdaki **Tablo 45'de** Suudi Arabistan'daki hayat süresi ile bebek ve yetişkin ölüm oranları görülmektedir. **Tabloya göre**, kadınlardaki hayat süresi, erkeklere göre yüksek olup, erkeklerde hayatı geçirme süresi on sekiz yıllık süreç içerisinde 69'dan 71'e çıkarken, kadınlarda 71'den 75'e çıkmıştır. 1970 yılından 2008'e kadar hem bebek ölüm oranı hem de beş yaş altı ölüm oranında önemli oranda azalma gerçekleşmiştir. 1970 yılında sırasıyla her doğan yeni bebekten 118'i ölürken, 2008 yılında ortalama olarak bu oran 19'a inmiştir. Beş yaş altı ölüm oranlarında oranında ise 1970 yılında her 1000 kişide 185 kişi iken 2008 yılı itibariyle ortalama %21'lere düşmüştür.[203] Sağlık alanındaki gelişmeler sonucunda muazzam ilerlemeler sağlanmasına rağmen, bebek ve beş yaş altı ölüm oranlarında gelişmiş ülkelerin seviyesine ulaşılamadığı söylenebilir. 15-60 yaş arası yetişkin ölüm oranlarına baktığımızda, her iki cinste ölüm

---

[203] **Annual Fourty Four Report**, www.sama.gov.sa,(12.01.2011)

oranlarının azalmasına karşın, erkeklerdeki ölüm oranı kadınlara göre daha fazla artış göstermektedir.

3.5.4. Nüfus

Suudi Arabistan'ın toplam nüfusu 2009 yılı itibariyle 25.373.512'dir. Bu nüfusun, %73 Suudi vatandaşları oluştururken, % 27'sini yabancı vatandaşlar oluşturmaktadır. 1974 yılında yabancıların sayısı, yaklaşık olarak 800 bin iken, 2009 yılında yabancı sayısının beş milyonu aştığı görülmektedir. Suudi vatandaşların sayısı, aynı dönemde beş milyon iken, 2009 yılında bu sayı, yabancı vatandaşların sayısına göre dört artış gösterdiği **Aşağıdaki Şekil 16'da** belirtilmektedir.

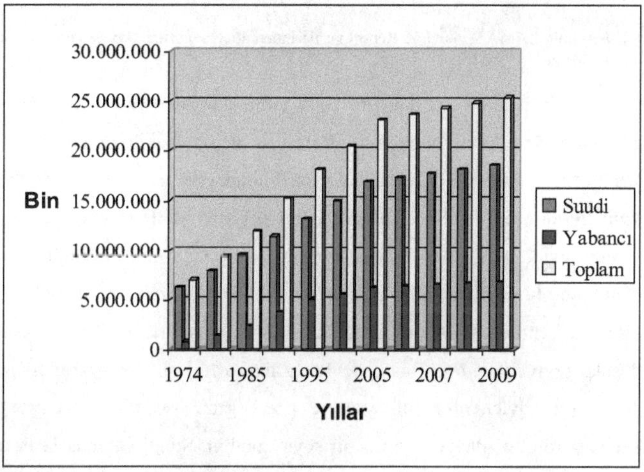

Şekil 16: 1974-2009 Yılları Arasında Suudi Arabistan'ın Nüfusu

Kaynak: SAMA 45 Annual Report verilerinden düzenlenmiştir. www.sama.gov.sa (12.01.2011)

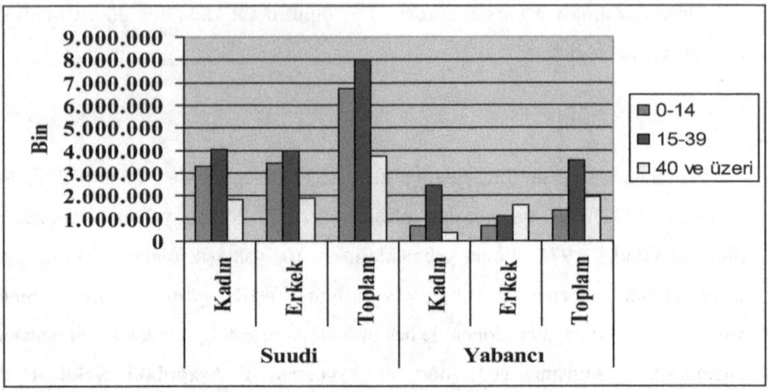

Şekil 17: 2009 Yılında Yaş ve Cinsiyete Göre Suudi Arabistan'ın Nüfus Yapısı

Kaynak: SAMA Annual 46 Report verilerinden düzenlenmiştir. www.sama.gov.sa (12.01.2011)

Yukarıdaki **Şekil 17'de** 2009 yılında Suudi Arabistan'da yaş gruplarına göre kadın ve erkeklerin dağılımı gösterilmektedir. Şekilde görüldüğü üzere, 0-14 yaş nüfus oranı, Suudi vatandaşlarda, yabancı vatandaşlara göre daha yüksek seviyelerde olup, 15-39 yaş grubunun sayısına yaklaşmıştır. Dolayısıyla, 0-14 yaş grubundaki yükseliş doğum oranlarındaki artışın devam ettiğini, aktif nüfusa olan bağımlılığında arttığını göstermektedir. Suudi Arabistan'da yabancı sayısı az olmakla beraber, 0-14 yaş grubundaki artış oranları, 15-39 yaş grubuna göre düşük seviyelerdedir. Bu nedenle nüfus artış hızının yabancılarda azalma gösterdiği söylenebilir. 40 yaş ve üzeri grup ise diğer iki yaş grubu ile karşılaştırdığımızda daha yavaş bir seyir izlediği, Suudi vatandaşların toplamının, yabancı vatandaşlara göre yaklaşık olarak dört kat bir artışa ulaştığı görülmektedir.

4. BİRLEŞİK ARAP EMİRLİKLERİ'NİN EKONOMİK YAPISI VE SEKTÖRLERE GÖRE GELİŞİMİ

4.1. Birleşik Arap Emirlikleri'nin Ekonomik Yapısı

Başlangıçta İngiliz hâkimiyetinde ayrı birer emirlik olarak faaliyet gösteren bölgede petrol bulunmadan önce, ülke ekonomisi, tarım, hayvancılık, inci avcılığı ile balıkçılık ve denizcilik faaliyetlerine dayanmaktadır. Dolayısıyla, ülkenin ekonomik yapısı, sınırlı kaynaklar nedeniyle, geçinmeyi sağlamaya yönelik bir yapıya sahip olmaktadır. Petrolün bulunması aynı zamanda bölgenin İngiltere'den ayrılarak bağımsızlığını elde etmesi ülkenin ekonomik ve siyasi yapısını değiştirmiş, ülkenin gelir kaynağının ana hammaddesini de 1970 yıllardan itibaren ham petrol ve petrol ürünleri oluşturmuştur. Böylelikle, artan petrol fiyatları ve ihracatına bağlı olarak, ülkenin ekonomik kalkınma çalışmaları hız kazanmıştır.

Birleşik Arap Emirlikleri, 1971 yılında kurulmuş olup, Abu Dhabi, Dubai, Sharjah, Ajman, Umm al-Qaiwain, Ra's al-Khaimah ve Fujairah olmak üzere yedi emirlikten meydana gelmektedir. Ülkedeki kanıtlanmış petrol rezervinin %94'ü, gaz rezervinin %90'ını Abu Dhabi'de gerçekleşmekte, imalat, ticaret merkezleri ve önemli işletmelerin büyük bir kısmı yine Abu Dhabi Emirliğinde yer almaktadır. Ülkedeki petrol ve gaz rezervlerinin bulunduğu diğer önemli Emirlikler ise Dubai ve Sharjah emirlikleri olup, bu emirlikleri, sırasıyla Ra's Al-Khaımah ve Ajman Emirlikleri izlemektedir. Dubai Emirliği petrolün dışında, aynı zamanda ülkenin önemli gelir kaynaklarından biri olan turizm faaliyetlerinin de merkezi konumundadır.[204]

Birleşik Arap Emirlikleri'nin, başlangıçtaki geliri, **aşağıdaki şekil 18'de** görüldüğü üzere, sınırlı kaynaklardan dolayı 6.450 milyar Dirhem(1 Dirhem = 3,6725) olarak gerçekleşmiştir. Ancak petrol fiyatlarındaki yükselişe bağlı olarak, ülkenin Gayri Safi Yurtiçi Hâsılası 1975 yılında yaklaşık 5 kat artarak 31.123 milyar Dirheme ulaşmış, yeni petrol alanlarının bulunması ve diğer sektörlerdeki ilerlemelerle birlikte, on yıllık bir sürecin sonunda, ülkenin geliri 100 milyar Dirhemi aşmıştır. 1985-2008 yılları arasında ülke ekonomisi büyümeye devam

---

[204] www.yearbook.uaeinteract.com/Yearbooks,2003, s.130, (23.03.2011)

etmiş, 2008 yılında Birleşik Arap Emirlikleri'nin geliri yaklaşık olarak 10 kat artarak 921 milyar Dirheme ulaşmıştır. Her ne kadar bu dönemler içerisinde ham petrol ve gaz sektörü önemli gelir kaynağı olmasına rağmen, yıllar itibariyle Gayri Safi Yurt İçi Hâsıladaki payı azalmıştır. 2008 yılında ise hidrokarbon sektörü toplamın %38'ini meydana getirmiştir. Petrol dışı sektörlerin payı ise 1975 yılında gelirin %33'ünü oluştururken, 2008 yılında, %62'sini gerçekleştirmiştir. Bu sektörler imalat sanayisi ile hizmetler sektörü olup (turizm, depolama hizmetleri, ticaret, finans ve sigorta faaliyetlerinin) ülke gelirini yükselten önemli değişkenlerdir. Dolayısıyla ülke ekonomisini çeşitlendirmeye yönelik çalışmaların arttığı **aşağıda Tablo 46'da** görülmektedir.

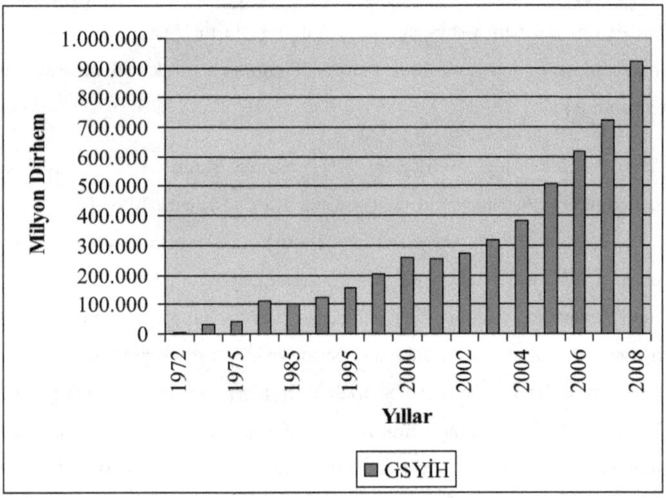

Şekil 18: 1972-2008 Yılları Arasında Birleşik Arap Emirlikleri'nde GSYİH (cari fiyatlarla)

(Kur sabit olup, 1$= 3,67 Dirhem'dir.)

Kaynak: Arap Monetary Fund www.amf.org.ae (23.03.2011) ile Ali Tawfik Al Sadik, **Evolution and Performance of the UAE Economy**, 1972-1998, s.202, http://www.uaeinteract.com/uaeint_misc/pdf/perspectives/10.pdf,s.228, (25.03.2011) verilerinden derlenmiştir.

Tablo 46
1975-2008 Yılları Arasında Birleşik Arap Emirlikleri'nde Sektörlere Göre Gayri Safi Yurtiçi Hâsılanın Dağılımı (Cari fiyatlarla)

Sektörler	1975	1980	1985	1990	1995	2000	2005	2008
Tarım, Canlı Hayvan ve Balıkçılık	0,7	0,9	1,5	2	2	3,5	2	1,3
Ham Petrol	67,7	56,4	44	46	41	34	37	38,2
İmalat	0,9	6,9	9,2	8	9	14	12,1	13
Elektrik ve Su	0,5	1	2,2	2	2,1	2	2	2
İnşaat	9	8,1	9	8	8,4	7	7,3	8
Ticaret, Restoran ve Hoteller	9,3	9	9	9	10	11	12	11
Ulaşım, Depolama ve İletişim	3	3,4	4	5	6	7	6,1	6
Finans, Sigorta	1,6	3,5	5,1	4,1	4,3	4,1	6,4	5,8
Emlak	2,5	3,8	5	5,5	6,2	7,4	7,1	7,4
Hükümet Hizmetleri	4,8	7	11	10,4	11	10	8	7,3
Toplam	100	100	100	100	100	100	100	100

Kaynak: Arap Monetary Fund www.amf.org.ae (23.03.2011) ve Mohammed Shibab, a.g.e., s.253 verilerinden düzenlenmiştir

4.2. Birleşik Arap Emirlikleri'nin Sektörler İtibariyle Ekonomik Gelişimi

4.2.1. Tarım Sektörü

Birleşik Arap Emirlikleri'nin tarım politikası, gıda ithalatını azaltmak, ülkenin üretimini genişletmek, kırsal alandaki gelir ve istihdamı arttırmak olarak belirlenmiştir. Dolayısıyla hükümet, gerekli sulama sistemlerinin kurulması, toprak dağıtımının yapılması, toprakların tarıma elverişli hale getirilmesi, kırsal bölgedeki yolların iyileştirilmesinin yanı sıra, çiftçilere tohum, gübre dağıtımında bulunulması, kredi ve diğer hizmetlerin sağlanması, gibi politikalar uygulayarak tarım sektörünü geliştirmeye çalışmıştır. Aynı zamanda, Birleşik Arap Emirlikleri hükümeti, çiftçilerin tarımsal ihtiyaçlarını karşılayabilmeleri (sulama sistemleri, sera, çit ve balıkçılık için gereken bot makineleri) amacıyla 1978 yılında faizsiz olarak borç para verdiği, tarımsal kredi hizmetini de ortaya koymuştur.[205]

[205] Mohammed Shibab, **Economic Development in UAE**, (ed.) Ibrahım Al Abed ve Peter Hellyer, Trident Press Limited, Londra, 2001, s.251

Birleşik Arap Emirlikleri'nde tarım sektörü geliştirilmeye çalışılmasına rağmen, Gayri Safi Yurt İçi Hâsıladaki payı 1975-2008 yılları arasında ortalama olarak %1,7 seviyelerindedir. Tarım sektörünün payının düşük olmasında, verimli tarım alanlarının yetersizliği, su kaynaklarının kıtlığı ve iklim şartlarının tarım yapmaya uygun olmaması en önemli nedenler arasında sayılmaktadır. Bu nedenle Birleşik Arap Emirlikleri, kendi üretim yapmakla beraber, tarım ürünlerinde dışarıya bağımlı olduğu söylenebilmektedir.

Tablo 47
1996-2003 Yılları Arasında Birleşik Arap Emirlikleri'nde Toplam, Ekilen Alan ile Çiftlik Sayısı

	Toplam Alan (Dönüm)	Ekilen Alan (Dönüm)	Çiftlik Sayısı
1996	798.962	574.872	22.797
1997	879.307	661.388	23.930
1998	1.113.562	933.328	25.212
1999	2.359.479	2.144.216	28.369
2000	2.733.324	2.446.125	35.584
2001	2.690.594	2.414.425	37.550
2002	2.709.415	2.424.223	38.209
2003	2.607.324	2.285.903	38.548

Kaynak: www. uaeagricent.moew.gov.ae/STATISTICS/1.htm(26.03.2011)

Yukarıdaki **Tablo 47'de** Birleşik Arap Emirlikleri'nde 1996-2003 yılları arasında toplam alan, ekilen alan birlikte, çiftlik sayıları gösterilmektedir. 1996 yılından itibaren tarıma elverişli toplam alan ile ekilen alanın artmaya başladığı, 1999 yılında ise bir önceki yıla göre 2 kat daha fazla alana ekim yapılmıştır. Dolayısıyla ekim alanının genişlediği dönemde, tarımın Gayri Safi Milli Hâsıladaki payı da yükselerek %2'den %3,5'e çıkmıştır. 2000 yılından itibaren hem tarım yapılan alan hem de ekilen alan miktarında dalgalı bir seyir izlemiş ve 2003 yılında toplam alan 2.607.324 dönüm olurken, ekili alan ise 2.285.903 olarak gerçekleşmiştir. Tarım için uygun şartlara sahip alanların büyük oranda ekim yapıldığı söylenebilmektedir. Çiftlik sayılarına baktığımızda artış eğilimi göstererek, 2000 yılında 35.584, 2003 yılında ise 38.548 olmuştur.

4.2.2. Sanayi Sektörü

Birleşik Arap Emirlikleri'nin sanayisinin temelini, petrol ve gaz sektörü oluşturmakla beraber, alüminyum, kimya, ağır metal, çelik, plastik, tekstil, gemi sanayisi ve yiyecek ürünleri ile de endüstriyel yapısını çeşitlendirmeye çalışmaktadır. Birleşik Arap Emirlikleri'nin sanayi politikasının en önemli aşamasını serbest ticaret bölgeleri oluşturmaktadır. Serbest ticaret bölgelerindeki firmalar %100 yabancı sermayeli girişimler olup, ithalat ve ihracat vergilerinden muaftırlar. Firmalar kâr ve sermayelerini ülke dışına çıkarabildikleri gibi, aynı zamanda gelir vergisi ödememekte, emek gereksinimi veya çeşitli hizmetlerle ilgili yardım alabilmektedirler. Ayrıca serbest ticaret bölgelerindeki firmalar 15 yıl boyunca kurumlar vergisi ödememekte ve sözleşme yenilendiği takdirde ek bir 15 yıl daha muafiyet elde edebilmektedirler.[206]

Serbest ticaret bölgeleri içerisinde en gelişmiş olanı 1985 yılında kurulan Jebel Ali 'deki serbest ticaret bölgesi olup, bu serbest ticaret bölgesinde hafif sanayi ve çoğunlukla son aşamaya gelen malların montajına ilişkin firmalar bulunmaktadır. Jebel Ali serbest ticaret bölgesinde, 6400'ü aşkın firma olup, Dubai Emirliği'nin ihracatının %50'sinden fazlası, Gayri Safi Milli Hâsılaya katkısının %25'i Jebel Ali ticaret bölgesinden oluşmaktadır. Jebel Ali serbest ticaret bölgesi dışında, Ra's Al Khalimah, Sharjah, Ajman, Fujairah ve Umm Al-Quawain emirliklerinde de serbest ticaret bölgeleri bulunmaktadır.[207]

Birleşik Arap Emirlikleri'nin sanayisini oluşturan alanlarından en önemlisi alüminyumdur. Alüminyum üretiminde, Birleşik Arap Emirlikleri, dünyanın en büyük yedinci üreticisi olarak gösterilmektedir. 1979 yılı başlarında her yıl 135.000 metre/ton alüminyum üretilirken, 2007 yılında sıvılaşmış alüminyum üretimi 870.000 metre/tona yükselmiştir. Alüminyum üretimi ile ilgili olarak, Dubai Alüminyum şirketinin, amacı 2015 yılında dünyanın en büyük beşinci alüminyum üreticisi olmak ve her yıl 2,5 milyon metal ton alüminyum üretebilmektir.[208]

---

[206] www.yearbook.uaeinteract.com/Yearbooks,2003, s.108 (23.03.2011)
[207] Gülsevin Onur, **Birleşik Arap Emirlikleri Ülke Raporu**, İhracatı Geliştirme Merkezi, 2009,s.11
[208] www.yearbook.uaeinteract.com/Yearbooks,2009, ss.106-107, (31.03.2011)

Tablo 48
1991-2008 Yılları Arasında Birleşik Arap Emirlikleri'nde Sektörlerin Üretim Yapıları (milyon AED)

	1991				2008			
	Firma Sayısı	**Yatırılmış Sermaye**	**İşçi Sayısı**	**Finansman Oranı %**	**Firma Sayısı**	**Yatırılmış Sermaye**	**İşçi Sayısı**	**Finansman Oranı %**
Yiyecek, İçecek ve Sigara	77	638	5.600	6,1	359	32.178	30.412	41,7
Giysi ve Tekstil	91	90	13.500	0,9	277	982	31.823	1,2
Mobilya ve Mobilya ürün.	51	103	2.300	0,9	546	873	29.861	1,1
Kâğıt İmalatı	41	314	2.700	3	317	2.037	18.208	2,6
Kimyasal, Petrol ve Plastik Ürün.	161	713	6.700	6,8	734	15.771	38.395	20,4
Metal Dışı Mineral Ürünler (petrol ürün. hariç)	103	3.042	7.700	29	557	11.660	65.023	15,1
Temel Metal Ürün.	8	4.517	2.000	43,1	77	7.470	9.751	9,6
Makine ve Ekipman	170	913	13.200	8,7	1.178	5.892	89.159	7,6
Diğer metal endüstrileri	40	157	1.200	1,5	174	182	5.209	0,2
Toplam	742	10.487	54.900	100	4219	77.045	317.841	100

Kaynak:www.economy.gov.ae verilerinden düzenlenmiştir. (31.03.2011)

Yukarıdaki **Tablo 48**'de Birleşik Arap Emirlikleri'nin 1991-2008 yılları arasındaki endüstriyel yapısını göstermektedir. 1991 yılında, yatırılan sermayenin %43'ünü temel metal ürünleri (alüminyum, çelik, demir) oluştururken, %29'unu inşaat sektörüne girdi sağlayan metal dışı ürünler (çimento, seramik, cam) izlemektedir. Makine ve ekipman sanayisinin payı da %8,7 iken, kimyasal, petrol ve plastik ürünlerinin payının %6,8 olarak gerçekleşmiştir. İşçi sayısına baktığımızda ise 1991 yılında, emek yoğun sektör olan tekstil sektöründe istihdamın yoğunlaştığı onu, sırasıyla makine, ekipman ile metal dışı ürünlerin izlediği görülmektedir.

2008 yılı itibariyle dondurulmuş deniz ürünlerinin ağırlıkta olduğu, yiyecek, içecek sektöründe yatırımların oranında önemli bir artış yaşanmış, toplam yatırılan sermayenin yaklaşık %42'sini meydana getirmiştir. 1991-2008 yılları arasında temel metal ürünlerindeki sermaye oranı %43'den %9,6'ya düşerken, istihdam edilen işçi sayısı 2000'den 9751'e yükselmiştir. Aynı dönemde metal dışı ürünlerin payı düşmüş, kimyasal ürünlerin payı ise artmıştır. Ancak kimyasal ürün imalatında işçi sayısı ile beraber sermaye miktarı artarken, metal dışı ürünlerde istihdam artışı, sermaye artışından daha fazla olmuştur. Makine ve teçhizat sektörü firma sayısının en fazla olduğu sektör olup toplam işçi sayısının %28'ini meydana getirmektedir. Dolayısıyla, Birleşik Arap Emirlikleri'nin sanayi yapısına baktığımızda, yatırımların onyedi yıllık süreç içerisinde tüketim malları ile kimyasal ürünlere yönelik olduğu, temel metal ürünler ile makine teçhizata yapılan yatırımların ise azaldığı görülmektedir.

4.2.3. Dış Ticaret Sektörü ve Ödemeler Dengesi

4.2.3.1. Dış Ticaret Sektörü

Sabit kur politikasının uygulandığı Birleşik Arap Emirlikleri'nde, dış ticareti ağırlıklı olarak petrol ve gaz sektörleri oluşturmaktadır. Dolayısıyla bu emtialardaki fiyat artış ya da azalışlar ile OPEC üretim kotaları ülke ekonomisinin fazla ya da açık vermesine neden olabilmektedir. Ayrıca, serbest bölgeler ile reeksport ihracatı da ülke ekonomisine gelir sağlayan diğer ihracat kalemleri arasında sayılabilmektedir. B.A.E'nde kanıtlanmış petrol rezevi 98 milyar varildir. Bunun yanında kanıtlanmış doğalgaz rezervi ise 6 trilyon m^3'dür. Günlük doğalgaz ihracatı 15 milyon m^3 olarak gerçekleşirken, petrol ihracatı ise 2.327 milyon varil/ gün olarak gerçekleşmektedir.[209]. Suudi Arabistan'a göre Birleşik Arap Emirlikleri hem doğalgaz hem de petrol ihracat eden ülke konumundadır.

Birleşik Arap Emirlikleri'nin ithalat yapısına baktığımızda, ithalatın büyük bir bölümünün tüketim mallarının oluşturduğu onu sırasıyla, sermaye malları ve temel malların izlediği söylenebilmektedir. Tüketim malları talebinin artması, ülkedeki kişi başına düşen gelirin artması ve yükselen talebe bağlı olarak

---

[209] www.opec.org/Annual Statical Bulltein 2009,s.56,(05.05.2011)

gelişmiştir. Sermaye ve temel mal ithalatı da hem serbest bölgelerdeki artan üretimden hem de hem reeksport ihracatındaki artıştan kaynaklanmaktadır.

Tablo 49
1970-2009 Yılları Arasında Birleşik Arap Emirlikleri'nde İhracat ve İthalatın Yapısı (Milyar Dolar)

Yıllar	İhracat	Değişim %	İthalat	Değişim %	Ham Petrol Üretimi (Milyon varil) b/d
1970	233	-	294	-	1.059,5
1974	7.380	3068	1.767	500	1.678,6
1975	7.262	-1,5	2.685	52	1.663,8
1980	20.676	185	8.746	225	1.701,9
1985	14.043	-32	6.549	-25	1.009,1
1990	21.250	51	11.690	78	1.762,6
1995	23.440	11	18.980	63	2.148
2000	45.288	94	27.210	44	2.174,7
2001	48.806	8	37.318	37	2.115,2
2002	52.198	7	36.741	-1	1.900,3
2003	67.182	29	45.855	25	2.248
2004	91.058	36	63.475	37	2.343,6
2005	117.367	29	74.545	18	2.378
2006	145.685	25	100.125	35	2.568
2007	178.752	23	132.198	32	2.529
2008	239.000	34	176.000	34	2.936
2009	163.000	-46	137.000	23	2.599

Kaynak: www. yearbook.uaeinteract.com/ 2006 (31.03.2011), Richard F. Noyrop, **Area Handbook for Persian Gulf States,** Wildside Press USA, 2008, s.320, **IMF, İnternational Financial Statics,Yearbook, 1999, www.nationsencyclopedia.com (31.03.2011) BAE Ülke Raporu ve Ali Tawfik Al -Sadik , a.g.e., s.208 verilerinden** düzenlenmiştir.

(* 1970 yılındaki ithalat rakamı hesaplanırken, döviz kuru, 1972 yılındaki kur olan 4,38 olarak) değerlendirilirken, 1974'teki kur oranı, 3,959, 1975'te ise 3,961 olmuştur.

Yukarıdaki **Tablo 49'da** yıllar itibariyle Birleşik Arap Emirlikleri'ndeki ihracat ve ithalatın payları gösterilmektedir. Başlangıçta, Birleşik Arap Emirlikleri'nin ihracat geliri 233 milyon $'dır. 1974 yılındaki OPEC petrol krizi sonucunda, hem üretilen petrol miktarı yükselmiş hem de ülkenin ihracat gelirinde yaklaşık olarak %3068 oranında büyük bir artış gerçekleşmiştir. Aynı dönemde ülkenin yeniden inşasına yönelik olarak inşaat sektörünün payının artması, çimento, alüminyum ve mobilya ile nüfusun tüketim ihtiyaçlarının karşılanması için yiyecek ithalat edilmesi, ithal payının %500 oranında artmasına neden olmuştur. 1975-1980 yılları arasında üretimin genişlemesi sonucunda ihracat gelirlerinde meydana gelen değişiklik, 1974 yılına göre daha yavaş bir seyir izlemiş, ancak gelir artışı bu dönemde de %185 oranında gerçekleşerek yaklaşık olarak 21 milyar dolara ulaşmıştır. 1980 yılında düşen üretim hem ithalat hem de ihracatın payını azaltırken, 1985 yılındaki OPEC (Petrol İhraç Eden Ülkeler Birliği) toplantısında petrol-fiyat anlaşmasının terk edilmesi sonrasında, Birleşik Arap Emirlikleri'nin üretimi, dolayısıyla ihracat gelirleri hızla artmaya devam etmiştir.

1990-1995 yılları arasında Körfez krizi nedeniyle azalan üretimi telafi edebilmek için üye ülkelerin zararı tazmin edilmeye çalışılması; üretim kotalarını arttırmış, artan üretim kotaları ve yükselen fiyatlara bağlı olarak Birleşik Arap Emirlikleri'nin ham petrol ihracatı da 1980'lerdeki eski seviyesine geri dönmüştür. 2000'li yıllara gelindiğinde, yükselen fiyatlar ile fiyatları istikrarlı hale getirebilmek için üye ülkelerin üretimlerini arttırmaları 2000 yılında ihracat artışının %94 olarak, ithalatın da %44 olarak gerçekleşmesine neden olmuştur.[210]

2001 yılından sonra hidrokarbon sektöründeki azalmayla beraber, serbest bölgeler ile reeksport ihracatının artması ihracat gelirlerini arttırmış, 2004 yılında hem hidrokarbon sektöründe (petrol ve doğalgaz) hem de petrol dışı sektörlerde artış görülmüştür. Komşu ülkelerin reeksport mallarına yönelik talebi ve kişi başına düşen gelirin artması sonucunda iç tüketimin genişlemesi, Birleşik Arap Emirlikleri'nin ithalatını yükselmeye devam etmiş, 2008 yılında ithalatın payı bir önceki yıla göre %34 oranında büyüyerek, 176 milyar dolara ulaşmıştır. 2008 yılındaki dünya ekonomik kriz sonrasında petrol ihraç ettiği ülkelerin ekonomilerin daralması, Birleşik Arap Emirlikleri'nin ihracat gelirlerini olumsuz etkilemiş ve 2009 yılında %46 oranında bir azalma ile 163.000 milyar dolara ulaşmış, ithalat ise aynı dönemde 137 milyar dolar olarak gerçekleşmiştir.

---

[210] Europa Publications Limited, **The Middle East and North Africa** 2004, Lucy Dean (ed), Unwin Brothers Limited, İngiltere, 50. Baskı, 2004, s.11

Tablo 50
2000-2009 Yılları Arasında Birleşik Arap Emirlikleri'nin İhracatının Sektörlere Göre Yapısı (%)

	2000	2005	2006	2007	2008	2009
Canlı Hayvan ve Ürünleri	1	1,6	1,2	1	0,5	1,2
Bitkisel Ürünler	2,7	3,1	1	1	0,6	0,5
Hayvansal ve Diğer Yağlar	2,2	2,2	1,6	1,3	1,2	0,5
Yiyecek, İçecek ve Sigara	3,8	15	9	8,3	6	6,5
Mineral Ürünler	6,5	8	17,2	12	8,2	5,7
Kimyasal Ürünler	3,2	5,6	3,4	3,1	2,4	2,6
Plastik ve Kauçuk Ürünleri	2,1	16,7	10	10,3	9,2	8
Kâğıt Ürünleri	1,6	3,6	2	2,4	1,9	2,2
Tekstil ve Tekstil Ürünleri	10	5	3,3	3,2	2,3	1,5
Seramik ve Cam Üretimi	3,4	5,9	4,2	5,6	16	2,9
Temel Metal Ürünleri	53,4	22	16	14,4	8,6	12,3
Makine ve Makine Parçaları	4,5	3,7	3,6	2,5	1,7	2,1
Ulaşım Araçları	2,7	2	6,4	1,7	0,7	2,6
Diğer İmalat Ürünleri	0,4	1,4	1,3	1,1	0,8	0,6
Koleksiyoncuların Antika ve Parçaları	1	0,2	2,1	0,2	0	0
İnci ve Diğer Metal Ürünler	1,2	3,5	17,4	31,4	39,7	50,4
Deri ve Diğer Hayvan Ürünleri	0,1	0,1	0,1	0,1	0	0
Diğerleri*	0,2	0,4	0,2	0,4	0,2	0,4
Toplam	100	100	100	100	100	100

Kaynak: www.economy.gov.ae/Industry/Export (31.03.2011) ile uaestatics.gov.ae/Foreign Trade (28.04.2011) verilerinden düzenlenmiştir.
* Mobilya ve Hasır Ürünler, Ayakkabı ve Şemsiye, Askeri Mühimmat, Medikal Ürünler

Yukarıdaki **Tablo 50'de** Birleşik Arap Emirlikleri'nin 2000-2009 yılları arasında ihraç ettiği ürünler gösterilmektedir. Körfez ülkelerinde, nüfusun büyümesi, beraberinde inşaatla ilişkili faaliyetlerin artmasına neden olmaktadır. İnşaat sektörünün genişlemesi, ona girdi sağlayan alanların da ihracatını arttırmaktadır. Bu amaçla 2000 yılında ihraç edilen ürünlerin %53,4'ünü temel metal ürünleri (alüminyum, çelik, çimento) yani inşaat sektörüne yönelik mallar oluştururken, onu sırasıyla tekstil ürünleri mineral ürünler, makine ve makine parçaları ile yiyecek, içecek sektörü izlemektedir. 2005 yılında temel metal ürünlerin ihracatı diğer ürünlere göre yüksek olmakla beraber payı 2000 yılına göre düşmüş ve toplam ihracatın %22'sini oluşturmuştur. Temel metal ürünlerinden sonra ihracatın en fazla olduğu ürünler, petrol ürünleri olup, plastik ve kauçuk ürünlerin payı %16,7 iken, mineral ürünlerin payı %8, kimyasal ürünlerin payı ise %5,6 olarak gerçekleşmiştir. Aynı dönemde yiyecek ve içecek ihracatının da %15 olduğu görülmektedir. Tarım ürünü ekilen alanın genişletilmesi (2,7 milyon dönüm), meyve, sebze ürünlerinde destek sağlanması, araştırma-geliştirme faaliyetleri bölgede elde edilen tarımsal ürün miktarını arttırarak, yiyecek ve içecek sektörünün ihracattaki payının artmasında önemli bir etken olarak karşımıza çıkmaktadır.[211] Birleşik Arap Emirlikleri'nin dünya ticaret örgütüne girmesiyle beraber, kota uygulamaları sonucunda tekstil sektörü olumsuz etkilenmiş ve sektörün ihracattaki payı da %5'lere düşmüştür.

Temel metal ürünleri ile yiyecek, içecek sektörünün ihracattaki payı yıllar itibariyle azalmış, 2009 yılında temel metal ürünlerin payı %12,3 iken yiyecek içecek sektörünün payı %6,5 olmuştur. Bitkisel ürünlerin payı ise sınırlı tarım alanı, sulama imkânlarının yetersizliği ve iklim şartları nedeniyle 2009 yılında %0,5'e gerilemiştir. Petrol ürünleri ihracatının toplam ihracattaki payı son üç yıl içerisinde azalmıştır. Mineral ürünlerin ihracatında 2006 yılı hariç azalma görülmekte olup, 2009 yılı itibariyle %5,7'e düşmüş, plastik kauçuk ürünler ile kimyasal ürünlerin payı ise sırasıyla %8 ve %2,2 olarak gerçekleşmiştir. Birleşik Arap Emirlikleri ihracatındaki en büyük bölümünü 2006 yılından itibaren inci, altın gibi diğer metal ürünleri oluşturmaktadır. Başlangıçta bu ürünler toplam ihracatın %1,2'sini oluştururken, 2006 yılında %17,4'e 2009 yılında ise %50,4'e ulaşmıştır.

Birleşik Arap Emirlikleri'nin ihracatında yüksek katma değer sağlayacak olan, makine, teçhizat ve ulaşım araçlarının payı çok düşük seviyelerde yer almaktadır. Dolayısıyla bu ürünlerde dışa bağımlı bir seyir izlendiği söylenebilmektedir. Tüketim malları ihracatının da bölge ülkelerindeki artan talebe bağlı olarak genişlediği, inşaat sektöründeki gelişmelerin de temel metal ürünler ve yan sanayileri etkilediği belirtilebilmektedir. Ayrıca Birleşik Arap Emirlikleri'nin önemli enerji kaynaklarına sahip olması, şirketlere maliyet avantajı sağlamakta, birçok sanayi şirketinin bu alanda kurulmasında etkili olabilmektedir.

---

[211] www.yearbook.uaeinteract.com/Yearbooks/2004, s.153 (31.03.2011)

Birleşik Arap Emirlikleri'nin ithalat yapısına baktığımızda yıllar itibariyle artış göstermekte olup, 2000 yılında yaklaşık olarak 28 milyar dolar iken, 2005 yılına geldiğimizde 68 milyar dolara yükselmiş, 2009 yılında ise 122 milyar dolar olarak gerçekleşmiştir. 2000 yılında ithal edilen mallara baktığımızda toplam ithalatın %25,4'ünü makine ve makine parçaları oluştururken, onu %13,9 ulaşım araçları, %10,6 ile tekstil ürünleri ve %6,6 ile kimyasal ürünler izlemektedir.

2005-2009 yılları arasında yoğun teknoloji gerektiren ürünlerin ithalatı artmaya devam etmiş, ortalama olarak toplam ithalat içerisindeki makine araç ve gereçlerin payı %23, ulaşım araçlarının payı da %13 oranında gerçekleşmiştir. Temel metal ürünlerin ithalatı aynı dönem içerisinde inşaat sektöründeki büyüme nedeniyle yükselmeye devam etmiş ve 2008 yılı itibariyle toplam ithalatın %14,6'sını oluşturmuştur. 2009 yılında ekonomik krize bağlı olarak temel metal ürünlerinde ithalatın payı %9,2'ye düşmüştür. Ülkedeki ithalatın arttığı bir diğer önemli alan ise inci ve diğer metal ürünlerdir. 2005 yılında inci ve diğer metal ürünlerin ithalatı toplam ithalatın %20,5 iken, 2009 yılında ise %22,4 olarak gerçekleşmiştir. Bu ürünler büyük oranda ihracat edilmesine rağmen, iç talebe bağlı olarak ithalatı artan ürünlerdir. Aynı dönem içerisinde tekstil ürünlerinin payı azalmış ve 2009 yılında toplam ithalatın yaklaşık olarak %4'ünü meydana getirmiştir. 2005-2009 yılları arasında yiyecek içecek sektörünün ithalatının payı da devamlı bir azalma eğiliminde olmuş ve 2009 yılı itibariyle payı %2'ye düşmüştür.

Birleşik Arap Emirlikleri'nde nüfusun büyüyen ihtiyaçları nedeniyle inşaat malzemeleri ile kişi başına düşen gelirdeki artışa bağlı olarak inci ve diğer metal ürünlerde hızla bir artış olduğu görülmektedir. Her ne kadar bu ürünlerin büyük bir bölümü iç piyasada üretilse de dışa bağımlılık devam etmektedir. Aynı zamanda, ülkenin yoğun teknoloji gerektiren alanlarda istenen gelişmeyi sağlayamadığı, serbest bölgelerdeki nihai mal üretimi nedeniyle ara ürünlerin ithalatının arttığı söylenebilmektedir. Dolayısıyla Birleşik Arap Emirlikleri, tüketim malı ve hammadde ihracatının önemli olduğu, sermaye malları ithalatının payının yüksek olduğu bir dış ticaret yapısı sergilemektedir. **Aşağıdaki Tablo**

51'de 2000-2009 yılları arasında ithalatın sektörlere göre dağılımı gösterilmektedir.

Tablo 51
2000-2009 Yılları Arasında Birleşik Arap Emirlikleri'nin İthalatının Sektörlere Göre Yapısı (%)

	2000	2005	2006	2007	2008	2009
Canlı Hayvan ve Ürünleri	3	1,5	1,7	1,6	1,6	1,8
Bitkisel Ürünler	5,3	3,2	3,1	3,1	3,3	4,2
Hayvansal ve Diğer Yağlar	0,4	0,4	0,4	0,3	0,5	0,4
Yiyecek, İçecek ve Sigara	2,7	3,2	2,8	2,3	1,7	2
Mineral Ürünler	1,5	1,6	2,1	2	2	2,1
Kimyasal Ürünler	6,6	5,4	5,5	5,6	4,7	5,4
Plastik ve Kauçuk Ürünleri	4,2	3,7	3,7	3,7	3,1	3
Kağıt Ürünleri	1,7	1,1	1,1	1	0,9	0,9
Tekstil ve Tekstil Ürünleri	10,6	5,4	5,1	4,5	3,6	3,9
Seramik ve Cam Üretimi	2	1,8	2	1,8	1,6	1,8
Temel Metal Ürünleri	7,8	9,5	11,5	11,7	14,6	9,2
Makine ve Makine Parçaları	25,4	23,9	23,6	23	21,3	24,2
Ulaşım Araçları	13,9	12,3	12,7	13,2	14,3	12,8
Diğer İmalat Ürünleri	3,2	2,1	2,1	2,1	1,9	2
Koleksiyoncuların Antika ve Parçaları	0,4	0	0	0	0	0,1
İnci ve Diğer Metal Ürünler	6,3	20,5	18	19,8	21,5	22,7
Deri ve Diğer Hayvan Ürünleri	0,5	0,5	0,5	0,4	0,3	0,4
Diğerleri*	4,5	3,9	4,1	3,9	3,1	3,1
Toplam	100	100	100	100	100	100

Kaynak: www.economy.gov.ae/Industry/Import/(31.03.2011) ile uaestatics.gov.ae/Foreign Trade (28.04.2011)

* Mobilya ve Hasır Ürünler, Ayakkabı ve Şemsiye, Askeri Mühimmat, Medikal Ürünler

Birleşik Arap Emirlikleri'nin dış ticaretinde reeksport ihracatı da yıllar itibariyle önemini arttırmaktadır. 1981 yılında reeksport ihracatı 3 milyar dirhem iken 1990 yılında 13 milyar dirheme, 2000 yılında ise 31 milyar dirheme yükselmiştir. İnci ve diğer metal ürünler ile makine, teçhizat, ulaşım ekipmanlarında meydana gelen yükselme sonucunda 2005 yılında reeksport ihracatı 3 kattan biraz fazla artarak 97 milyar dirheme ulaşmıştır. 2006 yılında reeksport ihracatında düşüş olmasına rağmen, 2007 yılından itibaren tekrar artışa geçmiş ve 2008 yılında 162 milyar dirhem olmuştur. Bölge ülkelerindeki ekonomik gelişmelere bağlı olarak başta altın, inci gibi ürünler olmak üzere elektronik ürünlerde ve ulaşım araçlarına talep olması ülkedeki reeksport ihracatının ilerlemesinde büyük önem arz etmektedir. Ancak ekonomik kriz nedeniyle reeksport ihracatının payı 2009 yılı itibariyle düşmüş ve 147 milyar dirhem olarak gerçekleşmiştir. **Aşağıdaki Şekil 18'de** 1981-2009 yılları arasında reeksport ihracatında meydana gelen artış gösterilmektedir.

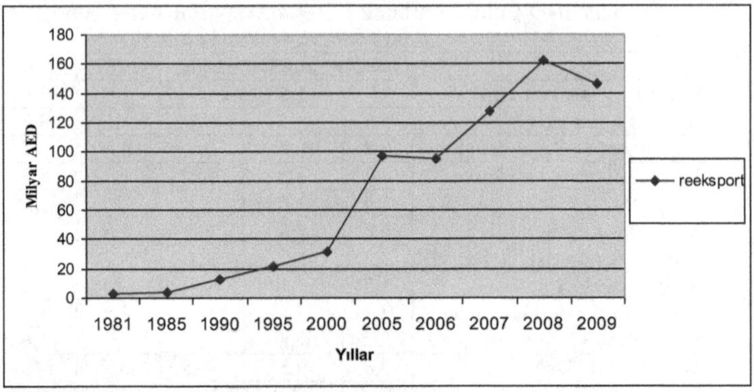

Şekil 19: 1981-2009 Yılları Arasında Birleşik Arap Emirlikleri'nde Reeksport İhracatı (Milyar AED)
Kaynak: www.uaestatics.gov.ae/Foreign Trade/ (26.04.2011)

4.2.3.2. Ödemeler Dengesi

Birleşik Arap Emirlikleri'nin ödemeler dengesini incelediğimizde, hidrokarbon ihracatının (petrol, doğalgaz ve diğer petrol ürünleri) yıllar itibariyle petrol fiyatlarına bağlı olarak artış gösterdiği, 2009 yılında ise düşen petrol fiyatları nedeniyle 249.273 milyon dirhem olduğu söylenebilmektedir. Hidro-karbon dışı ihracattan sonra ihracat gelirlerinin en fazla olduğu alan reeksport ihracatı (parasal olmayan altın ihracatı) olup, 2005 yılında toplam ihracatın yaklaşık olarak %34'ünü oluştururken, 2009 yılında bu oran % 42'ye yükselmiştir. İhracatın diğer bir bileşeni ise, serbest bölgelerden yapılan ihracat olup, 2009 yılında bir önceki yıla göre %1,3 oranında düşerek 96.200'e ulaşmıştır. Toplam ithalat, (CIF) iç talebin yükselmesi ile komşu ülkelerdeki talebe bağlı olarak artış göstermiş, 2009 yılında -551.868 milyon dirheme ulaşmıştır. Ödemeler dengesinin diğer bir kalemi olan hizmetler kalemi de artan sigorta ve navlun ödemeleri, ulaşım, seyahat ödemelerine bağlı olarak, 2005 yılında -53.559 milyon dirhem iken, 2008 yılında -124.244 olmuş, 2009 yılında sigorta ve seyahat ödemelerindeki azalış sonucunda -100.346 olarak gerçekleşmiştir. Cari transferlerin önemli bir bölümünü oluşturan işçi havaleleri de gelirle doğru orantılı olarak 2009 yılına kadar artmış, 2009 yılında ise azalarak -37.400 milyon dirheme düşmüştür.

Sermaye ve finansal hesapları incelediğimizde, 2007 yılına kadar negatif değer içerirken, 2007 yılında kamu sektöründeki sermaye çıkışına rağmen özel sektöre olan sermaye girişinin yüksek olması sermaye ve finansal hesapları artıya geçirerek 105.424 milyon dirheme ulaşmasını sağlamıştır. 2008 yılında spekülatif sermaye çıkışları, bankalar aracılığıyla gerçekleştirilen fon transferleri nedeniyle sermaye hesabının değeri -203.061 milyon dirhem olarak gerçekleşirken, 2009 yılında hem kamu sektörünün sermaye çıkışının azalması hem de özel sektör sermaye girişlerinde artış olması, sermaye ve finansal hesabın pozitif değer alarak 8.416 milyon dirheme ulaştırmıştır. **Aşağıdaki Tablo 52'de** 2005-2009 Yılları arasında Birleşik Arap Emirlikleri'nin ödemeler dengesi gösterilmektedir.

Tablo 52
2005-2009 Yılları Arasında Birleşik Arap Emirlikleri'nin Ödemeler Dengesi (Milyon AED)

	2005*	2006*	2007	2008	2009*
Cari İşlemler Dengesi	89.494	129.112	72.132	81.817	28.816
Toplam HidroKarbon Ticareti	202.277	257.442	271.128	374.915	249.273
Petrol İhracatı	159.761	213.372	224.647	313.735	198.773
Petrol Ürünleri İhracatı	21.300	17.995	17.981	22.100	20.000
Gaz İhracatı	21.216	26.075	28.500	39.080	30.500
Toplam Hidro Karbon Dışı İhracat	82.342	96.986	125.768	157.814	162.235
Serbest Bölge İhracatı	63.928	75.286	83.700	97.455	96.200
Diğer İhracatlar	18.414	21.700	42.068	60.359	66.035
Reexport	146.118	168.920	259.124	345.779	294.320
Toplam İhracat ve Reeksport	430.737	523.348	656.020	878.508	705.828
Toplam İthalat (FOB)	-273.583	-316.276	-485.169	-647.417	-551.868
Toplam İthalat CIF	-310.890	-359.404	-551.328	-735.701	-626.214
Diğer İthalatlar	-247.590	-282.995	-395.718	-513.980	-448.837
Serbest Bölge İthalatı	-63.300	-76.409	-155.610	-221.721	-177.377
Hizmetler (Net)	-53.559	-65.259	-95.359	-124.244	-100.346
Yatırım Gelirleri (Net)	10.600	17.400	30.750	13.970	11.800
Transferler	-24.701	-30.101	-34.111	-39.000	-37.400
Sermaye ve Finansal Hesap (Net)	-53.881	-58.987	105.424	-203.061	8.416
Net Hata ve Noksan Kalemi	-26.112	-46.240	5.683	-51.241	-59.752
Rezervler	9.501	23.885	183.238	172.485	22.764

Kaynak: www.centralbank.ae, (12.04.2011) ,Annual Report 2006, 2007, 2008 ve 2009 Report verilerinden düzenlenmiştir. * Düzeltilebilir ve başlangıç tahminleri

(1) İhracat tahminleri bütün emirlikteki ihracatı içermektedir. (2) Parasal olmayan altın reeksportunu kapsamaktadır. (3) Bütün emirlikteki ithalatı ve parasal olmayan ithalatı kapsamaktadır.

Birleşik Arap Emirlikleri'nin cari işlemler dengesine baktığımızda yaklaşık olarak %24'ler oranında fazlalık verirken, 1974 yılında artan petrol fiyatları sonucunda %60'lara ulaşmıştır. 1974 yılından sonra petrol gelirlerindeki azalmaya bağlı olarak cari işlemler fazlası azalmaya devam etmiş, 1985 yılında %25,7 olarak gerçekleşmiştir. 1990-1995 yılları arasında ülke gelirinde artış olmasına rağmen, hem ülkedeki işgücünün büyük bir bölümünü oluşturan yabancı işçilerin gelir transferi, hem de Abu Dhabi yatırım fonu aracılığıyla diğer Arap ve gelişmekte olan ülkelere olan yardımların artması cari işlemler fazlasını azaltmış, 1995 yılı itibariyle %0,2'ye düşmesine neden olmuştur.[212] 2000'li yıllardan sonra hidrokarbon ihracatı ile birlikte serbest bölge ve reeksport ihracatı da cari işlemler dengesini artan ithalata rağmen olumlu bir şekilde etkilemiş, aynı dönemde hizmet ödemeleri ve cari transferlerin yükselmesi de cari işlemler fazlasının 2009 yılı itibariyle %12,8'e düşmesine neden olmuştur. **Aşağıdaki Şekil 20'de** Cari İşlemler Açığı/Fazlasının Gayri Safi Yurt İçi Hâsılaya Oranı gösterilmektedir.

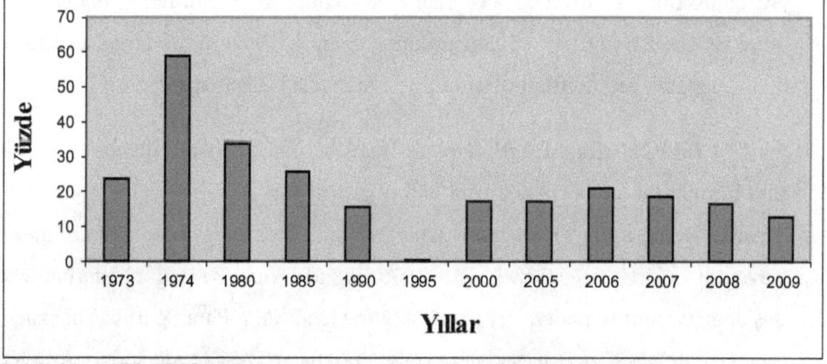

Şekil 20: 1973-2009 Yılları Arasında Birleşik Arap Emirlikleri'nin Cari İşlemler Açığı/Fazlasının Gayri Safi Yurt İçi Hâsılaya Oranı (%)

Kaynak: OPEC Annual Statical Bulltein 1999, 2008 www.opec.org (12.04.2011) ile Jahangir Amuzengar, Oil Exporters' Economic Development in an İnterdependent World, Bernan Associates, Washington, 1983, s.21 verilerinden düzenlenmiştir.

* Tahmini Veri

[212] Ali Tawfik Al Sadik, a.g.e.,s.221

4.2.4. Finans Sektörü

Birleşik Arap Emirlikleri'nin finans sektörünü; bankacılık sektörü, para değişim ofisleri, finansman şirketleri, sigorta ve borsa olmak üzere beş kategoride değerlendirilebilmektedir.

4.2.4.1.Bankacılık Sektörü

Birleşik Arap Emirlikleri, federasyon olarak meydana gelmeden önce, ülkede bankacılık işlemleri gerçekleştirilmekteydi. Ülkedeki ilk banka 1946 yılında kurulan British Bank of Middle East olup, Basra'daki emperyal hükümete finansman sağlamanın yanı sıra, Körfez boyunca yaygınlığını arttırmış ve 1966 yılına kadar bankacılık tekelini elinde bulundurmuştur. Birleşik Arap Emirlikleri'nin ikinci bankası ise 1958 yılında Sharjah'da Standard Chartered tarafından kurulmuş, 1964 yılında bankanın ikinci şubesi Abu Dhabi'de faaliyete geçmiştir. 1960-1970 yılları arasında banka sayısı artmaya devam etmiş ve 1963 yılında ülkenin ilk ulusal bankası olan Dubai Ulusal Bank kurulmuş, ondan bir yıl sonra ise Citibank Dubai'deki ilk şubesini açmıştır. 1967 yılı itibariyle de Umman Bankası olarak adlandırılan Mashreqbank faaliyete başlamıştır.[213]

Birleşik Arap Emirlikleri'nin kurulmasından sonra, ülkede kullanılan para birimlerini tek bir para birimi haline getirmek gerekmiştir. (Bahreyn Dinarı, Katar ve Dubai Riyali) Kullanılan parayı tek bir para birimi haline getirebilmek ve mevcut paralarla değiştirmek için 1973 yılında Para Kurulu oluşturulmuştur. Başlangıçta ulusal parayı çıkarmakla görevlendirilen Para Kurulu, bankacılık işlemleri ile ilgili sınırlı yetkilere sahip olmuştur. Ancak ülkedeki ekonomik faaliyetlerin yükselmesi sonucunda banka sayısının artmaya devam etmesi ve 54 bankanın 34'ünün yabancı bankalar oluşturması Para Kurulunu 1977 ve 1978 yıllarında olmak üzere bir takım düzenlemelere gitmesine neden olmuştur. Bu düzenlemelerde şu şekilde belirtilebilmektedir;[214]

---

[213] www.cpifinancial.net(31.03.2011)
[214] www.cpifinancial.net(31.03.2011)

- Banka dışı finansal kuruluşlar, Para Kurulu'nun denetimi altında olacak

- Var olan bankalara yeni banka ve yeni şube açması için lisans verilmeyecek

- Dirhem mevduatları içerisindeki yasal rezerv gereksinimi %7'e düşürülecek, yabancı para mevduatları ise %5'de kalacak

- Bankaların toplam varlıkları, onların kendi fonlarının 15 katından fazla olmayacak

- Borçlarının varlıklarına oranı %100'ü aşan her banka bu oranları düşürecek

- Swap işlemleri aracılığıyla bankaların dolar karşılığında dirhem elde etmeleri kolaylaştırılacak ve böylelikle dirhem likiditesi arttırılacak

Bu düzenlemelerin dışında, bankaların yapmış olduğu işlemleri periyodik olarak kontrol edebilmek amacıyla 1978 yılında İnceleme ve Denetim Departmanı kurularak; bankacılık sistemi daha da güçlendirilmeye çalışılmıştır. Ayrıca, bankaların inşaat sektörüne düşük kredi vermesi teşvik edilmiş, imalat, tarım ve hizmet sektörlerinin payı da arttırılması hedeflenmiştir. Para Kurulu, 1980 yılında yerini Merkez Bankasına bırakmış; para, bankacılık ve kredi politikaları ile ilgili geniş yetkiler tanınarak ülkedeki bankacılık sistemi güçlendirilmiştir. Dolayısıyla bu dönemde ülkeye birçok yeni banka girerek faaliyette bulunmaya başlamıştır.[215]

1980-1990 yılları arasında, petrol fiyatlarının düşmesi ve emlak sektöründeki düşüşler yüksek oranda borçlanmaya neden olmuş ve toplam banka sayısı, hepsi yabancı olmak üzere, 48'den 29'a düşmüştür. Aynı zamanda bu dönem, bankaların açmış olduğu şube sayısının sekiz ile sınırlandırıldığı, bankaların daha fazla denetlenebilmesi için bir takım önlemlerin alındığı ve İslami bankacılığın temelinin atıldığı bir dönem olmuştur.[216]

---

[215] www.centralbank.ae (02.04.2011)

[216] www.beltoneenclave.com /UAE Banking Sector Review, (02.04.2011)

1990 yılında Irak'ın Kuveyt'i işgali sonrasında yabancı bankaların mevduatlarının %15'i ile %30'u ülke dışına transfer olmuş, iki bankanın likidite gereksinimini karşılamak için Birleşik Arap Emirlikleri Merkez Bankası, fon transferi sağlamaya çalışmıştır. Birleşik Arap Emirlikleri'ni etkileyen bir diğer durum ise 1991 yılında Lüksemburg kayıtlarında olan ve altmış dokuz şubesi bulunan Uluslararası Kredi ve Ticaret Bankası (BCCI) ile ilgili gelişmelerdir. Abu Dhabi Emiri'nin %77 oranındaki hissesi ile kurucu hissedar olduğu banka karışmış olduğu yasadışı bankacılık faaliyetleri nedeniyle kapanmış, kapanması sonucunda, Birleşik Arap Emirlikleri'ndeki ticari faaliyetler olumsuz bir şekilde etkilenmiştir.[217]

Birleşik Arap Emirlikleri'nde 1995 yılı itibariyle 19 yerel, 28 yabancı banka faaliyette olup, toplam banka varlıkları 180.892 milyon AED (Birleşik Arap Emirlikleri Dirhemi'ne) ulaşmış, 1998 yılında ise bankacılık faaliyetlerinde ilerleme sağlanarak; bankaların toplam varlıkları 207.077 milyon dirhem olarak gerçekleşmiştir. 2000 yılından sonra özellikle 11 Eylül terör saldırılarının, bazı hesaplardan finanse edildiğinin tespit edilmesi, Birleşik Arap Emirlikleri Merkez Bankası'nı bir takım kararlar almasına neden olmuştur. Bankaların 10.900 $'ı aşan, alınan ya da gönderilen paralarda Merkez Bankası'nı bildirme zorunluluğu getirilmiştir. Aynı zamanda kara para aklama ile ilgili olarak artan para cezaları ve yedi yıla kadar hapis cezası getirilmiştir.[218]

Günümüz itibariyle, Birleşik Arap Emirlikleri'nde, 24'ü ulusal, 28'i yabancı banka olmak toplam 52 tane banka ve 948 şube bulunmaktadır. Bunların dışında 2 tane yatırım bankası, 2 tane toptan bankacılığı, 24 tane finansman şirketi, 98 tane bankaların temsilcikleri, 13 tane finansal danışman ve yatırım şirketleri, 12 tane finansal aracı şirketleri, 111 tane para değişim merkez ofisleri ile 499 tane şubesi bulunmaktadır. Dolayısıyla Birleşik Arap Emirlikleri'nde finans alanında, faaliyet gösteren toplam 334 merkez ve 1479 şube yer almaktadır. **Aşağıdaki Tablo 53'**de Birleşik Arap Emirlikleri'ndeki bankalar ve finansman şirketleri yer almaktadır.

---

[217] www. countrystudies.us/persian-gulf-states/89.htm (04.04.2011)
[218] Europa Publications Limited, a.g.e, s.1198

Tablo 53

Birleşik Arap Emirlikleri'nde Lisanslı Banka ve Finansman Şirketleri

	Genel Müdürlük	Şubeler	Notlar
Bankalar	24	795	71 tane Ödeme Ofisi ve 26 tane Müşteri Hizmetleri Birimi
Yabancı Bankalar	28	153	
Toplam	52	948	
Yatırım Bankaları	2	-	
Toptan Bankacılık	2	-	
Finans Şirketleri	24	23	
Temsilcilikler	98	-	
Yatırım Şirketleri	20	-	2 Şube Yabancı Yatırım Şirketleri için
Finansal Danışman ve Yatırım Şirketleri	13	1	
Parasal ve Mal Aracıları	6	1	
Bütün Finansal Aracılar	6	1	
Toplam	12	2	
Para Değişim Şirketleri			
Döviz Satın Alma, Satma Şirketleri ve Seyahat Çekleri	12	6	
Bütün Para Değişim Aktiviteleri (Transferleride içeren)	99	499	
Ara Toplam	111	505	
Toplam Bütün Lisans	334	1479	

Kaynak: www.centralbank.ae,(02.04.2011)

Birleşik Arap Emirlikleri'nin bankacılık yapısına baktığımızda, toplam varlıkların yıllar itibariyle artış gösterdiği, 2007 yılında ise merkez bankasındaki nakit ve mevduatlardaki %273,5 oranında artışa bağlı olarak toplam varlıkların yaklaşık iki katına çıktığı söylenebilmektedir. 2010 yılına gelindiğinde, toplam varlıklar bir önceki yıla göre %6 artarak 1.609.259 milyar dirhem olarak gerçekleşmiştir. Toplam varlıklar içerisinde özel sektör alacakları ile yabancı varlıklar önem teşkil etmektedir. 2001 yılında, yabancı varlıkların oranı toplam varlıkların %33'ünü oluştururken, 2005 yılına gelindiğinde bu oran %27'sini, 2010 yılında ise %15'ini oluşturmaktadır. Dolayısıyla yıllar itibariyle yabancı varlıkların payı azaldığı belirtilebilmektedir.

Özel sektördeki alacakların miktarında borç, avans ve açık kredilerden dolayı artış göstermiş, 2001 yılında özel sektör alacakları toplam alacakların %43'ünü meydana getirirken 2010 yılında %45 oranında artış göstererek 720.617 milyar dirheme ulaşmıştır. Aynı zamanda özel sektördeki alacakları yükselten bir diğer unsur da emlak sektöründeki (mortgage) borçlanma oranının yükselmesidir. 2001-2010 yılları arasında kamu sektöründeki alacak miktarı da özel sektöre göre daha sınırlı düzeyde gerçekleşmiş, 2010 yılı itibariyle toplam alacakların %6'sını meydana getirmiştir. Banka mevduatları ise, istikrarlı bir şekilde artış eğiliminde olup, 2001 yılında yerlilerin mevduatının, toplam mevduata oranı, %95 yerli olmayanların payı da %5 seviyelerinde iken; 2007 ve 2010 yıllarında bu oran düşerek sırasıyla %91 ve %89 olarak gerçekleşmiş, yabancıların mevduatında da artış meydana gelmiştir.

Banka mevduatlarının yerliler arasında yıllar itibariyle artış göstermesi, özel sektörün ticari, finansal ve endüstriyel faaliyetleri başta olmak üzere, bireysel mevduat ile kamunun mevduatlarının artışından kaynaklanmaktadır. Yabancı mevduatlarda ise, finansal kuruluşlar birinci sırada olup, onu endüstriyel faaliyetler ile bireysel mevduatlar izlemektedir.[219]. Yabancı yükümlülüklerin payında 2008 ve 2009 yılları hariç artış görülmektedir. 2001 yılında yabancı yükümlülüklerin toplam yükümlülüklere oranı %10 iken, bu oran 2010 yılında %17'ye ulaşmıştır. Dolayısıyla yükümlülüklerin varlıklara göre daha fazla artış göstermesi bankaların açık pozisyon riskini arttırmaktadır. **Aşağıdaki Tablo 54'de** 2005-2010 yılları arasında Birleşik Arap Emirlikleri'nin seçilmiş bankacılık göstergeleri yer almaktadır.

[219] www.centralbank.ae/en/pdf/StatBull/SBull-Dec-2010.pdf, s.17,(10.04.2011)

Tablo 54
Birleşik Arap Emirlikleri'nin 2001-2010 Yılları Arasında Seçilmiş Bankacılık Göstergeleri (Milyon AED)*

Varlıklar	**2001**	**2003**	**2005**	**2007**	**2009**	**2010**
Nakit ve Mevduatlar	27.624	27.283	46.987	236.852	146.210	165.811
Yerel Bankalar	14.640	15.362	29.366	44.377	67.927	82.747
Yabancı Varlıklar	99.409	111.727	175.028	196.896	208.157	233.513
Hükümet Üzerindeki Alacaklar	10.565	19.650	39.306	58.402	91.873	99.982
Resmi Kuruluşların Üzerindeki Alacaklar	4.830	12.215	23.254	39.823	68.700	73.993
Özel Sektör Üzerindeki Alacaklar	127.985	162.769	283.104	491.528	723.866	720.617
Finansal Enstitüler Üzerindeki Alacaklar	1.953	2.272	7.475	36.941	74.149	77.515
İç Yatırımlar	5.063	6.886	19.195	53.226	70.591	75.959
Sınıflandırılmamış Varlıklar	7.600	8.744	14.297	44.240	69.529	79.122
Toplam Varlıklar/Yükümlülükler	299.669	366.908	638.012	1.202.285	1.521.002	1.609.259
Banka Mevduatları	182.894	237.557	409.669	716.021	982.579	1.049.628
Yerleşikler	172.849	226.338	384.275	651.338	893.989	929.275
Yerleşik Olmayanlar	10.045	11.219	25.394	64.683	88.590	120.353
Yabancı Yükümlülükler	30.677	30.294	85.215	320.970	251.086	271.699
Sermaye ve Rezervler	36.817	44.455	78.132	130.882	244.031	273.038

Kaynak: Birleşik Arap Emirlikleri Merkez Bankası Annual Report 2001, 2003, 2005, 2007 ve 2009 verilerinden düzenlenmiştir. www.centralbank.ae (10.04.2011)

* Sınırlı lisanlı bankaların ve UAE vatandaşlarının deniz aşırı şubelerdeki mevduatlarını ve ulusal bankaların bağlı şubelerini içermekte, ancak ulusal bankaların deniz aşırı şubelerini kapsamamaktadır.

Tablo 55

2003-2009 Yılları Arasında Birleşik Arap Emirlikleri'nde Ticari Bankalara İlişkin Göstergeler (bin AED)

Ticari Bankalar	2003	2004	2005	2006	2007	2008	2009
Net Faiz Geliri	8.658.587	10.608.166	15.681.043	20.362.591	24.749.146	37.847.848	44.092.364
Diğer Gelirler	4.986.235	7.223.688	14.475.876	14.365.650	21.391.906	23.100.320	22.841.593
Operasyon Gelirleri	13.644.822	17.831.854	30.156.919	34.728.241	46.141.052	60.948.168	66.933.957
Yönetim ve Genel Harcamalar	-5.448.296	-6.227.519	-8.348.354	-11.865.534	-15.800.522	-22.826.761	-24.949.119
Karşılık ve Diğer Harcamalar	-1.241.881	-1.760.987	-2.409.742	-2.241.521	-3.651.246	-10.174.930	-25.321.239
Vergi Öncesi Kâr	6.954.645	9.843.348	19.398.823	20.621.186	26.689.284	27.946.477	16.663.599
Vergi	-422.468	-572.750	-811.472	-1.057.091	-1.333.933	-1.595.236	-557.788
Azınlık Hisseleri	-74.843	-136.355	-281.275	-137.875	-324.983	-88.031	-61.274
Net Kâr	6.457.334	9.134.243	18.306.076	19.426.220	25.030.368	26.263.210	16.044.537

Kaynak: www.eba-ac.com/Financial Position of Banks/(27.04.2011)

Yukarıdaki **Tablo 55'de** Birleşik Arap Emirlikleri'nde Ticari Bankaların 2003-2009 yılları arasındaki elde etmiş oldukları faiz gelirleri ve net kârları gösterilmektedir. Tabloya göre yıllar itibariyle net faiz gelirlerinin arttığı görülmektedir. 2003 yılında toplam gelirin %63'ü faiz gelirlerinden %37'si diğer gelirlerden meydana gelmekte iken 2009 yılında ise faiz gelirleri toplam gelirin %66'sını diğer gelirler ise %34'ünü oluşturmaktadır. Artan kredi kullanımına bağlı olarak da faiz gelirlerinin arttığı söylenebilir. Ancak Birleşik Arap Emirlikleri'nde bir diğer önemli durum ise batık kredilerdir. 2008 yılında dünyadaki ekonomik krizin ülkedeki ekonomiyi, özellikle emlak sektörünü olumsuz yönde etkilemiştir. Ülkedeki verilen kredilerin %13'ünü oluşturan sektörün yaşamış olduğu kriz beraberinde borçların ödenememe riskini arttırmıştır. Böylelikle, bankaların karşılık miktarları yükselmiş ve 2009 yılı itibariyle karşılık ve diğer harcamaların miktarı -25.321.239 milyar dirhem olmuştur. Aynı dönemde bankaların vermiş oldukları kredi miktarları düşmüştür. Ticari bankaların vergi sonrası kârına baktığımızda ise 2009 yılına kadar düzenli bir artış göstermiş, ancak 2009 yılı itibariyle meydana gelen kriz ticari bankaların kârını %39 oranında düşürerek net kârın 16.044.537 milyar dirhem olarak gerçekleşmesine neden olmuştur.

Birleşik Arap Emirlikleri'nde verilen banka kredilerini sektörel olarak incelendiği gibi, şahsi veya kurumsal olarak değerlendirilebilmektedir. Şahıslar tarafından ticari amaçlı kullanılan kredilerin payı, tüketim amaçlı kullanılan kredilere göre daha yüksektir. 2006 yılında ticari amaçlı kredilerin payı %18,6 iken, tüketim amaçlı krediler, %6,6'sini oluşturmaktadır. Her iki kredi türü de 2007-2010 yılları arasında dalgalı bir seyir izlemekle beraber, başlangıç yılına göre, 2010 yılında %0,1 artışla sırasıyla %18,7 ve %6,7 olarak gerçekleşmiştir. Tüketici kredilerinin, ticari kredilere göre düşük seviyelerde olması, ülkede kişi başına düşen gelirin yüksek olmasından kaynaklanmaktadır. Sektörlere göre verilen kredilerde, gelişen turizm faaliyetlerin bağlı olarak, hizmet sektörünün payının yıllar itibariyle arttığı, 2010 yılında toplam kredilerin %22,6'sını oluşturduğu söylenebilmektedir. Aynı dönemde, inşaat ve ticaret sektörüne verilen kredilerin payı azalarak, sırasıyla %12,7 ve %10 olarak gerçekleşmiştir. Bu sektörler dışında, kredi sağlanan diğer önemli alanda finansal kurumlar (bankacılık) olurken, sanayi sektörünün payı ise %4,7 seviyelerinde gerçekleşmiştir.

Sanayi sektöründe, diğer imalat ürünlerinin yanı sıra inşaat sektöründeki artışa bağlı olarak temel metal ürünlerine verilen kredi miktarı yükselmiş, onu sırasıyla kimyasal ürünler ile yiyecek içecek sektörleri izlemiştir. 2006-2010 yılları arasında tekstil sektörü ve mobilya ürünlerine kullandırılan kredi miktarı, sanayi sektöründeki diğer alanlara göre daha sınırlı düzeyde gerçekleşmiştir.[220] Aynı dönemde, endüstriden sonra diğer önemli kredi alanları, ulaşım depolama faaliyetleri ve elektrik, gaz sektörleri olup, madencilik ile tarım sektörü kredinin en az kullanıldığı alanlar olarak karşımıza çıkmaktadır. **Aşağıdaki Tablo 56'da** sektörlere göre banka kredilerinin oranı gösterilmektedir.

[220] www.centralbank.ae/ Statics Bulltein/ 2010, s.16 (11.04.2011)

Tablo 56
2006-2010 Yılları Arasında Birleşik Arap Emirlikleri'nde Sektörlere Göre Verilen Krediler (Milyon AED)[1]

	2006		2007		2008		2009		2010	
	Miktar	**Payı %**	**Miktar**	**Payı %**	**Miktar**	**Payı %**	**Miktar**	**Payı %**	**Miktar**	**Payı %**
Tarım	1.403	0,3	1.605	0,3	2.391	0,3	642	0,1	712	0,1
Madencilik ve Taşçılık	5.810	1,2	7.782	1,2	11.853	1,3	6.729	0,7	6.717	0,7
Endüstri	24.262	5,1	32.840	5,2	45.668	4,9	44.192	4,6	45.897	4,7
Elektrik Gaz ve Su	11.091	2,3	12.094	2	20.250	2,2	24.886	2,6	23.742	2,4
İnşaat	54.344	11,5	66.003	10,5	119.251	12,9	126.010	13,1	122.683	12,7
Ticaret	92.637	19,5	102.444	16,3	124.243	13,4	100.489	10,5	97.087	10
Ulaşım, Depolama ve İletişim	19.416	4,1	21.211	3,4	25.039	2,7	27.523	3	26.450	2,7
Finansal Enstitüler	18.594	3,9	35.637	5,7	72.772	7,9	86.150	9	81.879	8,4
Hükümet	47.885	10,1	58.402	9,3	72.260	7,8	91.873	9,5	99.982	10,3
Ticari Amaçlı Kişisel Borçlar	87.979	18,6	106.449	17	160.103	17,3	171.352	17,8	181.949	18,7
Tüketim Amaçlı Kişisel Borçlar	31.257	6,6	41.923	6,7	67.039	7,3	66.561	7	65.172	6,7
Diğerleri [2]	79.483	16,8	140.304	22,4	203.516	22	212.181	22,1	219.837	22,6
Toplam	474.161	100	626.694	100	924.383	100	958.588	100	972.107	100

Kaynak: www.centralbank.ae/ Statics Bulltein 2010 verilerinden düzenlenmiştir. (11.04.2011)

*** Şüpheli Alacaklar Net Faiz**

1) İnter-bank borç verme dışında geri ödenmemiş miktar

2) Borçların hizmetlere ve kârlılık dışı enstitülere miktarını içermektedir.

4.2.4.2. Borsa

Birleşik Arap Emirlikleri'nde borsa kurulmadan önce, 2000 yılında çıkarılan kanunla, mal ve sermaye piyasasını düzenlemeye yönelik bir kurumsal bir yapı oluşturulmuştur. Ülkedeki lisanslama işlemleri ile finansal piyasaların kontrolünden sorumlu olan bu kurum, aynı zamanda mevcut piyasaların şeffaf olması ve ticaretteki sorunlu arbitraj işlemlerin düzenlenmesine ilişkin de çalışmalar yapmaktadır. Sermaye piyasaları ile ilgili yetkili bir kurumun oluşturulmasından sonra, 2000 yılında Dubai Borsası, sınırlı sayıdaki banka ve sigorta firmaları ile faaliyete başlamış, yılsonuna doğru ise 12 firma ve 3 bankanın işlem gördüğü Abu Dhabi borsası açılmıştır. Borsa işlemleri ile ilgili diğer bir gelişme de Abu Dhabi'de Saadiyet projesi kapsamında finansal merkez açılmış olmasıdır. Aynı proje içerisinde Uluslararası Saadiyet Borsasının yanı sıra; Saadiyet Future ve Options Borsası, Saadiyet mal borsası ve takas merkezleri yer almaktadır.[221]

Tablo 57
2002-2009 Yılları Arasında Abu Dhabi Borsasının Performans Değerleri

	Hisse Senedi Değeri (Milyar AED)	Hisse Senetlerinin Toplam Piyasa Değeri (milyar AED)	Piyasa Dönüş Oranı	GSYİH (Milyar Dirhem)	Piyasa Derinliği
2002	1,34	75	1,78	270.426	0,2
2003	3,68	1.117,2	3,3	318.356	0,35
2004	16.34	2.042,9	8,02	382.600	0,53
2005	104.71	487,02	21,5	508.019	95,8
2006	70.600	296.56	23,8	618.389	47,9
2007	175.33	445.11	38,1	722.173	61,6
2008	231.64	252.75	91,7	920.023	27,4
2009	69.98	294,57	23,4	825,937*	35,7

Kaynak: www.centralbank.ae Annual Report 2003, 2004, 2005, 2006, 2007, 2008 (10.04.2011) verileri ile Nidal Rashid Sabri **Financial Markets and Instituons in the Arap Economy**, New York, 2008 verilerinden düzenlenmiştir. * Tahmini

Yukarıdaki **Tablo 57'de** 2003-2009 yılları arasındaki Abu Dhabi borsasının değerleri belirtilmektedir. Başlangıçta, Abu Dhabi borsasında sadece yerli vatandaşlar işlem yapabildiğinden piyasa derinliği %0,2, hisse senedi devir hızı %1,78 seviyelerinde kalmıştır. 2003 yılından sonra yabancıların da borsada işlem yapması izin verilmesi beraber şirket sayılarında artış görülmüş ve 2005 yılında şirket sayısı 59'a ulaşmıştır. Aynı dönemde borsa endeksindeki %64,9 oranındaki değişiklik, hisse senedi değerini yükseltmiş, getiri oranının da %21,5 olarak gerçekleşmesine neden olmuştur. 2006 yılında hisse senedi değerinde %42 oranında düşmüş, hisse senedi değeri azalarak 70.600 milyar AED olarak gerçekleşmiştir. 2007 yılında borsa endeksinin yükselmesi ve işlem sayısının 1 milyonu aşması piyasa derinliği arttırarak %61,6 ulaşmasını sağlamıştır. 2008

[221] www.yearbook.uaeinteract.com/Yearbooks/2001, ss.119-120, (21.03.2011)

yılının ilk yarısında fiyat endeksindeki artışın devam etmesi ile beraber, hisse senedi değeri ve devir hızı artmış, ikinci yarısında dünya piyasalarını etkileyen kriz nedeniyle spekülatif yatırım fonlarının çıkışı, 2009 yılına gelindiğinde işlem hacminin düşmesine, devir hızının da %23,4 olarak gerçekleşmesine neden olmuştur.

Tablo 58
2002-2009 Yılları Arasında Dubai Finansal Piyasasının Performans Değerleri

	Hisse Senedi Değeri (Milyar AED)	Hisse Senetlerinin Toplam Piyasa Değeri (milyar AED)	Piyasa Dönüş Oranı	GSYİH (Milyar Dirhem)	Piyasa Derinliği
2002	2,52	34,75	7,26	270.426	1,2
2003	3,77	38,92	7,19	318.356	1,2
2004	50,4	95,61	39,14	382.600	2,4
2005	405,09	411,01	98,49	508.019	80,9
2006	347,54	311,21	111,6	618.389	50,3
2007	378,99	499,71	75,8	722.173	69,1
2008	304,37	231,76	131,7	920.023	25,1
2009	173,03	213,37	81,3	825,937*	25,8

Kaynak: Arap Monetary Fund 2010 Bulltein, www.amf.org.ae (12.04.2011) Sami Khedhiri ve Naeem Muhammad, **Empirical Analysis of The UAE Stock Market Volatility**, Sayı 15, International Research Journal of Finance and Economics, 2008, ww.eurojournals.com (12.04.2011) verilerinden düzenlenmiştir. * Tahmini veridir.

Yukarıdaki **Tablo 58'de** 2002-2009 yılları arasında, Dubai Finansal Piyasasının 2002-2009 yılları arasındaki değerleri gösterilmektedir. Abu Dhabi piyasasına göre, işlem sayısının daha fazla olması, hisse senedi değerini arttırmış, 2004 yılında şirket sayısının 12'den 18'e çıkması, hisse senedi devir hızını arttırarak %39,1 olarak gerçekleşmesine neden olmuştur. Dubai piyasasında hisse senedi değeri yüksek olduğundan 2005 yılında Abu Dhabi piyasasına göre daha fazla işlem yapılmış, ancak firma sayısının sınırlı olması piyasa derinliği %80,9 seviyelerinde kalmıştır. 2005 yılından sonra da hisse senetlerinin el değiştirme hızı, 2007 yılı hariç artmaya devam etmiş, finansal krizin yanı sıra ekonomik aktivitelerin azalması ve ülkenin büyük şirketlerinin bazısının borç ödemede yaşadığı sıkıntılar her iki sermaye piyasasını olumsuz bir şekilde etkileyen, diğer etkenler arasında yer almıştır.

Birleşik Arap Emirlikleri'nin her iki borsası, petrol gelirlerindeki artış, faiz oranlarının düşük olması, çeşitli ekonomik aktivitelerin bulunması ve 11 Eylül saldırıları sonrasında Arap vatandaşlarının paralarını ülkelerine göndermeleri sonucunda büyük bir ilerleme kaydetmiştir. Ancak firma sayısının yetersiz olması, hisse senedinin piyasasının şeffaflıktan uzak ve düzensiz olması, işlem hacminin düşük seviyelerde yer alması sermaye piyasaları alanında istenen gelişmenin sağlanamadığını göstermektedir.[222]

Tablo 59
2009 Yılı İtibariyle Sektörlere Göre Abu Dhabi ve Dubai'de Borsası'nda Hisse Senedinin Yapısı

	Dubai		Abu Dhabi	
	Hisse Senedi Ticari Değeri AED	**Toplama Oranı %**	**Hisse Senedi Ticari Değer AED**	**Toplama Oranı %**
Bankacılık	12.698.539.610	7,32	7.557.365.393	10,8
Endüstri	11.376.909	0,01	14.214.268.644	20,31
Sigorta	7.161.022.170	4,13	2.878.341.139	4,11
Hizmetler	153.636.658.712	88,54	45.332.316.895	64,78
Toplam	173.507.597.401	100	69.982.292.071	100

Kaynak: www.sca.ae Annual Report 2009, (12.04.2011) AED: Birleşik Arap Emirlikleri Dirhemi

Yukarıdaki **Tablo 59'da** sektörler itibariyle hisse senedinin değeri belirtilmektedir. Her iki piyasada işlem hacmı açısından hizmetler sektörleri ön planda yer almakta olup, Dubai borsasının payı %88,5 iken, Abu Dhabi borsası % 64,7 seviyelerindedir. Hizmet sektörü içerisinde en fazla talep gören hisse senedi ise emlak sektörü ile ilgili olanlardır. Emlak dışında, sırasıyla enerji, inşaat firmaları işlem hacminin yüksek olduğu sektörler arasında yer almaktadır. Dubai finans piyasasında sanayi şirketlerine yönelik hisse senedi talebi %0,01 olmasına rağmen, Abu Dhabi'de bu oran %20'ler seviyesine ulaşmıştır. Finans sektörlerinin payı diğerlerine göre sınırlı düzeyde kalmış, sigorta sektörünün işlem hacmi %4 seviyelerinde gerçekleşmiştir.

[222] Sami Khedhiri ve Naeem Muhammad, Empirical **Analysis of The UAE Stock Market Volatility**, Sayı 15, International Research Journal of Finance and Economics, 2008, www.eurojournals.com, s.252 (12.04.2011)

4.2.4.3. Sigorta Sektörü

Birleşik Arap Emirlikleri'nin federasyon olarak kurulmasından sonra çeşitli sigorta şirketleri faaliyette bulunmakla beraber, bu alandaki yasal düzenleme 1984 yılında çıkarılan kanunla gerçekleşmiştir. Başlangıçta ulusal şirketlerin yanında, yabancı şirketlerin de faaliyet gösterdiği sektörde, 1989 yılında piyasa doygunluğu gerekçe gösterilerek kısıtlamaya gidilmiş, 2004 yılında çıkarılan kanunla da yabancı şirketlerin, Birleşik Arap Emlikleri'nde faaliyette bulunmalarına ve yeni şube açmalarına izin verilmiştir. Böylelikle ülkenin sigorta piyasasının gelişimi için gereken teknik ve finansal alt yatırım sağlanmıştır. Aynı dönemde, yeni kurulan şirketlere faaliyetlerinin ilk döneminde %10'dan az olmamak kaydıyla yerli vatandaş çalıştırmaları zorunluluğu getirilmiş, ikinci yılda bu oran %15, üçüncü yılda %20 ve dördüncü yılda %25 olarak belirlenmiştir.[223]

2007 yılında mevcut sigorta kanunda değişikliğe gidilerek sigorta sektöründeki düzenlemelerden sorumlu bir komisyon oluşturulması kararlaştırılmış, ülkedeki bütün sigorta şirketlerinin, aracıların, danışmanların denetimi ile lisanslama faaliyetleri de bu kuruma verilmiştir. Kanundaki en önemli değişiklik ise sigorta faaliyetlerinin Ekonomi Bakanlığı'nın sorumluluğundan alınıp, yeni kurulan komisyona verilmiş olmasıdır. Böylelikle ülkedeki sigorta faaliyetleri için rekabetçi bir ortam yaratılarak sigorta sektörü güçlendirilmeye çalışılmıştır.[224]

Birleşik Arap Emirlikleri'nde mevcut sigorta şirketi sayısı, 2007 yılı itibariyle 24'ü ulusal, 27'si yabancı olmak üzere toplam 51 tanedir. Bütün sigorta işlemlerini gerçekleştiren, 11 ulusal ve 2 yabancı şirket bulunmakla birlikte, mal ve mali sorumluluk sigortasına yönelik ise sadece 13 ulusal şirket ile 18 yabancı şirket faaliyet göstermektedir. Hayat sigortası ve yatırım fonu biriktirmeyi amaçlayan sigorta şirketinin sayısı da 7'dir. Bunların dışında 21 tane sigorta acentesi, 182'i ulusal, 11'i yabancı sigorta aracıları, 68 tane sigorta uzmanı, 18

---

[223] Graham Lovett ve Terence Witzmann, **United Arap Emirates,** Yearbook Islamic and Middle Eastern Law, Volume 10, 2003-2004, (ed) Eugene Cotran ve Martin Lau, Brill Academic Publishers,2005,s.231

[224] www.economy.gov.ae/Insurance 2007 Report, s.9 (14.04.2011)

tane sigorta danışmanı ve 12 tane de sigorta hesapları ile ilgilenen kişi bulunmaktadır.[225]

Birleşik Arap Emirlikleri'nde gelirin yüksek olmasına bağlı olarak kişi başına sigorta prim ödemelerinin arttığı söylenebilmektedir. 2004 yılında 363 dolar iken 2008 yılına gelindiğinde bu oran yaklaşık 3 kat artarak 1103 dolara yükselmiştir. Sigorta tiplerine göre baktığımızda, kültürel sebeplerden dolayı hayat sigortalarının payı hayat dışı sigortalara göre daha sınırlı düzeyde kalmış, 2008 yılı itibariyle hayat sigortası 724 milyon dolar olurken, hayat dışı sigortanın payı 4.252 milyon dolar olarak gerçekleşmiştir. Prim ödemelerinin Gayri Safi Milli Hasılaya Oranı, ülkedeki sigorta sektörünün gelişmişliği hakkında bilgi vermektedir. Dolayısıyla Birleşik Arap Emirlikleri'nin 2008 yılında %1,96 oranıyla sigortacılık alanında istenen gelişmenin sağlanamadığı söylenebilir. **Aşağıdaki Tablo 60'da** sigorta sektörünün 2004-2008 yılları arasındaki yapısı gösterilmektedir.

Tablo 60
2004-2009 Yılları Arasında Birleşik Arap Emirlikleri'nde Sigorta Sektörünün Yapısı

	Hayat Sigortası Primleri (milyon $)	**Hayat Dışı Sigorta Primleri (Milyon $)**	**Toplam Primler (milyon $)**	**Kişi Başına Prim Ödemeleri $**	**Prim Ödemeleri/GSYİH %**
2004	284	1.291	1.575	363,9	1,5
2005	328	1.813	2.141	447,3	1,51
2006	450	2.358	2.808	661,5	1,72
2007*	721	3.252	3.973	907,1	2,09
2008*	724	4.252	4.976	1109,4	1,96

Kaynak: Swiss Re, www.swissre.com/(14.04.2011)

* Hayat dışı sigorta prim ödemelerinde brüt prim ödemeleri reisurance ödemelerini içermektedir.

Birleşik Arap Emirlikleri'nde hayat sigortası dışında prim ödemeleri gerçekleştirilen alanlara baktığımızda, araç sigortası ve emlak sektöründeki gelişmeye bağlı olarak bina sigortalarının artması, kaza ve yükümlülük sigortalarının payının diğer sektörlere göre daha fazla olmasına neden olmuştur.

[225] www.economy.gov.ae/Insurance 2007 Report, ss.9-10 (14.04.2011)

Prim ödemeleri yükselen diğer bir sigorta alanı ise sağlık sigortası olup, 2006 yılından itibaren Abu Dhabi hükümet tarafından çıkarılan kanunla ülkedeki tüm yabancı işçiler ile onların bakmakla yükümlü oldukları kişiler için zorunlu kılınmıştır.[226] Dolayısıyla 2007 yılında diğer alanlarda düşüş olmasına rağmen sağlık sigortasının payının artması bu sebepten olduğu söylenebilir. Sağlık ve kaza sigortası dışında diğer önemli sigorta ödemelerinin yapıldığı alanlar; deniz, hava, kara ulaşımı ile yangın sigortası olup, diğer risklerin payı %3 seviyelerinde kalmıştır. **Aşağıdaki Tablo 61'de** 2005-2007 yılları arasında brüt prim ödemelerinin sigorta tiplerine göre dağılımı gösterilmektedir.

Tablo 61
2005-2007 Yılları Arasında Hayat Sigortası Dışında Birleşik Arap Emirlikleri'nde Sigorta Tiplerine Göre Prim Ödemeleri

	2005		2006		2007	
	Brüt Prim Ödemeleri	Oranı	Brüt Prim Ödemeleri	Oranı	Brüt Prim Ödemeleri	Oranı
Kaza ve Sorumluluk	2.753.513	54,3	3.452.880	52,1	6.220.154	52,1
Yangın	819.933	16,1	1.019.814	15,4	1.551.834	13
Deniz Hava, Kara Ulaşımı	791.251	15,6	948.398	14,3	1.647.340	13,8
Diğer Riskler	247.760	5	257.226	3,9	374.414	3,1
Sağlık Sigortası	454.366	9	946.558	14,3	2.148.187	18
Toplam	5.066.823	100	6.624.876	100	11.941.929	100

Kaynak: www.economy.gov.ae/ 2007 Insurance Sector, (14.04.2011)

4.3. Kamu Finansmanı

Birleşik Arap Emirlikleri'nin kamu gelirlerinin önemli bir bölümünü petrol ve gaz gelirleri oluştururken, kalan kısmını anonim şirket gelirleri ile diğer gelirler meydana getirmektedir. Birleşik Arap Emirlikleri'nde eğitim, sağlık, savunma ve dış ilişkiler hariç, belediye hizmetleri, vergi politikaları, emirliklerde bulunan doğal kaynaklarla ilgili lisans verme işlemleri merkezden bağımsız bir şekilde yürütülmektedir. Dolayısıyla Birleşik Arap Emirlikleri'nde kamunun diğer bir gelir kaynağı olan vergi düzenlemelerine ilişkin ülkenin genelini ilgilendiren bir vergi yasası yoktur. Her bir emirliğin kendi vergi kararnameleri olup, yabancı

[226] Dubai 2008 Report, www.oxfordbusinessgroup, s.92 (14.04.2010)

banka şubeleri ile özel anlaşmalarla düzenlenmiş petrol ve doğalgaz şirketlerini kapsamaktadır.

Abu Dhabi Emirliği'nde, hem kıyıda hem de karada olan petrol şirketleri elde ettikleri gelirin, %50'sini vergi olarak öderken, Dubai Emirliği'nde bu oran %55'e çıkmaktadır. Petrol şirketleri aynı zamanda belli bir lisan ücreti ödemektedir. Yabancı bankalar ise her iki emirlikte sabit bir oran olan %20 üzerinden vergilendirilmektedir. Birleşik Arap Emirlikleri'nde kişisel vergiler, emlak vergisi ve damga vergisi alınmamakta olup, vize, noter ve araç kayıt işlemlerinde, çalışma izinlerinde sadece işlem masrafları alınmaktadır. Çalışma hayatındaki vergi politikalarına baktığımızda, ücretlilerden alınan vergi olmamakla beraber, onun yerine özel sektörün, Birleşik Arap Emirlikleri vatandaşı çalıştırması ve işverenin de emeklilik fonuna maaşın %12,5 oranında katkıda bulunması gerekmektedir. İşçilerinde aynı fona maaşlarından %5 oranında kesinti yapılmaktadır. Malın satışı ve kiralanması üzerinden %1,5 ile %2 oranında tescil vergisi alınan (yarısı alıcıdan, yarısı satıcıdan olmak üzere) ülkede aynı zamanda kira değeri ile ilgili olarak emirliklere göre çeşitli oranlarda vergi alınmaktadır. Gümrük vergilerini incelediğimizde, Körfez Ekonomik İşbirliği Örgütü üyeleri arasında 2003 yılından beri %5 oranında sigara ve içki hariç uygulanan bir gümrük vergisi bulunmaktadır.[227]

---

[227] The Abu Dhabi Report 2009, www.oxfordbusinessgroup.com/s..226, (12.04.2011)

Tablo 62

1972-2009 Yılları Arasında Birleşik Arap Emirlikleri'nde Konsolide Bütçe Dengesi (milyon dirhem)

	Cari Harcamalar	Sermaye Harcamaları	Toplam Harcama	Toplam Gelir	Petrol Gelirleri**	Bütçe Açığı /Fazla
1972	934,7	-	1256,8	2423,9	2194	1167,1
1974	2841,2	-	5029,6	16466,3	14041	11.436,7
1980	16.763	9593	39811	54550	52727	14.739
1985	24535	6534	34389	27762	22247	-6.627
1990	34475.4	4758,1	53461,8	41277.9	34034	- 12.183,9
1995	43.593	11.945	61857	43654	32033	-18.203
2000	69441	11.230	82542	89691	59.078	7.149
2005	84,3	14	104	203.9	152.9	99.9
2006	103,1	15,2	128	299.1	229.4	171.1
2007	126,6	17,3	167	330.8	235.5	163.8
2008	166,8	31,5	254	450.3	362.1	196,3
2009* **	196,7	37,9	289	292.6	217.5	3,6

Kaynak: Ali Tawfik Al Sadik, a.g.e., s.226, IMF Country Report 2004 ve 2010, www.ımf.org (19.04.2010) verilerinden düzenlenmiştir.

* 2005-2010 Yılları Arasındaki Veriler Abu Dhabi, Sharjah ve Dubai hükümetinin verilerini kapsamaktadır. Aynı zamanda harcamalarda verilen bağışlarda yer almaktadır.

** Hükümetin sahip olduğu şirketlerden elde edilen gelirler

*** 2009 verileri tahmini verilerdir.

Yukarıdaki **Tablo 62'de** 1972-2009 yılları arasında Birleşik Arap Emirlikleri'nin konsolide bütçe dengesi gösterilmektedir. Tabloya göre, petrol gelirleri ile doğru orantılı olarak ülke bütçesi fazla vermektedir. 1974 yılında petrol fiyatlarının artması sonucunda toplam gelirde yaklaşık 8 kat bir artış görülürken, toplam harcamalarda 4 katlık bir artış yaşanmış, aynı dönemde bütçede 11.436, 7 milyar dirhem bir fazlalık gerçekleşmiştir. 1980 yılında kamu artan gelire bağlı olarak bütçe fazlası vermeye devam etmiş, 1985-2000 yılları arasında cari harcamalarda meydana gelen artışlar ve kamu gelirlerinin azalması, Birleşik Arap Emirlikleri'nin bütçe açığı vermesine neden olmuştur. 2005-2008 yılları arasında, cari harcamaların (maaş, teşvik ve transferler, mal ve hizmet alımı, federal hizmetler) artmasına rağmen, kamu gelirlerinin yüksek olması kamunun bütçe fazlası vermesini sağlamıştır. 2009 yılında ise ekonomik durgunluğa bağlı olarak petrol gelirlerinin azalması, kamunun diğer bir gelir bileşeni olan vergi gelirlerinin ise sınırlı düzeyde olması, artan cari harcamalarla birlikte kamu bütçe fazlasını 3,6 milyar dirheme düşürmüştür. Yine Tabloya göre kamunun cari harcamaları sermaye harcamalarına göre daha yüksektir. Bu durum ise kamunun yatırım harcamalarının az olduğunu göstermektedir.

4.4. Birleşik Arap Emirlikleri'nin Sosyal Gelişimi

4.4.1. Eğitim

Birleşik Arap Emirlikleri'nde, (4-5 yaş) anaokulu, (6-11) ilkokul, (12-14) hazırlık okulu ve (15-17) lise olmak üzere dört kademeli bir eğitim sistemi bulunmakta, 12-18 yaş arasındaki kişilerin gidebildiği tarım, sanayi ve ticarete ilişkin teknik okullar da yer almaktadır. İlkokul ve ortaokul eğitiminin tüm Birleşik Arap Emirlikleri vatandaşları için zorunlu olduğu ülkede, aynı zamanda eğitim için herhangi bir ücret ödenmemektedir. Ülkedeki yabancılar ise özel veya devlet okuluna çocuklarını yıllık belli bir ücret karşılığında kayıt ettirmektedir. Devlet okullarında anaokulu ve kırsal kesim hariç, cinsiyet ayrımı mevcut olup yabancıların çocuklarının gittiği özel okullarda karma eğitim sistemi uygulanmaktadır. Ayrıca devlet okullarında müfredat, Arapça ve İslami değerlerin etkisi altında iken, özel okullarda ise yabancıların ait olduğu kültüre bağlı olarak eğitim sisteminde bir yapılanma meydana gelmektedir.[228]

Birleşik Arap Emirlikleri'nde üniversite eğitimi, ülkenin kurulmasından altı yıl sonra başladığı söylenilebilmektedir. 1977 yılında Birleşik Arap Emirlikleri Üniversitesi dört kolejiyle birlikte faaliyete başlamış, zamanla da diğer emirliklerde de hem özel hem de kamu tarafından finanse edilen yükseköğretim kurumları faaliyete geçmiştir. 1988 yılında Birleşik Arap Emirlikleri'nde lise sonrası eğitim amaçlı 3 yıl olarak devlet tarafından finanse edilen ikisi Abu Dhabi'de ikisi Al-Ain şehrinde olmak üzere dört tane yüksek teknoloji okulu kurulmuştur. Daha sonraları Dubai, Ras Al Khalimah, Sharjah ve Fujairah'da açılan okullarla beraber yüksek teknoloji okullarının sayısı 17'ye yükselmiştir. 1993 yılında çıkarılan bir kanunla da ileri teknoloji okullarına dört yıllık Birleşik Arap Emirlikleri üniversitesi derecesi verilerek, emek piyasasında kişilerin maaş

---

[228] Eman Gaad, **Inclusion in The UAE, Theory, Culture and Practice**, Taylor and Francis Group, England, 2010,s.68

ve diğer olanaklardan daha fazla yararlanması amaçlanmıştır.[229] Ülke ekonomisinin gelişmesi için nitelikli eleman yetiştirmeyi planlayan ileri teknoloji okullarının eğitim programı, bankacılık, yönetim, finans, sağlık bilimleri, iletişim, mühendislik ve havacılık alanlarında gerçekleşmektedir. Böylelikle bu okullarda yerli işgücünün eksik olduğu alanlarda eğitim verilerek, emek piyasasındaki yabancı işgücü bağımlılığının azaltılmasına çalışılmaktadır.[230]

Birleşik Arap Emirlikleri'nde kadınlara da erkekler gibi eğitim sisteminin her aşamasından yararlanma hakkı verilmektedir. Kadınlar ilkokula gidebildikleri gibi erkeklerden ayrı olarak kurulan üniversitelerden de yararlanabilmektedir. Ancak, kadının çocuk yetiştirme ve evin yönetimi ile ilgili geleneksel sorumluluklarından dolayı çoğunlukla öğretmenlik ile sosyal bilimler alanında üniversite eğitimi alabildiği söylenebilmektedir. Son dönemlerde ise ülkedeki ekonomik gelişmeye bağlı olarak kurulan çeşitli enstitülerde işletme (emlak, muhasebe, bankacılık) medya, bilgi teknolojileri, askerlik, havacılık alanlarında ayrı okullarda da olsa kadınlara eğitim imkânı tanınmaktadır. Böylelikle erkeklerin daha çok istihdam edildiği alanlarda kadınların da aynı şekilde iş fırsatlarından yararlanması amaçlanmaktadır. Hükümet aynı zamanda emek piyasasındaki mevcut kadın sayısının arttırılmasına yönelik düzenlemeler yaparak hem de çeşitli alanlarda kadın eğitimini destekleyerek ülke ekonomisinin ilerlemesine yönelik önemli çalışmalar yapmaktadır.

---

[229] Sulaiman Al- Jassim, **Prospects of Higher Education in the United Arap Emirates Higher Colleges of Technology** (case study), K.E. Shaw (ed), Unversity of Exeter Press, United Kingdom, 1997, s.129

[230] David Baker ve Alexander Wiseman, **Gender Equality and Education From International and Comparative Perspectives** (International Perspectives on Education and Society), Emerald Publishing Limited, England, 2009, s. 318

Tablo 63

1974/1975 İle 2007/2008 Yılları Arasında Birleşik Arap Emirlikleri'nde Okul, Öğretmen ve Öğrenci Sayıları

	1974 1975	1980 1981	1985 1986	1990 1991	1996 1997	2000 2001	2005 2006	2006 2007	2007 2008
Okullar									
Devlet	167	293	409	512	639	728	759	744	727
Özel*	31	69	164	270	388	439	458	478	454
Toplam	198	362	573	782	1027	1167	1217	1222	1181
Öğretmen ve Diğer Görevliler									
Kadın	2149	4947	7.477	17.857	26.639	30.562	39.411	38.643	42.926
Erkek	2047	6.044	10.829	11.065	13.788	14.880	17.148	16.679	17.218
Toplam	4196	10991	18.306	28.922	40.427	45.442	56.559	55.322	60.144
Öğrenci									
Kız	22.057	64.724	119.856	187.069	254.333	291.654	321.356	337.734	334.979
Erkek	30.264	76.700	133.406	201.046	241.591	277.134	337.458	356.045	349.988
Karma	7785	-	-	-	-	-	-	-	-
Toplam	60.106	141.424	253.262	388.115	495.924	568.788	658.814	693.779	684.967

Kaynak: www.uaestatics.gov.ae/Education, (23.04.2011) verilerinden düzenlenmiştir.

* Özel okullar karma eğitim yapan yerlerdir. Dolayısıyla tekrar karma öğrenci sayısı yazılmamıştır.

Yukarıdaki **Tablo 63'de** Birleşik Arap Emirlikleri'nde 1974/1975 ile 2007/2008 yılları arasındaki eğitim sektörünün yapısı gösterilmektedir. Başlangıçta 198 okul varken, artan eğitim harcamalarına bağlı olarak 1990/1991 döneminde okul sayısı 782'ye 2005/2006 döneminde ise 1217'ye ulaşmıştır. Ülkeye gelen yabancı sayısının yükselmesinin yanı sıra zengin ailelerin çocuklarını özel okullarda okutma isteği, özel okul sayısını arttırmıştır. 1974/1975 yılında özel okullar, toplam okul sayısının %15,6'sını meydana getirirken, 2007/2008 döneminde bu oranın %40'lara yaklaştığı belirtilebilmektedir. Birleşik Arap Emirlikleri'nde eğitim sektöründe ağırlıklı olarak kadınların çalıştığı söylenebilir. 1974/1975 yıllarında eğitim alanında çalışanların %51'ini kadınlar %49'unu erkekler oluştururken, 2007/2008 döneminde kadınların %71'i erkeklerin de %29'unun eğitim alanında istihdam edildiği görülmektedir. Öğrenci sayısına baktığımızda, yapılan çalışmalar sonucunda yıllar itibariyle artış gösterdiği ve 2007/2008 döneminde mevcut öğrencinin %49'unu kızların %51'ini erkeklerin meydana getirdiği söylenebilmektedir.

Tablo 64

1999-2006 Yılları Arasında Birleşik Arap Emirlikleri'nde Eğitim Türlerine Göre Kayıtlı Öğrenci Sayısı

	1999/2000				2006/2007			
	Erkek	**Toplama Oranı %**	**Kadın**	**Toplama Oranı %**	**Erkek**	**Toplama Oranı %**	**Kadın**	**Toplama Oranı %**
Anaokulu	34.146	12,1	31.689	11,8	51.944	14,5	48.325	14,3
İlkokul*	142.205	50,3	130.714	48,7	145.668	40,9	137.209	40,6
Hazırlık Okulu **	61.828	21,9	58.793	21,9	100.687	28,2	93.197	27,6
Lise	40.095	14,2	46.207	17,22	56.079	15,7	58.416	17,3
Özel Eğitim	895	0,3	856	0,3	570	0,1	587	0,2
Teknik Eğitim	1.713	0,6	-	-	-	-	-	-
Dini Eğitim	1.591	0,6	-	-	1.097	0,3	-	-
Toplam	282.473	100	268.259	100	356.045	100	337.734	100

Kaynak: www.economy.gov.ae/Static Abstract/Education,13-4 (12.04.2011) verilerinden düzenlenmiştir.

* 2002-2003 döneminden başlayarak, ilkokul, 1. aşama olarak nitelendirilmektedir. (1-5'e kadar)

**2002-2003 döneminden başlayarak hazırlık okulu 2. aşama olarak nitelendirilmektedir. (6'dan 9'a kadar)

Yukarıdaki **Tablo 64'de** Birleşik Arap Emirlikleri'nde eğitim türlerine göre kayıtlı öğrenci sayıları gösterilmektedir. Birleşik Arap Emirlikleri'nin eğitim yapısı içerisinde önemli olgulardan biri de okul öncesi eğitimdir. Başlangıçta anaokuluna kayıtlı erkek öğrenci sayısı %12,1 kadınlarda ise %11,8 iken, 2006/2007 yılları arasında hem kadın hem de erkeklerde anaokuluna giden öğrenci sayısı artarak %14'ler civarında gerçekleşmiştir. 1999-2006 yılları arasında ilkokula giden kişi sayısında hem kadınlarda hem de erkeklerde azalma olmasına rağmen, hazırlık okulunda her iki grupta da artış meydana gelmiştir. Liseye giden kadın sayısının erkeklere göre daha fazla olduğu ülkede, engelli kişilerin eğitim aldığı özel eğitim merkezlerine giden kişi sayısında sırasıyla erkeklerde %0,1 kadınlarda %0,2 olduğu görülmektedir.

Tablo 65
1990-1991 Yılları İle 2009-2010 Yılları Arasında Birleşik Arap Emirlikleri'nde Yükseköğretimden Mezun Öğrenci Sayısı

	İleri Teknoloji Koleji		Birleşik Arap Emirlikleri Üni.	
	Kız	Erkek	Kız	Erkek
1990/1991	32	31	774	376
1994/1995	97	58	1023	324
1995/1996	148	136	1016	272
1996/1997	832	603	1340	342
1997/1998	1057	852	1931	445
1998/1999	959	583	1777	527
1999/2000	1421	1115	2361	565
2000/2001	2079	1247	2432	548
2001/2002	2529	1406	2255	575
2002/2003	2655	1518	2174	517
2003/2004	2816	1553	1838	512
2004/2005	2792	1684	1859	493
2005/2006	2419	1473	1940	667
2006/2007	2110	1325	2280	568
2007/2008	2665	1578	1953	413
2008/2009	2414	1606	1691	461
2009/2010	2609	1580	1558	406
Toplam	29634	18348	30202	8011

Kaynak: www.hct.ac.ae ile www.uaeu.ac/irpsu (27.04.2011) sitelerinden düzenlenmiştir.

Yukarıdaki **Tablo 65'de** Birleşik Arap Emirlikleri'nin kamu tarafından finanse edilen lise sonrası meslek kazandırmaya yönelik okullarıyla, ülkenin ilk kurulan üniversitesindeki mezun öğrenci yapısı, kadınların eğitim hayatında önemli bir pay sahibi olduğunu göstermektedir. İleri teknoloji okullarının kurulması sonrasında bu kolejlerden mezun olan kız ve erkek sayısı birbirine yakın iken, 1994/1995 yılı sonrasında kız sayısının erkek sayısını geçtiği, 2009/2010 yılı itibariyle de toplam mezun sayısının %5,4'ü kızların, %3,2'sinin ise erkeklerin oluşturduğu görülmektedir. Aynı şekilde Birleşik Arap Emirlikleri Üniversitesi'nden mezun olan erkeklere göre kızların sayısı daha fazladır. Toplam üniversite mezunu içerisinde kızların payı %80 erkeklerin ise %20'dir. Erkeklerin ev geçindirme zorunluluğunun olması, üniversite eğitiminden çok mesleki eğitimlere yönelmesine neden olmaktadır. Aynı zamanda erkeklerin yurtdışında eğitim alabilme imkânının da sağlanması ülkedeki üniversiteye giden erkek sayısının düşük olmasında bir diğer etken olarak nitelendirilebilmektedir. Birleşik Arap Emirlikleri'nde hem teknoloji yüksekokullarından hem de üniversiteden mezun olan sayılarına baktığımızda, kızların eğitiminin çoğunlukla sosyal bilimler, eğitim ve fen bilimlerini olduğu erkeklerin ise, sosyal bilimler ve işletmenin yanı sıra mühendislik eğitimine yöneldikleri görülmektedir. Kızların bu alanlar dışında özellikle emlak, bankacılık ve finans sektöründeki gelişmelere bağlı olarak hem üniversite hem de mesleki okullarda işletme eğitimini tercih ettiği söylenebilmektedir. Teknoloji yüksekokulunda, işletmeden mezun kız öğrenci sayısı toplam öğrencinin %32'sini oluştururken, üniversitede bu oran %9,1 olarak gerçekleşmiştir. Yüksek lisans her iki grup öğrencinin en az rağbet ettiği alan olup, mezun öğrenci oranı hem kadınlarda hem erkeklerde %0,8'dir. Teknoloji yüksekokullarında çalışma hayatına yönelik alanlarda işletme, mühendislik ve bilişim teknolojilerine yönelik alanlarda mezun öğrenci sayısı artarken, eğitim ve sağlık alanından mezun olan öğrenci sayısının payının azaldığı belirtilebilmektedir. **Aşağıdaki Şekil 21 ve 22'de** her iki yükseköğretimdeki eğitim dallarının kız ve erkek öğrencilere göre dağılımı gösterilmektedir.

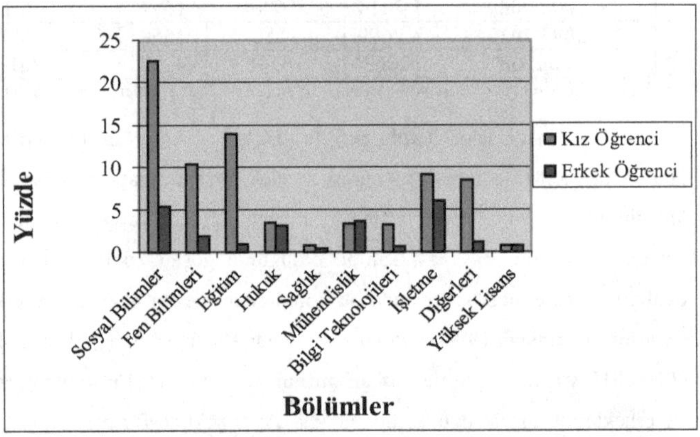

Şekil 21: 1980-1981 İle 2009-2010 Yılları Arasında Birleşik Arap Emirlikleri Üniversitesi'nde Cinsiyete Göre Bölümlerin Dağılımı (%)

Kaynak: www.uaeu.ac/irpsu (27.04.2011) verilerinden düzenlenmiştir.

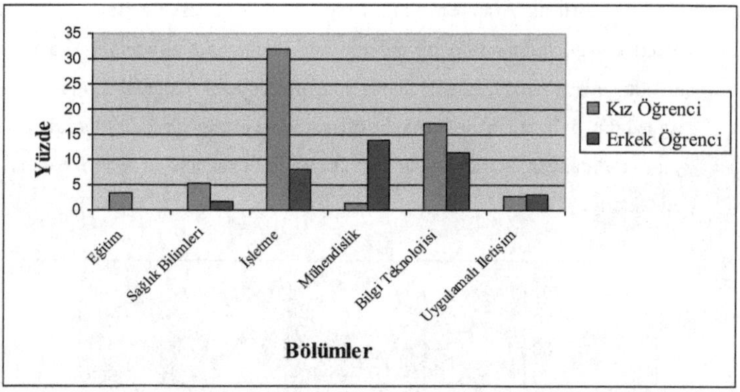

Şekil 22: Teknoloji Yüksek Okullarında 2007-2008 İle 2009-2010 Yılları Arasında Eğitim Dallarının Cinsiyete Göre Yapısı (%)

Kaynak: www.hct.ac.ae (27.04.2011) verilerinden düzenlenmiştir.

4.4.2. İstihdam

Birleşik Arap Emirlikleri'nde istihdam yapısına baktığımızda, iki önemli olgu ön plana çıkmaktadır. Bunlardan birincisi, kadınların iş hayatında aktif bir şekilde yer alması, diğeri ise çalışma hayatındaki yabancı işgücünün payının azaltılıp yerli işgücünün payının arttırılmasıdır.

Kadınların istihdamı ile ilgili hükümet çeşitli kanunlar çıkararak kadınlara da erkekler gibi eşit istihdam fırsatı ve aynı işlerde ücret eşitliği sağlamaya çalışmaktadır. Kadınların eğitim ve istihdamına yönelik diğer uygulama da Genel Kadınlar Birliği Organizasyonu olup, bu organizasyon aracılığıyla kadınlara, çocuk bakımı, aile ile ilgili eğitimlerin yanı sıra belirli temel nitelikler sağlanarak iş bulunması amaçlanmaktadır. Ayrıca Genel Kadınlar Birliği Organizasyonu, ülke genelinde kadının ekonomik ve politik rolünün güçlenmesinde aktif rol oynamaktadır. Her ne kadar kadınların da erkeklerle aynı şekilde eğitim almasına ve aktif olarak çalışma hayatında yer alabilmesi için devlet desteği sağlanmasına rağmen, kültürel ve dini etkenler kadınların çalışma hayatını kısıtlamaktadır.

Birleşik Arap Emirlikleri'nin istihdam yapısı ile ilgili diğer konu ise, ülkedeki işgücünün büyük bir bölümünün yabancıların elinde olmasıdır. Özellikle ülkede gelişen petrol, inşaat, finans alanlarında yerel vatandaşlar arasında nitelikli işgücünün bulunmaması, yabancı dil sorunu ve bilgi teknolojilerinden yeterince yararlanılmaması yerli işgücü yerine yabancıların çalıştırılmasına neden olmaktadır.

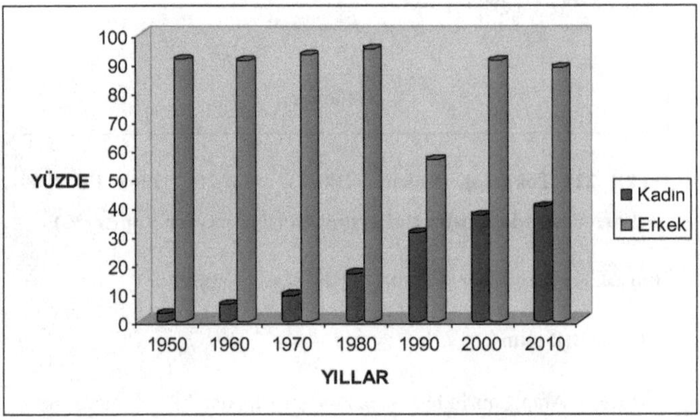

Şekil 23: 1950-2010 Yılları Arasında Birleşik Arap Emirlikleri'nde 15-64 Yaş Arası Cinsiyete Göre İşgücüne Katılım Oranı (%)

Kaynak: World Bank, Mena Development Report Unlocking The Employment Potential in The Middle East and North Africa Toward a New Socail Contract, 2004,s.223

Yukarıdaki **Şekil 23'de** Birleşik Arap Emirlikleri'nde 15-64 yaş arasında işgücünün cinsiyete göre dağılımı gösterilmektedir. Federasyon haline gelmeden önce ülkede kadınlarda işgücü oranı 1950 yılında %2,6 erkeklerde %91,1 iken, 1960 yılında ise erkeklerin işgücüne katılım oranları aynı kalmış, kadınların işgücüne katılım oranları artmaya devam ederek, %5,7 seviyelerinde gerçekleşmiştir. 1970 yılından itibaren Birleşik Arap Emirlikleri'nin federasyon haline gelmesi ile birlikte ülkedeki artan petrol gelirlerine bağlı olarak yabancı işgücünü; gelen yabancıların büyük bir bölümünün erkek olması da erkeklerde işgücüne katılım oranlarını yükseltmiştir. 1990 yılında inşaat, genel yönetim ve savunma hizmetlerindeki azalma nedeniyle erkeklerin işgücüne katılım oranları azalmış, kadınların işgücüne katılım oranı ise %30,7'ye yükselmiştir. 1990 yılından itibaren ise hem kadınlarda hem erkeklerde işgücüne katılım oranları artmaya devam etmiş 2010 yılında bu oran erkeklerde yaklaşık %90'lara kadınlarda ise %40'lara ulaşmıştır. Birleşik Arap Emirlikleri'nde kadınların erkeklerden daha fazla eğitim almalarına rağmen, alınan eğitimin işgücüne katılım oranlarına yansıtılamadığı söylenebilmektedir.

Birleşik Arap Emirlikleri'nde işgücünü hidrokarbon sektöründeki gelişmelere bağlı olarak yabancı işçiler meydana getirmektedir. 1975 yılında toplam işgücü içerisinde yabancıların payı %85'ler seviyesinde iken, yerli işgücünün payı %15'ler seviyesinde gerçekleşmiştir. 1980-2008 yılları arasında yerli işgücünü arttırmaya yönelik çalışmalara rağmen, yerli işgücünün oranı %9'a düşmüş, yabancı işgücünün oranı ise %91 seviyesine yükselmiştir. 2008 yılı itibariyle de yerli işgücünün payı 1975 yılındaki seviyesine geri dönmüş ve %15 olarak gerçekleşmiştir. Aynı dönemde ise yabancı işgücünün payı da %85'ler seviyesinde kalmıştır. **Aşağıdaki Şekil 23'de** 1975-2008 yılları arasında yerli ve yabancı işgücünün dağılımı gösterilmektedir.

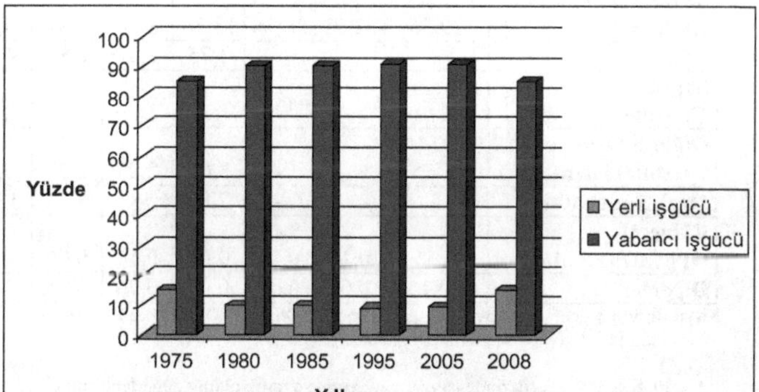

Şekil 24: 1975-2008 Yılları Arasında Birleşik Arap Emirlikleri'nde İşgücünün Milliyetlerine Göre Dağılımı (%)

Kaynak: www.uaestatics.gov.ae (27.04.2011) ve Martin Baldwin- Edwards, Labour İmmigration and Labour Markets in the GCC Countries: National Patterns and trends, Mart, 2011,s.11 verilerinden düzenlenmiştir.

Tablo 66

1975-2009 Yılları Arasında İstihdamın Sektörlere Göre Dağılımı (%)

Ekonomik Aktivite	1975	1980	1985	1995	2005	2006	2008	2009
Tarım, Hayvancılık, Ormancılık *	3,72	4,09	6,91	7,38	4,66	4,68	4,3	3,8
Balıkçılık**	0,78	0,43	0,67	0,62	0,22	0,22	-	-
Madencilik ve Taşçılık	2,36	2,13	2,06	2,31	1,8	1,81	1,9	2
İmalat	5,93	6,27	7,47	10,95	8,46	8,05	8,7	7,7
Elektrik, Gaz, Su	2,16	1,97	2,11	1	1	1	1,4	1,1
Bina ve İnşaat	32,34	27,9	16,66	19,35	28,59	28,97	12,3	12,3
Ticaret ve Onarım Hizmetleri	10,19	10,14	10,83	13,96	13,55	13,48	16,3	15,4
Hotel ve Restaurant	2,77	3,2	3,44	3,49	4	4,05	3,9	4
Ulaşım, Depolama ve İletişim	8,09	7,52	7,5	7,15	6,72	6,75	7,2	8,2
Finansal Aracılık	1,66	1,86	1,86	1,27	1,47	1,48	3,2	3,2
Emlak ve Kiralama Hizmetleri	0,4	0,82	1,54	2,58	5	5,15	8	6,9
Genel Yönetim Savunma ve Sosyal Güvenlik	29,56	33,51	38,78	13,34	8,61	8,81	9,2	12,6
Eğitim	-	-	-	3,75	2,82	2,82	4,5	4,3
Sağlık ve Sosyal Çalışma	-	-	-	1,8	1,79	1,79	2,6	2,5
Diğer Sosyal ve Personel Hizmetleri	-	-	-	3,05	2,27	2,28	3,2	2,7
Özel Hanehalkı	-	-	-	7,87	8	7,83	12,8	13,1
Bölgesel Organizasyonlar	0,16	0,15	0,16	0,09	0,11	0,09	0,2	0,1
Diğerleri	0,1	0,02	0,02	0,07	0,76	0,75	0,2	0

Kaynak: www.economy.gov.ae/UAE Numbers 2006 ve 2007 (13.04.2011) ile www. uaestatics.gov.ae verilerinden düzenlenmiştir. (27.04.2011)

* 2008 ve 2009 verilerinde hayvancılık yerine avcılık olarak değerlendirilmektedir.

** 2008 ve 2009 verilerinde balıkçılık verileri tarım hayvancılıkla birlikte verilmektedir.

Yukarıdaki **Tablo 66'da,** Birleşik Arap Emirlikleri'nde, ülkedeki vatandaşların sektörlere göre istihdam oranının dağılımı gösterilmektedir. Başlangıçta ülkenin kuruluşu ile beraber artan inşaat faaliyetlerinin sonucunda çalışanların %32,34'ü inşaat sektöründe istihdam edilmiştir. 1975 yılından sonra yıllar itibariyle ekonomik gelişmelere bağlı olarak inşaat sektöründeki istihdam oranları düşmesine rağmen, 1995 yılında tekrar artışa geçerek %19,35'e ulaşmış, 2006 yılına gelindiğinde ise bu oran %28,97 olarak gerçekleşmiştir. 2008 ve 2009 yılında inşaat sektöründe daralma yaşanması ile beraber istihdam oranları olumsuz etkilenmiş ve her iki yılda da %12,3 olarak gerçekleşmiştir. İnşaat sektörünün gelişimine bağlı olarak, emlak sektöründeki istihdam oranları da artmış 2008 yılı itibariyle %8'e ulaşmıştır. 2009 yılı itibariyle de inşaat sektöründeki gelişmeler emlak sektöründeki istihdam oranlarını %6,9'a düşürmüştür.

İnşaat sektöründen sonra ülkede işgücü dağılımın yüksek olduğu alan ticaret ve onarım hizmetleri olup, onu sırasıyla genel yönetim, özel hane halkı, ulaşım hizmetleri ile imalat sektörleri izlemektedir. Geleneksel sektörler içerisinde, istihdamın payı (tarım, hayvancılık, ormancılık) 1975 yılında %3,72 iken 2006 yılında %4,68'e yükselmiş, 2009 yılında ise payı %3,8'e düşmüştür. Eğitim ve sağlık hizmetlerinde çalışan kişi sayısı ise diğer sektörlere göre düşük olmakla beraber her iki sektörün istihdamdaki payı artmış ve 2008 yılı itibariyle sırasıyla %4,5 ve %2,6 olarak gerçekleşmiştir. 2009 yılında ise diğer sektörlerde olduğu gibi eğitim ve sağlık sektöründe istihdam edilen kişilerin sayısı azaldığı ve eğitimde %4,3 sağlıkta %2,5 olduğu görülmektedir. Hizmet sektörü içerisinde finansal aracılık hizmetlerinde istihdam edilen kişilerin payı yükselmekte olup 2009 yılı itibariyle %3,2'ye ulaşmıştır. otel ve restaurant alanlarında istihdam edilen kişi sayısı da 2005 yılından beri %4 seviyelerinde kalmıştır. Elektrik, gaz ve su ile madencilik sektörleri ise nitelikli işgücünün yetersiz olması nedeniyle genel istihdam içerisindeki payı düşüktür. 2009 yılı itibariyle elektrik gaz sektörünün istihdamdaki payı %1,1 iken, madencilik sektörünün payı %2 seviyelerinde gerçekleşmiştir.

Birleşik Arap Emirlikleri'nde istihdamın kamu ve özel sektör ayrımına baktığımızda özel sektörde çalışan erkeklerin işgücünde çalışan toplam erkeklere oranı 1980 yılında %55,3 iken, 1995 yılında %55,6 olarak gerçekleşmiş, 2005 yılında ise bu oran %75'lere yükselmiştir. 2009 yılı itibariyle de ülke ekonomisindeki yavaşlamaya bağlı olarak özel sektörde çalışan erkeklerin oranı %65'lere düşmüştür. Özel sektörde çalışan kadın sayısı ise erkeklerin tersine 1995 yılına kadar azalma göstermiş, 2008 yılında tekrar artışa geçerek %34,5'e ulaşmıştır. 2009 yılında, emlak sektörü ile finansal aracılık hizmetlerindeki gelişmeler özel sektörde çalışan kadın sayısının oranı yaklaşık olarak %30'lara düşürmüştür.

Birleşik Arap Emirlikleri'nde kamuda çalışan kişi sayısında da yıllar itibariyle azalma gerçekleşmiş, (federal, yerel hükümet ile kamu sektörü ve karma sektör toplamı) 1980 yılında kamuda çalışan erkek sayısı, toplam kamuda çalışan erkek işgücünün %35'ini oluştururken, 1995 yılında %26'sını 2005 yılında ise %18,6'sını meydana getirmiştir. 2005 yılından itibaren ise kamuda çalışan erkeklerin oranı artmaya başlamış ve 2009 yılında 27,6'ya yükselmiştir. Kamuda çalışan kadın oranlarına baktığımızda, başlangıçta %48,4 iken, ülkedeki ekonomisindeki farklılaşmaya bağlı olarak bu oran 1995 yılında %24'lere 2005 yılında %22,4'e düşmüştür. 2008 ve 2009 yıllarında ise kamuda çalışan kadın sayısı eğitim, sağlık ile kamu hizmetlerinde çalışan kadın oranının azalma nedeniyle yaklaşık olarak %22'ler civarında kalmıştır. Her ne kadar kamuda ve özel sektörde çalışan kişilerin milliyetlerine ilişkin veri olmamasına rağmen, emirlik vatandaşlarının çoğunlukla statü elde etme, esnek çalışma saatleri, iş güvenliği nedeniyle kamu sektöründe çalıştıkları, yabancıların ise özel sektörde istihdam edildikleri söylenebilir. Kamuda istihdam edilen kişilerin de eğitim, sağlık ve savunma hizmetlerinde görev aldığı, istihdam edilen kadınların da eğitim ve sağlık sektöründeki payının diğer alanlara göre yüksek olduğu belirtilebilmektedir.[231] Birleşik Arap Emirlikleri'nde kurumsal olmayan alanlarda çalışan kişi sayısında hem erkek hem de kadınlarda artış olmakla beraber, 2005 yılından itibaren azaldığı, 2009 yılında ise payının kadınlarda %0,2, erkeklerde ise %0,7 olduğu görülmektedir. Özel hane halkında istihdam edilen kadın sayısı diğer alanlara göre en fazla olduğu alandır. Özel hane halkı istihdamında yıllar itibariyle artış olup 2009 yılında payı %45,6'ya ulaşmıştır. Aynı alanda erkeklerin payı ise %5,4 olarak gerçekleşmiştir. **Aşağıdaki Tablo 67'de** istihdamın kamu ve özel sektöre göre dağılımı gösterilmektedir.

---

[231] Gabriella Gonzalez, **Facing Human Capital Challenges of the 21st Century**, Education and Labour Market İnitiatives, in Lebanon, Oman, Qatar and United Arap Emirates, Rand Corporation, Pittsburgh, 2008,ss.116-117

Tablo 67
Birleşik Arap Emirlikleri'nde Kamu ve Özel Sektöre Göre İstihdamın Dağılımı (%)

	1980		1985		1995		2005(1)		2008		2009	
	K	E	K	E	K	E	K	E	K	E	K	E
Federal Hükümet	36,6	18,5	21,9	17,2	16	10,7	9,1	6,1	8,2	7,8	8,4	7,2
Yerel Hükümet	7	12	5,5	14,2	6	14	11,4	10,1	10,2	10,8	10,4	16,2
Kamu Sektörü	4,8[2]	4,5[2]	3,6[2]	6,2[2]	1	1,1	-(3)	- (3)	-	-	-	-
Karma Sektörler	-	-	-	-	1	3,1	1,9	2,4	3,5(7)	4,3(7)	3,5(7)	4,2(7)
Özel Kuruluşlar(4)	24,4	55,3	17,5	47,6	32	55,6	34,1	75	34,5	69,9	29,9	65,1
Yabancı	-	-	-	-	-	-	1,3	0,8	1	0,8	1,9	1,1
Diplomatik Kuruluşlar	0,6	0,3	-	-	-	-	0,5	0	0,2	0,1	0,1	0,1
Diğer Kuruluşlar(5)	0	0	1	0,5	1	0,5	0,1	0	-	-	-	-
Kuruluş Olmayanlar(6)	26,3	9,1	49,8	14	0,2	10,3	0,1	2,7	0,1	0,9	0,2	0,7
Özel Hanehalkı	-	-	-	-	41,1	3,6	41,5	2,9	42,4	5,5	45,6	5,4
Yurtdışı	0,3	0,3	0,7	0,3	1,7	1,1	0	0	-	-	-	-
Toplam	100	100	100	100	100	100	100	100	100	100	100	100

Kaynak:www.economy.gov.ae/StaticAbstract/Employment,2007(13.04.2011)ile www.uaestatics.gov.ae (27.04.2011) verilerinden düzenlenmiştir. – veri yok anlamındadır.
K: Kadın E: Erkek

1) 2005 sayımında kanuni hesaba başvuruldu, ancak kalanda fiili hesaba başvuruldu 2) 1980-1985 sayımında karma sektörleri içermektedir. 3) 1980 ile 1985 sayımında uluslararası organizasyonları içermektedir. 4) 1980, 1985 sayımında özel hane halkını da içermektedir. 5) Kamu sektörü 2005 sayımında yerel ve federal hükümeti içermektedir. 6) 1980, 1985, 1995 sayımında yabancı sektörleri içermektedir. 7) 2008 ve 2009 yılındaki karma sektörerdeki veriler imtiyazlı ortaklık şirketlerindeki verileri içermektedir.

4.4.3. Sağlık

Birleşik Arap Emirlikleri'nde ülkenin kuruluşu ile beraber artan nüfusa bağlı olarak sağlık hizmetlerinin payı da artmıştır. Başlangıçta sağlık altyapı hizmetlerinin sağlanmaya çalışıldığı ülkede 1980'li yıllar itibariyle sağlık ekipmanlarının modernizasyonuna yönelik çalışmalar yapılmış, 1989-1995 yılları arasında sağlık üniteleri oluşturmak, mevcut sağlık sistemini korumak ve devam ettirmek amaçlanırken 1996-2003 yıllarında ise koruyucu sağlık hizmetlerinin yaygınlaştığı, aile sağlığı ve diğer sağlık hizmetlerinin araştırıldığı bir dönem olmuştur. 2003 yılından sonra sağlıkla ilgili altyapı çalışmalarının devam etmesinin yanı sıra, özellikle son dönemde gelişen kanser, diyabet, obez olma durumu ve kalp hastalıklarıyla ilgili merkezler açılarak hem tedavi hem de önleyici sağlık hizmetler verilmeye çalışılmaktadır. Sağlık hizmetlerinin maliyetinin artması nedeniyle, Birleşik Arap Emirlikleri'nde girişilen en önemli gelişmelerden biri de öncelikle Abu Dhabi'de başlatılan sonrasında tüm emirliklere yayılması planlanan sağlık sigortası uygulamasıdır. Başlangıçta yabancı işçiler ve aileleri için getirilen uygulama 1 Haziran 2008 itibariyle Abu Dhabi'deki ulusal vatandaşları da kapsamıştır. Dolayısıyla ileriki zamanlarda ülke genelindeki yabancı işçiler ile Emirlikteki her bir vatandaş için zorunlu sağlık sigortası yaptırması amacıyla gereken düzenlemelerin yapılması planlanmaktadır.

Birleşik Arap Emirlikleri'nde ülke ekonomisinin gelişmesine bağlı olarak hastane, yatak, doktor, dişçi ve hemşire sayısında artış gerçekleşmiştir. 1975 yılında 19 hastane, 751 doktor, 65 dişçi varken, on beş yıllık bir süreç sonunda hastane sayısı 41'e doktor sayısı 6.385'e dişçi sayısı da 400'e yükselmiştir. 1990-2005 yılları arasında kamunun açmış olduğu hastane ve yatak sayısı özel sektöre göre daha fazla olmuş, 2005 yılında özel sektördeki hastane sayısı kamu hastanelerini geçmiştir. Doktor ve dişçi sayılarına baktığımızda doktorların büyük bir bölümünün kamuda çalıştığı, ancak 2007 ve 2008 yılı itibariyle özek sektörde çalışan doktor sayısının arttığı görülmektedir. Dişçilerin de büyük bir bölümünün özel sektörde faaliyet gösterdiği ve 2008 yılı itibariyle kamuda çalışanların dört katından fazla olup, 2412 kişi olarak gerçekleşmiştir. Poliklinik sayıları ise özellikle 2002 yılından sonra kamuda sabit kaldığı, 2007 ve 2008 yıllarında yükseldiği görülmektedir. Özel sektörde ise poliklinik sayısı 2003 yılı hariç artmaya devam etmiş ve 2008 yılında 2057'e ulaşmıştır. Hemşire sayısına baktığımızda, aynı doktorlarda olduğu gibi büyük bir bölümünün kamuda çalıştığı ve 2008 yılı itibariyle toplam hemşire sayısının 25.000'ler seviyesine yaklaştığı **aşağıdaki Tablo 68'de** görülmektedir.

Tablo 68
Birleşik Arap Emirlikleri'nde 1975-2008 Yılları Arasında Sağlık Sektörünün Yapısı

	1975	1990	1994	1995	2000	2002	2003	2004	2005	2007	2008
Hastane											
Kamu	15	33	33	36	35	32	38	38	32	33	33
Özel	4	8	14	15	24	25	30	31	37	51	59
Yatak											
Kamu	1525	5869	5850	6074	6108	6566	6726	6701	6345	7607	6686
Özel	220	363	343	338	975	1314	1617	1245	1546	2076	2756
Poliklinik											
Kamu	-	-	120	125	140	132	140	140	140	197	243
Özel	-	-	752	819	1019	1415	1281	1479	1716	2135	2057
Doktor											
Kamu	671	1929	2498	2742	3048	3555	3496	3674	4160	4711	5969
Özel	80	4456	1597	1673	2174	2.773	3199	3016	3129	5412	7342
Dişçi											
Kamu	58	146	208	231	279	342	427	421	458	566	526
Özel	7	254	355	415	471	729	767	976	1164	1879	2412
Hemşire											
Kamu	-	-	7256	7726	8963	10342	10890	11437	11708	13460	15543
Özel	-	-	1250	922	1799	2869	3787	2945	3136	3876	8688

Kaynak: Ali Tawfik Al Sadik,a.g.e.,s. 220 ve UAE Figures 1997, 2001 ve 2007 raporlarından www.economy.gov.ae(14.04.2011) ve www.uae.statics.gov.ae/Annual) Social and Economic Report (27.04.2011)verilerinden düzenlenmiştir.

Birleşik Arap Emirlikleri'nde sağlık sektörüne yapılan yatırımlar sonucunda hem kişileri yaşam süresi uzamış, hem de bebek ile beş yaş altı ölüm oranlarında önemli ilerlemeler kaydedilmiştir. 1976 yılında bebek ölüm oranı 40 iken bu oran 1990 yılında erkeklerde 16'ya kadınlarda 13'e düşmüş, 2008 yılında ise erkeklerde 8, kadınlarda ise 6 olarak gerçekleşmiştir. Beş yaş altı ölüm oranlarına baktığımızda genel olarak 1990 yılında kadınlarda 15 erkeklerde 19 iken 2008 yılında her iki cinste de tek haneli rakamlara düşerek sırasıyla her canlı 1000 kişide 7 ve 8'e ulaşmıştır. Birleşik Arap Emirlikleri'nde 15-60 yaş arasındaki yetişkin ölüm oranları ise hem kadınlarda hem de erkeklerde azalmış, erkeklerdeki ölüm oranı, 2008 yılı itibariyle kadınlara göre daha yüksek olmuştur. Ülkede yıllar itibariyle hayat süresi de artmıştır. 1970 yılında kadın ve erkeklerde yaklaşık 60 iken bu oran 1990'da kadınlarda 75'e erkeklerde 72'ye 2008'de ise kadınlarda

80'e erkeklerde 77'e yükselmiştir.[232] **Aşağıdaki Tablo 69'da** 1990-2008 yılları arasında hayat süreleri ve ölüm oranları gösterilmektedir.

Tablo 69
1990-2008 Yılları Arasında Birleşik Arap Emirlikleri'nde Hayat Süreleri ve Ölüm Oranları

	1990	2000	2008
Hayat Süresi (yıl)			
Kız	75	78	80
Erkek	72	75	77
Bebek Ölüm Oranı (Her doğan canlı 1000 kişide)			
Erkek	16	11	8
Kız	13	9	6
Beş Yaş Altı Bebek Ölüm Oranı (Her doğan canlı 1000 kişide)			
Kız	15	10	7
Erkek	19	12	8
Yetişkin Ölüm Oranları (15-60 yaş) Nüfusun her 1000 kişide			
Erkek	140	101	78
Kadın	111	77	60

Kaynak: http://www.who.int/whosis/ (14.04.2011)

4.4.4. Nüfus

Birleşik Arap Emirlikleri'nin 2009 yılındaki, tahminlere göre nüfusu, 8.199.996'dır. Nüfusun %75'ini yabancı vatandaşlar oluştururken, geri kalan %25'ini yerli vatandaşlar oluşturmaktadır. Ülkenin kurulmasından itibaren, ilerleyen ekonomik gelişmelere bağlı olarak yarı nitelikli veya niteliksiz yabancı işgücü göç etmesiyle beraber ülkedeki yabancı nüfus oranı yükselmiştir. Birleşik Arap Emirlikleri'nde 1975 yılında nüfusun %63'ünü yabancılar oluştururken, 2009 yılında yaklaşık olarak %90'ını meydana getirdiği görülmektedir. Aynı zamanda yerli nüfusta kadın ve erkek sayıları birbirine yakın bir seyir izlerken, yabancı nüfusta erkeklerin oranı hızla artmış ve 2009 yılında kadın nüfusa göre 5 kat artarak 6 milyona yaklaşmıştır. Birleşik Arap Emirlikleri'nde son dönemde

[232] www.tradingeconomics.com/united-arab-emirates/(14.04.2011)

çeşitli politikalarla ülkedeki (niteliksiz işgücünün gönderilmesi, belirli iş alanlarına kota konularak emek piyasasında yabancıların payının azaltılması, yerli nüfusun daha fazla çocuk sahibi olmasına yönelik teşvikler) yabancı nüfusun payı azaltılıp, yerli nüfusun payı yükseltilmeye çalışılmaktadır. **Aşağıdaki Şekil 25'de** 1975-2009 yılları arasında nüfusun yapısı gösterilmektedir.

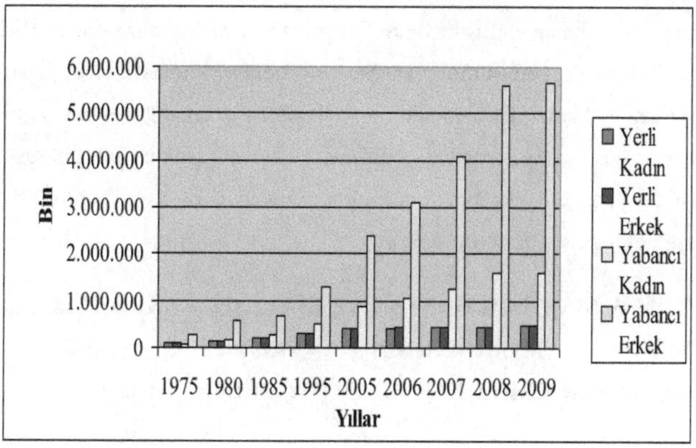

Şekil 25: 1975-2009 Yılları Arasında Birleşik Arap Emirlikleri'nin Nüfus Yapısı

Kaynak: www.uaestatıcs.gov.ae./Population (27.04.2011)

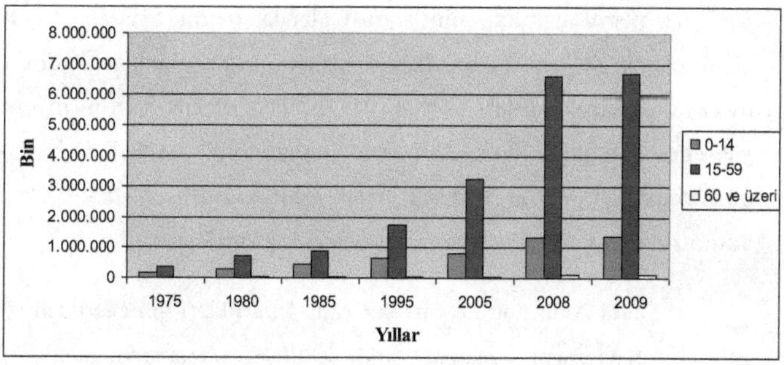

Şekil 26: 1975-2009 Yılları Arasında Nüfusun Yaş Gruplarına Göre Dağılımı

Kaynak: www.uaestatics.gov.ae/Population verilerinden düzenlenmiştir. (27.04.2011)

Yukarıdaki **Şekil 26'da** görüldüğü üzere Birleşik Arap Emirlikleri'nde 15-59 yaş grubu nüfus toplam nüfusun 1975 yılında %68'ni oluştururken, 1995 yılında bu oran %72'ye 2009 yılında ise yaklaşık olarak %82'ye çıkmıştır. 15-59 yaş grubunun nüfusun büyük bir bölümü erkekler olup, çalışabilir çağdaki yabancı işgücünün ülkeye göç etmesinden kaynaklanmaktadır. Artan göçlere bağlı olarak, yabancı nüfustaki doğum oranlarının yerli nüfusa göre yüksek olması, 0-14 yaş grubunda yabancı nüfusun oranının artmasına neden olmaktadır. Birleşik Arap Emirlikleri'nde yaşlı nüfus oranı ise yerli nüfusta artmakta olup, yabancı nüfusta payı azalmaktadır. Bu nedenle de yaşlı nüfus oranı diğer nüfus yapılarına göre daha düşük seviyelerdedir. Birleşik Arap Emirlikleri'nde nüfus bağımlılık oranları yabancı işgücündeki yükselme sonucunda nüfusun bağımlılık oranlarının düşük olduğu söylenebilmektedir.

5. SUUDİ ARABİSTAN VE BİRLEŞİK ARAP EMİRLİKLERİ'NİN ENERJİ GELİRLERİNİN EKONOMİK VE SOSYAL KALKINMALARINA ETKİSİNİN DEĞERLENDİRİLMESİ

Çalışmada karşılaştırmalı bir değerlendirmenin etkileri incelendiğinde; her iki ülkenin enerji gelirlerinde petrol ve doğalgaz öne çıkmaktadır. Suudi Arabistan'ın elde ettiği petrol gelirlerinin bir kısmı savunma alanında kullanılırken, geriye kalan kısmının sosyo-ekonomik alanda kullanılmaktadır. Sağlanan petrol gelirleri, uluslararası alanda, petrol fiyatlarının yükselmesine bağlı olarak değişmektedir. Buna rağmen, bağlı oldukları OPEC kotalarına uymaya çalışmaktadırlar. Ancak, uluslararası alanda petrol fiyatlarının aşırı yükselmesi özellikle Suudi Arabistan üzerinde Batılı devletlerin baskısına neden olmaktadır. Böylelikle Birleşik Arap Emirlikeleri'nden farklı olarak üretimi arttırmakta ve petrol fiyatlarının düşmesini sağlamaktadır.

Suudi Arabistan ile Birleşik Arap Emirlikleri'nin enerjiden elde ettikleri gelirlerin ekonomiye yansıması farklı şekillerde olmaktadır. Suudi Arabistan'da mevcut gelir, sanayi alanında petrokimya sektörüne aktarılırken, Birleşik Arap Emirlikleri'nde inşaat ve inşaat sektörünü destekleyen sektörlere kaynak aktarılmaktadır. Bu amaçla sağlanan gelir, Birleşik Arap Emirlikleri'nde petrol dışındaki alanlara yansıtılarak daha fazla ekonomik çeşitlilik elde edilmektedir.

Suudi Arabistan ve Birleşik Arap Emirlikleri'nde artan gelire bağlı olarak finansal işlemlerde de artış meydana gelmiştir. Kişilerin gelir yapısının değişmesi, sonucunda banka mevduatlarında yükselme olmuş, buna bağlı olarak çeşitli sektörlere kredi verme imkânları da artış göstermiştir. Aynı zamanda, hem Suudi Arabistan hem de Birleşik Arap Emirlikleri'nde kişilerin sağladıkları geliri farklı şekillerde değerlendirilebilmesine yönelik faaliyetler ortaya çıkmıştır. Banka dışında yeni tasarruf aracı olarak borsa sektörü ön plana çıkarken, sigorta sektörü içerisinde yükselen araç kullanımına bağlı olarak araç sigortası yaptıran kişi sayısı artmıştır. Birleşik Arap Emirlikleri'nde ise inşaat sektöründeki gelişmelerle beraber kaza ve sorumluluk sigortasında gelişme olduğu söylenebilmektedir.

Suudi Arabistan ve Birleşik Arap Emirlikleri'nde zekât ve petrol şirketlerinden alınan vergiler dışında; kapsamlı bir vergi politikası olmadığından elde edilen enerji gelirleri, kamunun yapmış olduğu harcamaları önemli ölçüde etkilemektedir. Petrol ve doğalgazdan sağlanan gelir arttıkça da devletin yatırım harcamaları da mevcut duruma paralel olarak artış göstermektedir. Hızlı bir gelişme sürecine giren, Suudi Arabistan ve Birleşik Arap Emirlikleri'nde kadın ve erkek ayrı olmak üzere eğitim alanında okul, öğretmen sayılarında ilerleme sağlanırken, sağlık alanında hastane, yatak, doktor ve poliklinik sayılarında artış meydana gelmiştir. Devletin gelirindeki artışa bağlı olarak hem kişilerin almış oldukları sağlık hizmetlerinde gelişme kaydedilmiş, hem de daha fazla kişinin eğitim alması sağlanmıştır.

OPEC'in, iki önemli üyesinin hidrokarbon sektöründeki gelirde meydana gelen değişimlerle birlikte, yabancı göçüne bağlı olarak nüfus yapısında da bazı değişimlere uğramıştır. Petrol ve petrole bağlı sanayiler ile finans sektöründe yabancıların istihdam edilmesi, yabancı nüfusun daha fazla artış göstermesine, yerli nüfusun ise işgücü payının azalmasına neden olmaktadır. Yabancı nüfusun, yerli nüfusa göre hızlı bir ilerleme göstermesi, her iki ülkenin yerli nüfusu arttırmaya dönük politikalar uygulamalarına olanak tanımaktadır. Ayrıca Birleşik Arap Emirlikleri'nde yerli nüfusu yetiştirmeye yönelik programlar ile belirli mesleklere kotalar koyarak farklı alanlarda kişilerin istihdam edilmesi sağlanmaya çalışılmaktadır. Kadın nüfus açısından her iki ülkede okuma oranının artış gösterdiği, ancak Birleşik Arap Emirlikleri'nde çalışan kadın sayısının Suudi Arabistan'a göre daha fazla olduğu söylenebilmektedir.

SONUÇ

1916 yılında Sykes-Picot gizli Antlaşmasıyla ortaya çıkan Ortadoğu ülkelerinin ekonomik ve sosyal yapılanmaları diğer gelişmekte olan ülkelerde olduğu gibi tarımsal faaliyetler üzerine şekillenmiştir. Bölgede petrolün bulunması ve işletilmesi ile beraber dengeler değişmiş ve petrolün çıktığı ülkeler ön plana çıkmıştır. Bu ülkelerin başında da OPEC' in iki önemli üreticisi konumunda olan Suudi Arabistan ve Birleşik Arap Emirlikleri yer almaktadır. Birleşik Arap Emirlikleri ile Suudi Arabistan'da da diğer Ortadoğu ülkelerinde olduğu gibi, ilk kurulduğu zamanlarda tarım ve hayvancılık ile geçimini sağlamıştır. Enerji kaynaklarındaki ilerlemeler, bu ülkelerde çarpan etkisi yaratarak ekonominin diğer alanlarda gelişimi hızlandırmıştır. Ekonomide meydana gelen gelişme beraberinde sosyal gelişmeyi getirmiş, eğitim, sağlık alanında istenen seviyede olmasa da geçmişe göre önemli başarılar elde edilmiştir.

Suudi Arabistan ve Birleşik Arap Emirlikleri ileriki zamanlarda petrol ve doğalgazın biteceği düşüncesinden hareketle elde ettikleri gelirleri farklı sektörlere aktararak ekonomilerini çeşitlendirmeye çalışmışlardır. Hem Suudi Arabistan hem de Birleşik Arap Emirlikleri'nde sınırlı su kaynakları, ekilebilir alanın yetersizliği ve iklim şartlarının uygun olmaması nedeniyle tarımsal alanda beklenen verim sağlanamamıştır. Teknolojik yatırımlarla tarım ürünlerinde artış olmasına rağmen, sadece ülkelerin kendi geçimlerini sağlayacak düzeyde kalmıştır. Petrol gelirlerindeki artışla doğru orantılı gelişen tarım sektöründe maliyetlerin yüksek olması sonucunda sanayiye doğru bir girdi akışı sağlanamamıştır.

Suudi Arabistan ile Birleşik Arap Emirlikleri'nin sanayileşme çabaları, farklı üretim yapılarına göre şekillenmiştir. Suudi Arabistan'da petrol ve petrol türevlerine bağlı olarak imalat sanayisinde bir gelişme yaşanırken, Birleşik Arap Emirlikleri'nde petrol sektöründeki alanlar dışında da kısmen ilerlemeler sağlanmıştır. Hem kendi hem de bölge ülkelerinin talebini karşılamak amacıyla Birleşik Arap Emirlikleri'nde inşaat sektörüne girdi sağlayan ürünlerde artış meydana gelmiştir. Mevcut ihracat yapısında, petrol dışında bu ürünlerde önemli yer tutmuştur. Birleşik Arap Emirlikleri'nde, yoğun teknoloji gerektiren ürünlerde, Suudi Arabistan'dan farklı olarak yatırım artışı meydana gelmiştir. Özellikle serbest bölgeler aracılığıyla doğrudan yabancı sermaye yatırımlarının bu alanlarda da payının yükseldiği söylenebilmektedir. Ancak sanayileşmenin önemli bir göstergesi olan sermaye yoğunluklu ürünleri ihracatının düşük olması, her iki ülkedeki sanayileşme çabalarının, petrol ile inşaat sektörüne girdi sağlayan ürünler üzerine yoğunlaştığını göstermektedir.

Suudi Arabistan ve Birleşik Arap Emirlikleri'nde başlangıçta sınırlı sayıda bankacılık işlemleri gerçekleşmiştir. Ancak enerji gelirlerindeki artışla birlikte, bankacılık işlemleri hızla artmış ve alternatif yatırım alanlarında da ilerleme sağlanmıştır. Suudi Arabistan'ın her ne kadar faize kapalı olduğu düşünülse de ekonomik gelişmelere paralel olarak şeriat kanunlarının esnetildiği söylenebilmektedir. Yıllar itibariyle hem bankaya para yatıran kişi sayısında artış meydana gelmiş, hem de kredi ve kredi kartı kullanımı da ciddi oranda yükselmiştir. Aynı zamanda kişilerin kazancındaki artışla, beraber sermaye piyasalarının diğer ürünlerine de yoğun bir talep olmuştur. Borsa sektöründe sınırlı sayıda firma olmasına rağmen önemli oranlarda likidite artışı yaşandığı ve tasarrufların sermaye piyasalarında değerlendirildiği söylenebilmektedir. Suudi Arabistan'da finansal piyasalardaki bir diğer gelişme de sigorta sektöründe gerçekleşmiştir. Ülkedeki gelire bağlı olarak, araç sayısının artması araç sigortasının payını arttırmıştır. Zorunlu sağlık sigortası uygulamasının getirilmesi de sağlık sigortasının oranını ciddi oranda yükseltmiştir.

Birleşik Arap Emirlikleri'nde Suudi Arabistan'dan farklı olarak finans piyasalarına daha fazla bir entegrasyon sürecine girilmiştir. Ülkedeki inşaat ve ona bağlı olarak gelişen emlak sektöründeki yapılanmayla beraber, farklı kredilendirme türleri (mortgage gibi) ortaya çıkmıştır. Ayrıca, kişilerin tasarruflarını değerlendirebilmeleri amacıyla, aracı kurumların yanı sıra dünya piyasalarıyla işbirliği halinde olabilmek için mevcut borsaların dışında çeşitli borsa türleri de ön plana çıkmıştır. Böylelikle hem yabancıların hem de kendi vatandaşlarının tasarruflarını değerlendirmelerine olanak sağlanmıştır. Birleşik Arap Emirlikleri'nde aynı Suudi Arabistan'da olduğu gibi sigorta sektörünün payı yükselmiş ve daha fazla kişi tasarruf aracı olarak sigorta alanına yatırım yapmıştır. Ancak her iki ülkede artan gelire bağlı olarak finans alanında gelişme görülse de piyasaları düzenleyici kuralların olmaması, firma sayısının yetersizliği gibi etkenler sermaye piyasalarının geleceğini olumsuz yönde etkilemektedir.

Suudi Arabistan ile Birleşik Arap Emirlikleri'nde kamu gelirlerinin büyük bir kısmı petrol ve doğalgaz gelirlerinden elde edilmektedir. Enerjiden sağlanan gelirin yüksek olması, her iki ülkede zorunlu tasarruf aracı olan verginin, kamu finansmanında sınırlı düzeyde yer almasına neden olmaktadır. Birleşik Arap Emirlikleri ve Suudi Arabistan'da devlet, ülkenin mevcut gelirlerinin yükselmesine bağlı olarak, başta eğitim ve sağlık olmak üzere sosyal alanda bir takım değişiklikler gitmiştir.

Eğitim hizmetlerindeki yatırımların artmasıyla ülkedeki yabancı istihdam oranının düşürülmesi planlanırken, sağlık alanındaki gelişmelerle birlikte halkın hayatını daha mutlu ve huzurlu bir şekilde sürdürmesine çalışılmıştır. İki Ortadoğu ülkesinde eğitim alanında önemli ilerlemeler kaydedilmesine rağmen, istihdam alanına yansımasında farklı süreçler meydana gelmiştir. Hem Suudi Arabistan hem de Birleşik Arap Emirlikleri'nde verilen eğitim, çoğunlukla sosyal bilimler alanında gerçekleşmekte, enerji ve ona bağlı olarak gelişen finans, inşaat alanlarında ise piyasanın istemiş olduğu işgücü yetiştirilememektedir. Her ne kadar meslek okulları ile yerli işgücünün payı arttırılsa da hâlâ emek piyasası yabancı işgücünün etkisi altında kalmaktadır. Aynı zamanda her iki ülkede, eğitim teknoloji ile uyumlu bir şekilde değildir. Bu durum ise enerji gelirleri olmadığı takdirde, Suudi Arabistan ve Birleşik Arap Emirlikleri'nin uzun vadede sürdürülebilir bir ekonomik büyümeye ulaşamayacağını göstermektedir.

Ülkelerin gelişmişliğini belirleyen bir diğer önemli etkende kadınların eğitilmesi ve çalışma hayatına katılımlarının sağlanmasıdır. Suudi Arabistan ve Birleşik Arap Emirlikleri'nde eğitimli kadın oranı erkeklere göre daha yüksektir. Ancak eğitimli kadın oranının yüksek olmasına rağmen çalışma hayatına katılımları her iki ülkede farklı düzeyde seyretmiştir. Birleşik Arap Emirlikleri'nde kadınlara daha farklı alanlarda eğitim imkânı yaratılarak öğretmenlik, hemşirelik mesleklerinin dışında, sınırlı da olsa diğer alanlarda çalışmasına imkân tanınmaktadır. Suudi Arabistan ise kadınların sosyal hayatta yer almasına ilişkin daha kapalı bir toplum yapısı çizmektedir. Kadınların eğitim alması, genellikle aile hayatındaki ve çocuk yetiştirmekteki rolünün pekiştirilmesi üzerine kurulmaktadır. Bu amaçla da kadınların emek piyasasındaki payı, kamu sektöründeki alanlar dışında, daha düşük seviyelerde olduğu belirtilebilmektedir.

Sağlık sektöründeki gelişmelerde, ülkenin ekonomik gelişmişliği ile doğru orantılı bir seyir izlemektedir. Suudi Arabistan ve Birleşik Arap Emirlikleri'nde hastane, dispanser ve poliklinik gibi sağlık hizmetlerinin sağlandığı yerlerde artış olmakla beraber, sağlık personeli sayısı da hızla yükselmiştir. Sağlık koşullarının iyileşmesi sonucunda, her iki ülkede hayat süresinin uzamasının yanı sıra bebek ölüm oranları da ciddi oranlarda azalmıştır. Aynı zamanda hastalıkların tedavi edilmesinin dışında, günümüz itibariyle, koruyucu sağlık hizmetlerine yönelik çalışmaların arttığı söylenebilmektedir.

Suudi Arabistan ve Birleşik Arap Emirlikleri, enerji kaynaklarının yarattığı rantla birlikte, hızlı bir kalkınma süreci geçirmiştir. Petrol ve doğalgazın sağlamış olduğu zenginlik, ülkelerin yapısını değiştirmiş ve günümüzün gelişmiş ülkeleri arasında değerlendirilmesine neden olmuştur. Bu da girişte belirtmiş olduğumuz varsayımımızı teyit etmektedir.

Gelecek dönemlerde Suudi Arabistan ve Birleşik Arap Emirlikleri'nin aynı şekilde, gelişmişlik düzeyinin devamı, enerji kaynaklarının arzı ile enerji fiyatlarına bağlı olarak gerçekleşecektir. Ancak, her iki ülkenin dışsal etkenlere bağlı olarak gelişen ve ileri de biteceği düşüncesiyle enerji gelirleri ve onun getirdiği ilerleme çabalarından kurtulması gerekmektedir. Enerjinin sağladığı rekabet avantajını eğitim ve teknoloji alanında desteklemesi önem arz etmektedir. Eğitim alanında müfredat programlarını çağdaş bir yapıya kavuşturması ve teknoloji ile işbirliği içerisinde olan eğitim programları düzenlemeleri gerekmektedir. Teknolojide ilerleme sağlandıkça ve sanayiye aktarıldığı ölçüde her iki ülkede uzun vadede iktisadi gelişmenin sürdürülebileceği söylenebilmektedir. Böylelikle sadece enerji alanında değil, ekonominin diğer alanlarında da mutlak bir üstünlüğe sahip olabileceklerdir.

KAYNAKÇA

Kitaplar

Adelman Irma, **Theoeries of Economic Growth and Development**, Oxford Unıversity Press, Londra, 1961

Agarwala A. N. ve Sıngh S. P. **The Economics of Underdevelopment**, Oxford Unıversıty Press, The Unıted State of America, 1968

Ajamı A. Rıad, Cool Karel, Goddard G. Jason ve Khambata Dara, **International Business, Theory and Practise,2. Baskı,** M.E. Sharpe Inc, Newyork, 2006

Akın Cihangir, **Faizsiz Bankacılık ve Kalkınma**, Kayıhan Yayınları, İstanbul, 1986

Al- Jassim Sulaiman, **Prospects of Higher Education in the United Arap Emirates** Higher Colleges of Technology (case study), K.E. Shaw (ed), Unversity of Exeter Press, United Kingdom, 1997

Alpar Cem, **Çok Uluslu Şirketler ve Ekonomik Kalkınma,** Ankara İktisadi ve Ticari İlimler Akademisi Yayın No:106, Ankara,1977

Amuzengar Jahangir, Oil Exporters' **Economic Development in an Interdependent World**, Bernan Associates, Washington, 1983

Appleyard Dennıs R. ve JR Alfred J. Field, 2. Baskı, **International Economics**, Rıchard D. Irwın Inc, Yeni Delhi,1995

Arnove Robert F. ve Torres Carlos Alberto, **Comparative Education The Dialectic of the Global and the Local**, Rowman&Littlefield Publishers Inc, Newyork, 2007

Asefa Sisay, **The Economics of Sustainable Development**, W.E. Upjohn Instıtute for Employment Research, Mıchıgan, 2005

Askarı Hosseın, **Middle East Exporters What Happened to Economic Development**, Edward Elgar Publishing Limited, Cheltenham, 2006

Atılgan Hasan, **Vergilemenin Ekonomik Büyüme Üzerindeki Etkileri: Türkiye'deki Durumun Analizi**, Maliye Bakanlığı Araştırma, Planlama ve Koordinasyon Kurulu Başkanlığı, Ankara,2004

Baker David ve Wiseman Alexander, **Gender Equality and Education From International and Comparative Perspectives** (International Perspectives on Education and Society), Emerald Publishing Limited, England, 2009

Baldwin- Edwards Martin, **Labour Immigration and Labour Markets in the GCC Countries**: National Patterns and trends, Mart, 2011

Bende-Nande Anthony, **International Capital Flows and Economic Development in East Asia: The Challenge in the 21st Century**, Ashgate Publishing Company, İngiltere,2003

Bennett Sara, Gillson Lucy ve Mills Anne, **Health, Economic Development and Household Poverty**, Routledge, Newyork, 2008

Berber Metin, **İktisadi Büyüme ve Kalkınma**, 3. Baskı, Derya Kitabevi, Trabzon, 2006

Beynon Robert, **The Routledge Critical Dictionary of Global Economics**, Icon Books Ltd, Büyük Britanya,1999

Bhose Joel S.G.R, **Non Govermental Organizations and Rural Development; Theory and Practise**, Concept Publıshıng Company, Yeni Delhi, 2003

Bloom David E. ve Canning David, **Population Health and Economic Growth,** The World Bank Commusion on Growth and Development, Washington, 2009

Boltz C. L, **Technology and Economic Development,** Economic Research Foundation, İstanbul, 1970

Cameron Rondo Banking **and Economic Development Some Lessons of History,** Oxford University, Newyork,1972

Cukierman Alex, Hercowitz Zvi ve Leiderman Leonardo, **Political Economy, Growth and Business Cycles**, The Tım Press, Massachusetts, 1992

Cypher James M. ve Dıetz James L. **Process of Economic Development**,2.Baskı, Routledge Yayınları, Londra, Mart 2007

D. N. Dwivedi, **Macroeconomics Theory and Policy,** 2. Baskı, Tata McGraw-Hill Publıshıng Company Lımıted, Yeni Delhi, 2005

Devlın Julia C, **Challenges of Economic Development in The Middle East and North Africa**, Scientific Publıshıng, Singapur, 2010

Dickson Anna K. **Development and International Relations**, Wıley-Blackwell, İngiltere, Ağustos 2007

Dowers Kenry, Gomez-Acebo Pelipe ve Macsi Pietro, **On Capital New Approaches To Developing Latin American Markets,** Inter-American Development Bank,2003

El Mallakh, Ragaei **The Economic Development of the United Arap Emirates**, London, Croom Helm Ltd, 1981

Ersoy Arif, **İktisadi Teoriler ve Düşünceler Tarihi**, Nobel Yayın Dağıtım Ltd. Şti, Ankara, 2008

Ertürk Emin, **Uluslararası İktisat, Teori – Politika, İktisadi Birleşmeler-Parasal İlişkiler**, Alfa Basım Yayım Dağıtım, İstanbul, 2001

Europa Publications Limited, **The Middle East and North Africa** 2004, Lucy Dean (ed), Unwin Brothers Limited, İngiltere, 50. Baskı, 2004

Feiler Gil, **The Middle East in The New Millenmium, Economic Development and Business Law,** Kluwer Law İnternational, The Netherlands, 2000

Gaad Eman, **Inclusion in The UAE, Theory, Culture and Practice**, Taylor and Francis Group, England, 2010

Garbaugh Robert J., **International Economics**, 12. BaskıNelson Edication Ltd, Amerika, 2008

Ghatak Subrata ve Katzen Leo, **Population, Poverty and Income Distribution, Employment and Migration**, Routledge, Londra,1995

Goldstein Natalie, **Global Issues: Globalization And Free Trade**, Infobase Publishing Newyork, 2007

Golthorpe J.E. **The sociology of the Third World Disparity and Involvement**, Cambrıdge Unıversıty Press, Newyork, Aralık 1974

Gonzalez Gabriella, **Facing Human Capital Challenges of the 21st Century**, Education and Labour Market İnitiatives, in Lebanon, Oman, Qatar and United Arap Emirates, Rand Corporation, Pittsburgh, 2008

Grabowski Richard, Self Sharmistha ve Shields Michael P. **Economic Development A Regional, Instutional, and Historical Approach**, M. E. Sharpe Inc, Londra, 2007

Gupta K.R. **Economics Of Development and Planning, History, Principles, Problems, Policies**, 4. Baskı, Atlantic Publishers and Distributors (P) Ltd, Hindistan,2009

Hagen Everett E. **The Economics of Development**, Rıchard D.Irwın Inc, İllinois, 1986

Hamdan Amani, **Women and Education in Saudi Arabia**, International Education Journal Canada,2005,6(1),42-64

Hammouda Hakim Ben, **The Political Economy of Post-Adjustment New Theories and Strategies of Development**, Ashate Publıshıng, İngiltere, Temmuz, 2003

Han Ergül ve Kaya Ayten Ayşen, **Kalkınma Ekonomisi Teori ve Politika**, 5. Basım, Nobel Yayın Dağıtım, Ankara, Şubat 2006

Harrison Fidela Hazela, **Theory and Policy Application,** Greenwood Publishing Group Inc, Connecticut,1996

Hayamı Yuhıro, **Development Economics From The Poverty to the Wealth of Nations**, Second Edition, Oxford Unıversıty Press, Newyork, 2001

Heertje Arnold, **Economics and Technıcal Change**, Morrison & Gibb Ltd, Londra, 1977

Hunt E. K. **Property and Prophets, The Evolution of Economic Instutions and Ideologies**, 7. Baskı M. E. Sharpe Inc, Newyork, Ocak 2002

Hussen Ahmed M. **Principles of Enviromental Economics**, 2. Baskı, Routledge, Newyork,2004

Husten Steven ve Melvın Mıchael, **International Economics**, Elit Kitabevi, İstanbul, 1997

Ildırar Mustafa, **Bölgesel Kalkınma ve Gelişme Stratejileri,** Nobel Yayın Dağıtım, Ankara, Ekim 2004

İnce Macit, **Devlet Borçlanması (Kamu Kredisi)**, Sevinç Matbaası, Ankara,1971

İşgüden Tamer ve Akyüz Müfit, **Uluslararası İktisat**, Evrim Kitabevi, İstanbul,1990

İyibozkurt Erol, **Uluslararası İktisat Teori ve Politika Uygulama**, Ezgi Kitabevi, Bursa, 2001

Jain T. R ve V. K. Ohri, **Development Economics**, V. K Publications, Yeni Delhi, 2001

Jain T. R. ve Malhotra Anil, **Development Economics**, V.K. Publications, Yeni Delhi, 2009

James William E., Naya Seiji, Meier Gerald M. **Asian Development**, Universıty of Wisconsin Press, USA, 1989

Kapoor G. P**, Commercial Banking,** Aph Publishıng Corporation, Yeni Delhi, 2004

Kar Muhsin ve Sami Taban, **İktisadi Kalkınmada Sosyal ve Siyasi Faktörlerin Rolü**, Ekin Kitabevi, Kahramanmaraş, 2005

Kar Muhsin ve Sami Taban, **Kalkınma Ekonomisi Seçme Konular, Kalkınma Teorilerinin Temelleri ve Gelişimi**, Ekin Kitabevi, Bursa, 2004

Karaduman Emine, **Ekonomik Kalkınmada Finansman ve Organizasyonu**, Maliye ve Gümrük Bakanlığı, Araştırma, Planlama ve Koordinasyon Kurulu Başkanlığı, Ankara, 1993

Karluk S. Rıdvan, **Uluslararası Ekonomi**, 5. Baskı, Beta Basın Yayın Dağıtım, İstanbul,1998

Kent Raymond P. **Money and Banking**, 3. Baskı, Rınehart&Company Inc, Newyork, 1956

Kettell Brian, **Analysing the Emergence of an Offshore Banking Centre: The case of Bahrain**, Michael Bowe, Lino Briglio ve James W. Dean (ed), A Cassell İmpriment, Londra,1998

Kriti Tabitha W. ve Roy K. C, **Readings in World Development Growthand Development in the Asia Pasific,** Nova Science Publıshers, Newyork, 2006

Kutlar Aziz ve Doğanoğlu Fatih, **Kalkınma Sorunu**, Orion Yayınevi, Ankara, 2007

Kuznets Simon, **Six Lectures on Economic Growth**, The Free Press of Glencoe Inc, Newyork,1961

Lamer Edward E. ve Levinshon James, **International Trade Theory: Evidence**, Handbook International Economics, Volume 3, Editors, Gene M. Grossman ve Kenneth Rogoff, Elsevier, İngiltere,1995

Lea David A. M. ve Chaudri D.P., **Rural Development and State,** Unıversıty Paperbacks Methuen and Co Ltd, Newyork, 1983

Ledgerwood Joanna, **Sustainable Banking with the Poor Microfinance Handbook An Institutional and Financial Perspective,** The World Bank, Amerika,1999

Lindbeck Assar, **Economic Sciences,1969-1980**, World Scientific Publıshıng Co.Pte. Ltd, Londra,1992

Lindsey Tim, **Indonesia, Law and Society, The Federation Press**, 2.Baskı, The Federation Press, Singapur, 2008

Little Daniel, **The Scientific Marx**, University of Minesota Press, Minneapolis, 1986

Lovett Graham ve Witzmann Terence, United Arap Emirates, **Yearbook Islamic and Middle Eastern Law**, Volume 10, 2003-2004, (ed) Eugene Cotran ve Martin Lau, Brıll Academıc Publıshers,2005

Machlup Fritz, **Education and Economic Growth**, Unıversıty of Nebraska Press, Nebraska, 1970

Mansfield Edwin, **The Economics of Technological Change**, W.W. Norton and Company Inc, Amerika, 1968

Mclindon Michael P. **Privatization and Capital Market Development Strategies to Promote Economic Growth,** Praeger Publishers, Amerika, 1996

Meier Gerald M. ve Baldwin Robert E., **Economic Development History, Theory, Policy**, John Wıley and Sons Inc, Newyork,1957

Mıdgley James, Hall Anthony, Hardıman Margaret ve Dhanpul Narine, **Community Participation, Social Development and The State**, Routledge Yayınları, Londra,1986

Mıdgley James, **Social Development The Developmental Perspective in Social Welfare**, Sage Publiacations, Lousiana,1995

Mıkesell Raymond F. **The Economics of Foreign Aid**, Aldine Transaction Publishers, ABD, Ocak 2007

More Charles, **Understanding The Industrial Revolution**, 1.Baskı, Routledge Yayınları, London,2000

Morrison Ken, **Marx, Durkheim, Weber, Formations of Modern Social Thought**, Sage Publications, Londra,1995

Nafziger E. Wayne, **Economic Development** Cambrıdge University Press, Newyork, 2006

Nagel Robert, **Human Development Index-An Elaborate Means of evaluating a country's HD**, Scholary Paper, Grin Verlag Publish and Find Knowledge, Norderstedt, Almanya, 2004

Noble Trevor, **Social Theory and Social Change**, Palgrave Macmillian Ltd, Newyork, Ağustos 2000

Noyrop Richard F. **Area Handbook for Persian Gulf States**, Wildside Press, USA, 2008

Nurkse Ragner, **Az Gelişmiş Ülkelerde Sermaye Teşekkülü**, Şevki Adalı (çev.) Menteş Kitabevi, İstanbul, 1964

O'Connor David Edward, **The Basic of Economics**, Greenwood Press, USA, 2004

Ohno Kenichi ve Ohno Izumi, **Japanese Views on Economic Development Diverse paths to market**, 1. Baskı, Routledge Taylor and Francis Group, İngiltere, 1998

Oktar Suat, **Merkez Bankalarının Bağımsızlığı**, Bilim Teknik Yayınevi, İstanbul,1996

Olssen Mark, Codd John ve O Neıll Anne Marie, **Globalization, Citizenship and Democracy**, Sage Publications, Londra,2004

Onur Gülsevin, **Birleşik Arap Emirlikleri Ülke Raporu**, İhracatı Geliştirme Merkezi,2009

Pıeter Meıne, Dijk Van ve Rabellotti Roberta, **Enterprise Clusters and Networks in Developing Countries**,1. Baskı, Routledge, Londra,1997

Poverty Jane Seymour, **A Human Development Report for the UK**, Earthscan Publications Ltd, Londra,2000

Pressman Steven, **Fifty Major Economists A Reference Guide, Key Concepts**, 1. Baskı, Routledge Yayınları, Londra, 1999

Ramandy Mohamed A.,**The Saudi Arabian Economy, Policies, Achievements, and Challenges**, 2. Baskı, Springer Science + Business Media, Newyork, 2010

Rodney Wilson, Abdullah Al- Salamah, Monica Malik ve Ahmed Al-Rajhi, **Economic Development in Saudi Arabia**, Routledge Curzon, İngiltere, 2004

Rostow W.W. **The Stages of Economic Growth A Non-Communist Manifesto**, 6. Baskı, Cambrıdge Unıversıty Press, London,1961

Roy Kartik Chandra, Blomqvist ve Clark Cal, **Instıtutıons and Gender empowerment in the global economy**, World Scientific Publishing, Londra,2008

Rubin Barry, **The Tragedy of The Middle East**, Cambridge Unıversıty Press, Newyork,2002

Sabri Nidal Rashid **Financial Markets and Instituons in the Arap Economy**, Nova Science Pub Inc, New York, 2008

Sagar Ambuj D. ve Najam Adil, **The Human Development Index: A Critical Rewiev,** Ecological Economics, sayı 25,1998

Screpanti Ernesto ve Zamagni Stefano, **An outline of the history of economic thought**, 2. Baskı, Oxford University Press, Newyork, 2005,

Seligson Mıtchell A. ve. Passe-Smıth John T. **Development and Underdevelopment The Political Economy of Global Inequality**, 3.Baskı, Lynne Rienner Publıshers, London,2003

Shamsi, Fatima Al **Industrial Strategies and Change in the United Arap Emirates**, (ed.) Abbas Abdelkerim, Change and Development İn the Gulf Macmıllan Press Lımıted, Londra, 1999

Shantı S. Tangri, Saving and Economic Development, **Capital Accumulation and Economic Development,** Shanti S. Tangri ve H. Peter Gray (Ed.) D.C. Heath and Company, Boston, June 1967

Sharma Rejandra K, **Demography and Population Problems**, Atlantic Publishers and Dıstributors (P) Ltd, Yeni Delhi,2007

Shibab Mohammed, Economic **Development in UAE**, (ed.) Ibrahım Al Abed ve Peter Hellyer, Trident press Limited, Londra,2001

Siggel Echard, **Development, Development Economics, A Policy Analysis Approach**, Ashgate Publishing Limited, İngiltere, 2005

Singh Katar, **Rural Development, Principles, Policies and Management**, 2. Baskı, Sage Publications, Yeni Delhi, 1998

So Y. Alvin, **Social Change and Development: Modernization, Dependency and World-System Theories**, Sage Publication, Londra,1990

Solimano Andres, **Social Inequality Values, Growth & The State**, The University of Michigan Press, USA,1998

Someshekar Ne Thi, **Development and Environmental Economics**, New Age İnternational Publishers, 2003

Soysa Indra de Direct, Investment, **Democracy and Development, Assessing countors, correlates and concomitants of globalization**, Taylor & Francis Group, Londra, 2003

Streeten Paul Patrick, **Thinking About Development**, Pres Syndicate of the University of Cambridge, Newyork,1997

Stretton Hugh, **Economics A New Introduction**, Pluto Press, Londra 2001

Szirmai Adam, **The Dynamics of Socio –Economic Development An Introductıon**, Cambridge Unıversity Press, Cambridge, 2005

The World Bank, **Unlocking The Employment Potential in The Middle East and North Africa Toward a New Social Contract**, Washıngton, MENA Development Report, 2004

Thirlwall A.P. **The Nature of Economic Growth, An Alternative Framework for Understanding Performance of Nations**, Edward Elgar Publication Inc, Amerika,2002

Todaro Michael P. ve Smıth Stephen C. **Economic Development**,10. Baskı, Pearson Education Limited, İngiltere,2009

Vos Rob, Ocampo Antonio Jose, Cortez Ana Luiza, **Ageing and Development**, United Nations Publications, Newyork, 2008

Wei Zheng ve Hao Rui, **Demographic Structure and Economic Growth: Evidence from China** Journal of Comparative Economics, Çin,2010

Wessels Walter J., **Economics**, 4. Baskı, Barron's Business Review Series, Newyork, Temmuz,2006

Wilson Rodney, **Economic Development in Middle East**, Routledge Taylor and Francise Group, Londra,1995

Wood Allen W. **Karl Marx Arguments of Philosophers**, 2.Baskı, Routledge Yayınları, Newyork, 2004

Süreli Yayınlar

Aktan Coşkun Can, **Yoksullukla Mücadele Stratejileri**, Hak İş Konfederasyonu Yayınları,2002, Ankara, http://www.canaktan.org/ekonomi/yoksulluk/birinci-bol/kavramlar.pdf, (01.11.2010)

Al Sadik Ali Tawfik, **Evolution and Performance of the UAE Economy**, 1972-1998, http://www.uaeinteract.com/uaeint_misc/pdf/perspectives/10.pdf, (25.03.2011)

Dedeoğlu Necati, **Dünya Sağlık Örgütü, Sağlık Hakkı ve Küreselleşme**, Taf Preventive Medicine Bulltein, 2010, Cilt: 9, Sayı: 4, Antalya, 361-366, http://www.korhek.org/khb/khb_009_04-361.pdf (05.11.2010)

Esfahani H. S and Squire Lyn, **Explaining Trade Policy in The Middle East and North Africa,** Forthcoming Quartely Review of Economics and Finance (2007),https://netfiles.uiuc.edu/esfahani/www/IndexFiles/MNA%20Openness.pdf (10.01.2011)

Khedhiri Sami ve Muhammad Naeem, **Empirical Analysis of The UAE Stock Market Volatility**, Sayı 15, International Research Journal of Finance and Economics, 2008, ww.eurojournals.com (12.04.2011)

Taban Sami ve Kara Akif, **Türkiye'de Kamu Kesimi İç Borçlanmasının Özel Yatırım Harcamaları Üzerindeki Etkisi**,2006,11-26,http://iibf.ogu.edu.tr/dergi/dergi/2006-2/2006_2_1.pdf,(15.02.2010)

Tolunay Ahmet ve Akyol Ayhan, **Kalkınma ve Kırsal Kalkınma: Temel Kavramlar ve Tanımlar**, Süleyman Demirel Üniversitesi Orman Fakültesi Dergisi, 2006, Seri: A, Sayı:2, Isparta, 116-127, http://sablon.sdu.edu.tr/fakulteler/orman/dergi/dergipdf/2006_Sayi2/2006_2_11_ATolunay.pdf, (20.01.2009)

Yavilioğlu Cengiz, **Geri Kalmışlık Olgusu ve Ekonomistik Kalkınma Teorileri, Eleştirel Bir Yaklaşım**, Cumhuriyet Üniversitesi İktisadi ve İdari Bilimler Dergisi,2002, Cilt 3, Sayı, 2, 49-70, http://www.cumhuriyet.edu.tr/edergi/makale/147.pdf, (15.06.2009)

Internet Siteleri

www.worldbank.org/ida (13.07.2010)

www.undp.org (13.11.2010)

www.cia.gov/worldfactbook/(10.11.2010)

www.cbb.gov.bh (08.01.2010)

www.sama.gov.sa/Forty Five Report (12.01.2011)

www.sama.gov.sa /Forty Six Report (12.01.2011)

www.sama.gov.sa/Forty Fourth Report (12.01.2011)

www.sama.gov.sa/ **Saudi Insurance Report** (17.02.2011)

www.mep.gov.sa/ **Birinci Kalkınma Planı**/(13.01.2011)

www.mep.gov.sa/**İkinci Kalkınma Planı/** Economy and Society Tomorrow (13.01.2011)

www.mep.gov.sa/**Dördüncü Kalkınma Planı/** (14.01.2011)

www.mep.gov.sa/**Dördüncü Kalkınma Planı/Producing Sectors** (14.01.2011)

www.mep.gov.sa./**Beşinci Ekonomi Kalkınma Planı**/Progress During Fourth Development Plan (14.01.2011)

www.mep.gov.sa/**Fifth Development Plan/Producing Sectors** (14.01.2011)

www.mep.gov.sa/**Altıncı Beş Yıllık Kalkınma Planı**/Progress During Fifth Development Plan (14.01.2011)

www.mep.gov.sa/**Altıncı Beş Yıllık Kalkınma/Main Objectives, Central Themes, Key İssues** (14.01.2011) www.mep.gov.sa/**Sekizinci Kalkınma Planı** (14.01.2011)

www.mep.gov.sa/**Sekizinci Kalkınma Planı/ Agriculture** (15.01.2011)

www.mep.gov.sa./**Sekizinci Kalkınma Planı/ Industry** (15.01.2011)

www.mep.gov.sa/**Dokuzuncu Kalkınma Planı (15.01.2011)**

www.cdsi.gov.sa (16.01.2011)

www.mof.gov.sa (16.02.2011)

www.scb.gov.sa (16.02.2011)

www.cma.org.sa(14.04.2011)

www.swissre.com (17.02.2011)

www.tadawul.com.sa (16.02.2011)

http://www.sacm.org/Publications/58285_Edu_complete.pdf (20.02.2011)

http://www.impact-se.org/docs/reports/SA/SA2003_ch1.pdf (20.02.2011)

www.mohe.gov.sa (20.02.2011)

www.who.int/whosis(22.02.2011)

www.amf.org.ae (23.03.2011)

www. uaeagricent.moew.gov.ae/statics (26.03.2011)

www.yearbook.uaeinteract.com/Yearbooks/2001,(21.03.2011)

www.yearbook.uaeinteract.com/Yearbooks,2003(23.03.2011)

www.yearbook.uaeinteract.com/Yearbooks/2009 (31.03.2011)

www.economy.gov.ae (31.03.2011)

www.nationsencyclopedia.com (31.03.2011)

www. yearbook.uaeinteract.com, 2006 (31.03.2011)

www.yearbook.uaeinteract.com/Yearbooks/2004, (31.03.2011)

www. uaestatics. gov.ae/Foreign Trade (28.04.2011)

www.cpifinancial.net(31.03.2011)

www.centralbank.ae (02.04.2011)

www.beltoneenclave.com /UAE Banking Sector Review, (02.04.2011)

www. countrystudies. us/persian-gulf-states/89.htm (04.04.2011)

www.centralbank.ae/en/pdf/StatBull/SBull-Dec-2010.pdf (10.04.2011)

www.opec.org (12.04.2011)

www.eba-ae.com/Financial Position of Banks/(27.04.2011)

www.ımf.org (19.04.2010)

www.sca.ae (12.04.2011)

www.economy.gov.ae/Insurance 2007 Report (14.04.2011)

www.centralbank.ae, Annual Report 2001 (10.04.2011)

www.centralbank.ae, Annual Report 2003 (10.04.2011)

www.centralbank.ae, Annual Report 2005 ((10.04.2011)

www.centralbank.ae, Annual Report 2006 (12.04.2011)

www.centralbank.ae, Annual Report 2007 (12.04.2011)

www.centralbank.ae, Annual Report 2008 (12.04.2011)

www.centralbank.ae, Annual Report 2009 (12.04.2011)

www.oxfordbusinessgroup.com/The Abu Dhabi Report, 2009 (12.04.2011)

www.oxfordbusinessgroup, Dubai Report 2008 (14.04.2011)

www.uaestatics.gov.ae/Education, (23.04.2011)

www.economy.gov.ae/Static Abstract/Education, (12.04.2011)

www.hct.ac.ae (27.04.2011)

www.uaeu.ac/irpsu (27.04.2011)

www.economy.gov.ae/UAE Numbers 2006 ve 2007 (13.04.2011)

www.uaestatics.gov.ae/Labour Force (27.04.2011)

www.economy.gov.ae/Static Abstract /Employment,2007 (13.04.2011)

www.uaestatics.gov.ae/Annual Social and Economic Report (27.04.2011)

www.uaestatics.gov.ae/Population (27.04.2011)

Kolibri 360 GmbH
Ferdinand-Jühlke-Straße 7
99095 Erfurt, Deutschland
produktsicherheit@kolibri360.de

Druck:
CPI Druckdienstleistungen GmbH
im Auftrag der
Kolibri 360 GmbH
Ferdinand-Jühlke-Str. 7
99095 Erfurt